武陵山土家族教育发展研究

王世忠　王明露　著

科学出版社

北京

内 容 简 介

　　武陵山片区跨湘鄂渝黔四省市，集革命老区、民族地区和贫困地区于一体，也是重要的经济协作区。这片广袤的土地，哺育了广大的土家族人民。土家族是我国 56 个民族之一，1957 年 1 月被正式确定为单一的少数民族。据2010 年第六次全国人口普查统计显示，土家族共有人口大约 835.39 万，在全国少数民族人口总数中排名第七，属人口较多的少数民族。土家族有民族语言而无本民族文字，通用汉文。土家族教育事业是我国民族教育事业的重要组成部分，发掘土家族教育的历史，把握土家族教育的现在，探索土家族教育的未来，对于推动土家族教育事业的发展，推动武陵山地区社会经济的发展具有重要意义。

　　本书既可以为政府相关部门的参考决策提供相关依据，也可以为广大科研工作者服务，同时，还可以为普通读者了解土家族的教育发展历史提供帮助。

图书在版编目（CIP）数据

武陵山土家族教育发展研究/王世忠，王明露著. —北京：科学出版社. 2017.11
ISBN 978-7-03-053654-9

Ⅰ.①武…　Ⅱ.①王…　②王…　Ⅲ.①土家族-少数民族教育-研究-中国
Ⅳ.①G759.2

中国版本图书馆 CIP 数据核字（2017）第 129988 号

责任编辑：闫　陶/责任校对：董艳辉
责任印制：彭　超/封面设计：苏　波

科 学 出 版 社 出版

北京东黄城根北街 16 号
邮政编码：100717
http://www.sciencep.com

虎彩印艺股份有限公司印刷
科学出版社发行　各地新华书店经销

*

开本：787×1092　1/16
2017 年 11 月第 一 版　印张：12 1/2
2017 年 11 月第一次印刷　字数：305 000

定价：**58.00 元**
（如有印装质量问题，我社负责调换）

前　言

　　土家族的历史同整个中华民族的历史一样,沉重而深厚。在漫长的历史长河中,土家先民经历无数次地拼杀与搏斗,经历了种种苦难,终于由弱小走向强大。1957 年 1 月,土家族被正式确认为单一的少数民族,并以"土家"为族称,正式成为中华民族大家庭的一员。据 2010 年第六次全国人口普查统计,土家族人口约 835.39 万,占全国少数民族人口的 7.34%,[①]在全国民族人口总数中排名第七,属人口较多的少数民族。土家语属汉藏语系藏缅语族,土家族有本民族语言,但是无文字。土家族主要分布在湘鄂渝黔边(重庆1997 年设为直辖市,故本书正文以湘鄂川黔边代之)的湘西、鄂西、渝东南、黔东北毗邻的广大武陵山地区,武陵山和巫山两大山系的支脉气魄雄伟,绵延整个土家族地区,哺育了广大土家族人民。

　　土家族同汉、苗、侗、白、仫佬等族人民杂居在一起,与各族人们互相帮助、互相学习。其中,土家族与汉族交往较早,先秦时期,土家先民便与中原地区发生联系,中原地区的统治阶级即以汉族文化影响土家族。土家族人民勤劳、朴实、充满智慧,他们创造了光辉灿烂的文化。其先民巴人以能歌善舞而载入史册,并以"巴师勇锐,歌舞以凌殷人"而著称于世。随着历史的前进、土家族地区社会经济的发展、中央政府与土家族地区联系的加强,土家族文化与汉族文化间的交流日渐频繁和深入,土家族的教育、文学、艺术都在原有的基础上得到较大的发展。

　　土家族历史文化悠久,教育发展亦源远流长。同时,土家族地区处于湘、鄂、渝、黔三省一市交界处,地理位置特殊,属于社会经济发展的集中连片地区。而且土家族是与汉族有较多文化交流的民族之一,受汉文化的影响又很不平衡。因此,土家族教育的发展历史极具特殊性和代表性。

　　土家族的教育是我国教育事业重要而特殊的组成部分,包括制度化的学校教育与非制度化的校外教育两个部分。土家族的学校教育是指以招收土家族学生为主,为土家族地区的开发、经济建设和弘扬土家族文化而培养各方面人才,所设立的正规学校教育系统;土家族的校外教育则是指除学校系统之外的土家族一切教育实践活动,它包括土家族的习俗教育、科技教育、家庭教育等文化传承活动。

　　重视对正规的、制度化的少数民族教育的研究,是我国少数民族教育史研究的特点、

---

① 土家族百科.你知道第六次全国人口普查土家族有多少人吗 http://tujiazu.baike.com/article-408303.html [2012-07-05]。

特长,但也是问题之一。从源头上考察,制度化的少数民族教育是我国少数民族教育发展到一定阶段的产物。这意味着制度化的少数民族教育产生之后,非制度化的少数民族教育同样存在,而且与制度化的少数民族教育并行发展。因此,中国少数民族教育至少由两块构成:发生在专门教育机构中,以传播文化知识及培养道德为主要内容的教育;发生在日常生产与生活场域中,以生产技能训练与生活经验知识的传授为主要内容的教育。但是,中国少数民族教育史研究给予前者高度重视,而对后者关注不够。因此,本书试将二者并举,力求拓展土家族研究的领域,全面介绍土家族教育发展的历史,以推动土家族研究的深入发展。

"以史为鉴,可以知兴替。"要正确解决好土家族的教育发展问题,就需要对土家族的历史与现状加以全面、系统、深入的研究,去探索土家族教育在漫长的历史道路上所经历的光明与黑暗,去把握当前土家族教育发展取得的成就,去了解当前土家族教育发展面临的困难与瓶颈,以总结经验,吸取教训,作为我们现在和未来正确解决土家族教育问题的借鉴,这不仅对土家族的教育发展具有重要意义,还对建设中国特色的民族教育发挥重要的积极作用。

全书共十一章。第一章为导论。第二至第六章通过对土家族教育发展的史料和相关文献的搜集、整理与挖掘,对其在新中国成立以前相当长的历史发展脉络做较为系统的梳理,总结土家族教育发展的经验和教训。其中:第二章介绍土家族的来源与语言的起源;第三章介绍远古至秦以前的土家族教育发展状况;第四章介绍秦至土司时期的土家族教育发展状况;第五章介绍改土归流至辛亥革命前的土家族教育发展状况;第六章介绍辛亥革命至新中国成立前的土家族教育发展状况。第七章、第八章对新中国成立以来土家族教育发展的历史沿革做进一步的梳理。其中:第七章介绍新中国成立后至社会主义市场经济改革前的土家族教育发展状况;第八章介绍社会主义市场经济改革后至今的土家族教育发展状况。第九至第十一章从基础教育、中等教育和高等教育三个层次的发展现状,对土家族教育进行专题研究,总结土家族各层次教育发展取得的成就,探讨各层次教育存在的问题与发展瓶颈,并有针对性地提出相关建议。

综观全书,可将本书概括为通、灵、简、明四个字。

第一,通者贯通。本书以历史发展为线索,全面记录自远古至今的土家族教育发展历史轨迹。本书选取在土家族教育发展历史上有重大转折意义的时间点——秦统一六国、土司制度、改土归流(改世袭罔替的土官为可以随时任免的流官)、辛亥革命、新中国成立——为分界,将土家族的教育发展历史分为五个大的历史时期,同时又选取一些比较有意义的时间点,对土家族教育发展的历史进一步细化,以达到贯通的要求。

第二,灵者融通。教育的发展深受社会经济的影响,因此,本书在研究土家族教育发展的历史时,将土家族教育发展的历程还原到历史发展的大环境中去考察,包括从土家族社会、经济等各方面进行系统的考察,而不是用现在的标准去评判土家族教育的发展历史,力求对土家族教育发展历史认知的客观与公正。

第三,简者简洁。本书紧密围绕土家族教育发展历史这一主线,适当介绍土家族地区社会经济发展概况,力求突出重心,简明扼要地介绍其历史发展全貌。

第四,明者明他。阅读本书,可以让读者充分了解土家族教育发展的历史及现状,并对其教育发展的规律有初步的把握。

历史的经验昭示我们:"建国君民,教学为先。"国家的振兴,民族的昌盛,应以教育为本。而全面、深入地了解历史,又是教育发展的前提。探究土家族教育发展的全貌,是一项难度极大的工作,而有关土家族教育发展历史的史料,以及对教育的记录更是凤毛麟角。因此,本书在探究土家族教育发展历史与现状的同时,也参考和引用了国内学者的有关研究成果,在此深表谢意。限于作者的知识水平和能力,难免有疏漏之处,恳请读者不吝指教。

作者于武昌南湖

2016 年 6 月

目　录

1979年，经国务院批准，撤销来凤县建制，设立新中国成立
以来第一个土家族自治县——来凤土家族自治县

资料来源：湖北来凤土家族自治县档案馆

柴炭市场

资料来源：湖北来凤土家族自治县档案馆

土家摆手舞
资料来源:湖北来凤土家族自治县档案馆

土家摆手舞
资料来源:湖北来凤土家族自治县档案馆

土家摆手舞

资料来源:湖北来凤土家族自治县档案馆

酉水古镇——百福司镇古码头

资料来源:湖北来凤土家族自治县档案馆

土家族赶场

资料来源:湖北来凤土家族自治县档案馆

第一章

导 论

　　土家族是我国 56 个民族大家庭中的一员,主要分布在湘鄂川黔边(重庆 1997 年设为直辖市,故本书正文仍称湘鄂川黔边)的武陵山广大地区,根据 2010 年第六次全国人口普查统计,土家族人口数为 835.39 万人,占全国少数民族人口的 7.34％,仅次于壮族、回族、满族、维吾尔族、苗族、彝族,在全国少数民族中人口排第七位。其中:聚居地湖南263.25 万人,占全省少数民族人口的 40.18％,占全国土家族人口的 31.51％;湖北 210万人,占全省少数民族人口的 85.07％,占全国土家族人口的 25.15％;重庆 139.87 万人,占全市少数民族人口的 72.21％,占全国土家族人口的 16.75％;贵州 143.7 万人,占全省少数民族人口的 11.58％,占全国土家族人口的 17.2％。散居地区土家族人口前十位的分别是浙江 22.7 万人,广东 21.25 万人,福建 8.98 万人,四川 5.92 万人,江苏 4.13 万人,上海 3.36 万人,北京 2.36 万人,新疆 1.79 万人,广西0.92万人,河北 0.81 万人。[①]

　　新中国成立后,党和政府十分重视民族工作,认真贯彻党的民族政策,特别是党的民族平等、团结和民族区域自治政策。1950 年 10 月初,在中南地区少数民族国庆观礼团成员中,就有土家族教师田心桃(永顺县,女)。田心桃在京观礼期间,介绍了土家语和土家族生活习俗,引起中央领导的重视。随后,识别土家族的工作开始。1953 年 9 月,中央人民政府民族事务委员会、中央民族学院组成"中央调查湖南土家小组",深入土家族聚居地区进行调查。[②] 1955 年,中央民族学院潘光旦教授撰写《湘西北的"土家"与古代的巴人》,运用丰富的文献资料阐明土家族是历史悠久的单一民族。王静如教授撰写的《关于湘西土家语言的初步意见》中指出:土家语言"乃是汉藏语系中属于藏缅语族比较接近彝语的语言"。1956 年 5～6 月,由中央民委会同湖南组成中央、省、州联合调查组,到龙山、永顺

[①] 土家族百科. 你知道第六次全国人口普查土家族有多少人吗? http://tujiazu. baike. com/article-408303. html[2012-07-05]。

[②] 李芹:《寻真之旅:土家族的承认与摆手舞发掘》,中央民族大学硕士学位论文,2010 年。

等地调查。同年10月,联合调查组向中央领导做了"土家是一个单一的少数民族"的专题汇报。1957年1月3日,中共中央统战部代表中央发出统发电570号电文,正式确定土家族为单一的少数民族。① 是年9月6日,国务院全体会议第五十七次会议通过《关于设置湖南省湘西土家族苗族自治州撤销湘西苗族自治州的决定》,②随即成立了湘西土家族苗族自治州。1958年6月,湖北省恩施地区的土家族、苗族提出了实现自治的要求,特别是南四县(来凤、咸丰、鹤峰、宣恩)要求更为强烈。

十一届三中全会后,党的民族政策得到进一步的落实,部分群众提出恢复其土家族成分的要求。1982年3月,国家民族事务委员会派工作人员到湘、鄂、川、黔等省边区,对部分群众恢复土家族成分问题进行考察。同年4月19~24日,国家民族事务委员会在北京召开工作座谈会,会议产生了《湘鄂川黔四省边境邻近地区部分群众恢复土家族成分工作座谈会纪要》。③ 是年4月28日,国家民族事务委员会以〔1982〕民政字第240号文件下发了这个纪要。湖南、湖北、四川、贵州四省的党委、人民政府及民族工作部门,遵照国家民族事务委员会240号文件提出的方针、政策、措施,开展了土家族的民族识别工作。根据湘鄂川黔边地区部分群众的要求,有关地区的党政部门组成了"民族识别领导小组",并设立"民族识别办公室",具体负责这项工作。经过艰苦细致的努力和县人民政府审查批准,土家族群众的民族成分得以恢复。例如,贵州省铜仁地区恢复土家族90多万人,1983~1984年,四川省的石柱、酉阳、秀山、黔江、彭水五县恢复土家族80万人。

根据《中华人民共和国民族区域自治实施纲要》《中华人民共和国民族区域自治法》的规定,在土家族聚居地区先后建立自治州、自治县和民族乡。

1979年12月19日,经国务院批准,撤销来凤县建制,设立来凤土家族自治县,④并于1980年5月21日召开自治县成立大会。

1980年3月,湖北省人民政府同意《关于成立鹤峰土家族自治县的报告》并转报国务院,4月20日,国务院通知湖北省人民政府,同意设立鹤峰土家族自治县。同年5月25日召开自治县成立大会。

1980年起,恩施地委和行署先后3次提出建立"鄂西土家族苗族自治州"的申请报告,1983年8月19日,国务院在"关于湖北省市行政体制改革方案的批复"中,批准设立鄂西土家族苗族自治州,以原恩施地区行政区域为鄂西土家族苗族自治州的行政区域,撤销原恩施地区行政公署,撤销来凤、鹤峰两个土家族自治县,恢复为自治州属的来凤县和鹤峰县。⑤ 是年12月1日举行了鄂西土家族苗族自治州成立大会。

1984年7月13日,国务院以国函〔1984〕115号文件批复湖北省人民政府,批准设立五峰土家族自治县,撤销五峰县;设立长阳土家族自治县,撤销长阳县。并于当年12月8日和12日分别举行了长阳土家族自治县和五峰土家族自治县的成立大会。

① 李芹:《寻真之旅:土家族的承认与摆手舞发掘》,中央民族大学硕士学位论文,2010年。
② 郝时远、王希恩:《中国民族区域自治发展报告2010》,社会科学文献出版社,2011年。
③ 左传:《土家族史学研究》,兰州大学硕士学位论文,2008年。
④ 李芹:《寻真之旅:土家族的承认与摆手舞发掘》,中央民族大学硕士学位论文,2010年。
⑤ 郝时远、王希恩:《中国民族区域自治发展报告2010》,社会科学文献出版社,2011年。

　　1983 年 4 月 4 日,国务院根据秀山县、酉阳县土家族、苗族人民的愿望和四川省人民政府的审查意见,批准撤销秀山县、酉阳县建制,设立秀山土家族苗族自治县和酉阳土家族苗族自治县,分别于是年 11 月 7 日和 11 日举行了秀山土家族苗族自治县和酉阳土家族苗族自治县的成立大会。

　　1983 年 11 月 14 日,国务院根据黔江县、彭水县、石柱县土家族、苗族人民的要求和四川省人民政府的审查意见,批准设立黔江土家族苗族自治县、彭水苗族土家族自治县和石柱土家族自治县,撤销原彭水县、黔江县、石柱县建制,并于 1984 年 11 月 10 日、13 日、16 日分别举行了彭水苗族土家族自治县、黔江土家族苗族自治县和石柱土家族自治县的成立大会。

　　1986 年 10 月 7 日,国务院根据沿河县土家族人民的要求和贵州省人民政府的审查意见,批准撤销沿河县,设立沿河土家族自治县,并于 1987 年 11 月 23 日举行了沿河土家族自治县的成立大会。同年 12 月 13 日,国务院根据印江县土家族、苗族人民的要求和贵州省人民政府的审查意见,以国函〔1986〕189 号文件下达"同意撤销印江县,设立印江土家族苗族自治县。以原印江县的行政区域为印江土家族苗族自治县的行政区域"。并于 1987 年 11 月 23 日举行印江土家族苗族自治县成立大会。

　　作为民族区域自治的补充,在土家族聚居的地方还建有土家族的民族乡,1989 年建有湖南沅陵县火场土家族乡,芷江侗族自治县公坪土家族乡。1987～1990 年,贵州省境内建有道真仡佬族苗族自治县上坝土家族乡;岑巩县羊桥土家族乡;镇远县尚寨土家族乡;德江县泉口、楠杆、复兴、合兴、沙溪、长堡、桶井、兴和、荆角、长丰、平原、高山、钱家、龙泉、堰塘等 15 个土家族乡;思南县兴隆土家族乡,大河坝、思林、东华、亭子坝、枫芸、香坝、三道水、天桥等 8 个土家族苗族乡,胡家湾、宽坪、长坝、板桥、杨家坳等 5 个苗族土家族乡;江口县太平、桃映、德旺、怒溪、坝盘等 5 个土家族苗族乡,民和、官和 2 个侗族土家族苗族乡;铜仁市和平土家族侗族乡,老山侗族土家族乡。

　　土家族自称"毕兹卡",称相邻的苗族为"白卡",称外来的汉人为"帕卡"。土家族有自己的语言,属汉藏语系、藏缅语族,是一种独立的少数民语言。土家语分为北部方言和南部方言。早在隋代,荆州多杂蛮,"僻处山谷者,则语言不通"。南宋时,施州之地,"乡者则蛮夷,巴汉语相混"。明嘉靖时,思南府地"蛮僚杂居,语言各异""居郡东南者,若印江、若朗溪号曰南客,有客语,多艰,抉不可晓。"明清时期,土家族说汉语者渐增,有的地方是"惟在官应役者为汉语"。改土归流后,汉语在土家族地区普及速度加快,土家语消失加速。到新中国成立前,长阳、五峰等地土家族聚居区内,部分老人会说土家语,还可以用土家语对话,对外交际则用汉语,中青年和少年尚能懂得部分土家语。

　　新中国成立后,湘鄂川黔广大土家族地区普遍有土家语残存,现湖南省湘西土家族苗族自治州的龙山、永顺地区有近 10 万聚居的土家族人民还在使用土家族语。

第二章

土家族的来源与语言

第一节　古老的传说

　　关于土家族的来源，至今学术界还有不同说法。归纳起来，主要有四种：一为巴人后裔说。认为土家族来源于秦灭巴以后，定居在湘鄂川黔接壤地区的巴人。二为土著居民后裔说。根据湘西龙山、泸溪、大庸等县出土的新石器文化遗址和土家族的地名等，认为土家族来源于湘西土著，与进入该地区的巴人、汉人融合而成。三为乌蛮后裔说。根据《复溪州铜柱记》《唐书》《新唐书》等有关记载，土家语与彝语接近，以及土家族和云南部分彝族的风俗相同等，认为土家族由唐代中叶乌蛮的部分人衍化而成。① 四为古羌人后裔说。古羌人发祥于陕甘地区的黄河、湟河、赐支河三水之间，在那儿生活了若干万年之后，向四处迁徙。向东南迁徙者，主要有巴人、彭人和部分冉氏，有人认为由他们形成了土家族的主要先民。各种说法都有一定根据，而广泛接受的说法是巴人后裔说。这一说法，不但有许多史料可以说明，而且有不少古老的传说亦可佐证。西汉刘向在《世本》一书中，记载了关于"廪君"的传说："廪君之先，故出巫诞。巴郡南郡蛮，本有五姓：巴氏、樊氏、瞫氏、相氏、郑氏，皆出于武落钟离山。其山有赤黑二穴。巴氏之子生于赤穴，四姓之子皆生黑穴。未有君长，俱事鬼神，乃共掷其剑于石，约能中者，奉以为君。巴氏子务相乃独中之，众皆叹。又令各乘土船，约能浮者，当以为君。余姓悉沉，惟务相独浮，因共立之，是为廪君。乃乘土船从夷水至盐阳。盐水有神女，谓廪君曰：'此地广大，鱼盐所出，愿留其君。'析廪君不许。盐神暮辄来取宿，旦即化为虫，与诸虫群飞，掩蔽日光，天地晦暝。积十余日，廪君伺其便，因射杀之，天乃开明。廪君于是君乎夷城，四姓皆臣之。""廪君死，魂魄为白虎，巴氏以虎饮人血，遂以人祠焉"。②

　　这个古老的传说，反映了巴人起源、迁徙及其经历过的漫长的原始氏族公社的历史。

---

① 刘孝瑜：《土家族》，民族出版社，1989年。
② 徐燕：《论巴族的崇虎习俗与现代的白虎崇拜现象》，《农业考古》，2011年第1期。

"廪君之先,故出巫诞","诞"为南方之夷,说明廪君之先,是"南夷"的一种,即以后"南蛮"的一个族类。"巫诞"是以地名族,指"巫"地之夷。楚"巫郡"的郡治"在夔东一百里",即汉代的巫县,主要指三峡周围地带,南抵清江和武陵部分地区。廪君传说从一个侧面反映了巴人经历过的原始社会的概貌。由传说可知,巴人最早居住在武落钟离山。《水经注》中记载,恨山县附近有石穴,相传是廪君掷剑处。恨山县,汉置,今长阳县境。唐代杜佑在《通典》卷一百七十五中记巴山县(今长阳县)"武落中山有石穴,即廪君拂刃处。又有夷水,即廪君乘土船所也","武落山一名难留山,在县西北七十八里,本廪君所在也"。以上这些记载均说明了巴人早期活动的区域,即在今天的湖北省长阳县一带。"巴氏之子生于赤穴,四姓之子皆生黑穴",显而易见,巴人最早曾经历过穴居生活。到了廪君时代,已进入父系氏族阶段,巴氏、樊氏、曋氏、相氏、郑氏是逐渐繁衍而成的五个氏族。他们"未有君长,俱事鬼神",以掷剑和乘土船的原始民主形式,推举"能中者"和"能浮者"为氏族的酋长。所以,本领最大的巴务相受到其他四个氏族的拥戴,共立为氏族或部落首领,氏族联盟已经形成了。这个联盟形成以后,则有迁徙行为,"乃乘土船从夷水至盐阳"。据《水经注》载:"夷水,即恨山清江也。水色清照十丈,[1]分沙石。蜀人见其澄清,因名清江也,昔廪君浮土舟于夷水,据捍关而王巴。"[2]盐阳,故城于今恩施市治东40里,[3]唐时废置。恩施市的清江曾名盐水,唐代李贤注《后汉书》说:"施州清江县水,一名盐水。"盐阳在清江北岸,今恩施市境内。也有人认为,盐阳在今长阳县的白虎城。廪君率各部行至盐水,与居住该地以"虫"为图腾崇拜,处于母系氏族的盐神发生冲突。这段传说,反映了巴人曾经历过父系氏族战胜母系氏族的历史过程。

廪君以其英勇战胜了盐神之后,将"鱼盐所出"的广大地区占据了,且在夷城定居。夷城可能在夷水,即清江沿岸的一座古城。"廪君于是君乎夷城,四姓皆臣之。"廪君的统治地位,自此已难于动摇。"廪君死,魂魄世为白虎。"白虎,从此之后即成为巴人的崇拜神,且"以人祠焉"。

古老而又神话般的传说,多少也透露出一些历史的蛛丝马迹,"廪君"是否真有其人,且不去考证,但那传说本身提供给我们的,却是一幅生动逼真的有关巴人活动的图画。

第二节　众多的古人类遗迹

土家族来源于秦灭巴以后,定居在湘鄂川黔接壤地区的巴人。关于这一点,仅仅以传说作为凭据自然是站不住脚的,本节将用大量史实来说明这一点。

在湘鄂川黔的接壤地区,在有巴人活动的记载以前,早就有了古人类的活动,这里是我国早期人类活动的发祥地之一。1970年,我国古人类学者曾在建始县高坪龙骨洞里发掘出南猿、巨猿和20多种伴生动物的化石。其中,在和巨猿化石同一层位里,发现有三颗

---

① 北魏时期的1丈＝3.09米。

② 郦道元:《水经注》卷三十七,巴蜀书社,1985年。

③ 1里＝0.5千米

高等灵长类的下臼齿化石;在巴东县中药材经理部发现一颗下第一臼齿化石。经有关古人类学者鉴定,这四枚化石为"南方古猿类"的四枚臼齿化石。牙齿的大小、形状,与巨猿和大猩猩的下臼齿不同,与齿冠咬合面脊纹复杂的猩猩和黑猩猩的下臼齿也不同,具有齿冠褶皱简单、齿尖较高、齿冠较长、牙齿硕大诸特点,可能与南猿接近。南猿隶"人科",其地质年代为早更新世晚期。鄂西建始、巴东等地"南猿"的发现,说明远在更新世的远古年代,已有最早的古人类在鄂西生存繁衍。

1956 年,在长阳县下钟湾的一洞穴堆积中,发掘出一件残破的左上颌骨和一颗左下臼齿为代表的"长阳人"化石。"长阳人"的上颌骨鼻腔底壁不如现代人那样弯曲;犬齿隆凸显著,上端超过其鼻腔底,可见其齿根发达;上颌骨间保存的前臼齿硕大,臼齿虽已磨耗,可是仍能看见其咬合面上的许多皱纹。"长阳人"上颌骨腭面凹凸不平,其门齿孔与上颌间缝距离很短,已具现代人性质。上颌骨虽不完整,但依然可以窥视出其鼻前棘不发育的情况,其梨状孔约 28 毫米,较宽,与黄色人种较为接近。"长阳人"化石是晚更新世早期的古人类化石。"长阳人"则为旧石器中期的古人类。在长阳一带距今 10 万～15 万年前,已有古人类繁衍生息。

1973 年夏,在泸溪县的浦市二中和五里洲,发现两处新石器时代遗址,其文化内涵十分丰富。浦市二中遗址中获得石斧 27 件(其中有大型、厚重、横断面近圆形,多打制、少磨制的石斧 17 件)、石磬 1 件、槌击器 5 件、石锄 5 件,陶器有泥质红陶、灰陶和夹砂粗红陶,其可辨器形有泥红黑灰钵、泥黑光盆、小口罐、黑陶盖、灰陶豆等。由石器、陶器特点推断,可能相当于龙山文化时期,在遗址锅底形灰坑内,有螺蛳壳和烧过的兽骨等,那时的人类可能以渔猎为生。

1978 年,在龙山县里耶溪口台地发现新石器时代遗址。该遗址东西长约 50 米,南北宽约 100 米,堆积层 0.3～1 米间,积土呈灰褐色。遗存石器有磨制长方形石斧、刮削器、磨石棒及打击石片、石料等半成品,陶片为泥质黑衣和红衣,可辨器形为盒、盆、罐、豆,器饰多粗绳纹、网结纹、兰纹、划纹、条纹、方格纹等,可以肯定为新石器时代遗址。

在大庸县发现的古人堤遗址,长约 1 公里,[①]文化层最高处为 1 米多,据专家判断,该遗址下层属原始社会晚期文化。近年,在长阳县武落山北麓的固仓坪,发现了两件磨制石斧。在头岩西脚偏岩屋石室内藏有天然石斧、尖状器等。五峰县的长东坪、桥河、渔洋关,利川县的大塘等地,都有石器出土。这些石器时代人类活动的遗址和出土文物,都充分说明土家族地区远古时期即有人类活动。

第三节　巴人的早期活动

早在公元前 11 世纪,巴人参加了武王伐纣的战争,并以"勇锐"载入史册。殷周之际,巴人主要活动在江汉之间。"巴、濮、楚、邓,吾南土也。"[②]《正义》解释为:"巴、濮、楚、邓,

---

① 1 公里＝1 千米。
② 《左传·昭公九年》。

中夏之国,惟濮为远夷耳。"从这里可以看出,当时巴人的主要活动地域与殷地不会相距太远,不然,是无法参加武王伐纣战争的。

武王克商后,分封诸侯时,将其亲族姬姓封于巴地,名叫巴子国。从此以后,巴人即与中原地区产生联系。以后的文献记载中,称川东、鄂西一带为巴子国。春秋战国时期,各诸侯国称雄争霸,社会动荡不安,以川东、鄂西为主要活动区域的巴人势力变化较大。春秋初,楚国仅地方千里,"楚西之国庸为大,庸之西接于巴,巴接于蜀,此春秋时代西南之大校也"。① 巴国的东西与鄂西竹山占上庸之地的庸国接壤,并与河南南部的邓国、鄂西当阳东南的权国等相邻。巴楚为邻,时战时和。公元前703年春,巴、楚均想与邓国修好,均派出使者报聘前往,结果使者遭害,聘礼被夺;楚国复遣使者前往邓国,又遭拒绝。于是,巴楚联师围邓,邓出兵,三次击退巴楚联军的围攻,后经巴楚的浴血奋战,终于将邓兵击败。公元前676年,楚要巴伐申,此时,巴已逐渐强大,不但不应邀出兵北上,反而派军攻打楚国的附庸国权国,攻下权国后,继续向楚都挺进。公元前675年春,楚于津(今湖北枝江)设防,才遏制住巴师的攻势。公元前661年,"楚人、秦人、巴人灭庸"。巴人灭庸之后,获得了庸人和古鱼国的部分地方,② 再次打开川东与鄂西相通的夔峡大门,势力更加强大。公元前5世纪,楚共王与巴姬结为婚姻,以维持相安局面。公元前477年,巴人攻打楚国,势力已较强大,敢与强楚争夺鄂西襄樊一带疆土。战国初期,巴"尝与楚婚,及七国称王,巴亦称王"。巴国势力不弱,与楚经常发生战争,所以"巴楚数相攻伐"。公元前377年,巴人参加蜀国伐楚,攻取楚兹方(今松滋),楚在恨山设立捍关,抗拒巴、蜀的东进。后来,巴、蜀兵败退走。春秋至战国初期,巴人活动和分布范围较之"东至鱼腹,西至焚道,北接汉中,南极黔涪"还要大一些。战国后期,巴人的活动范围逐渐缩小。东抵夔峡,包括整个清江流域,北抵汉中,南达黔中,包括武陵山支脉的五溪地区。战国时,巴国发生内乱,无力平定,巴国将军巴蔓子便向楚国求援,请楚国出兵,且答应楚国,倘内乱平定,则给楚国三城以作酬谢。楚国出兵平定巴国内乱后,楚遣使索取三城,巴蔓子不许,且自刎,将头授楚使。楚王大为感动,以上卿之礼葬其头。之后,巴国势力更加衰落了。

周显王时,巴蜀战争频繁,招致两败俱伤,楚便趁此机会吞并了巴国。公元前361年,巴国的汉中、巫、黔中等地,都被楚国占据,巴国的辖地只剩下川境内的"三巴"(东巴、西巴、南巴)地区了。公元前316年,巴、蜀再次发生战争,蜀派军伐苴侯,苴侯逃奔巴境,求巴庇护,苴侯、巴王一起向秦惠王告急,秦派张仪、司马错率军从子午道进军,同年十月,秦军灭蜀。秦惠王早就垂涎巴蜀这块富饶之地,取蜀之后,又灭巴国,置"巴郡"。秦"以巴氏为蛮夷君长",并以秦女下嫁巴人首领,对巴人进行笼络。紧接着,秦又夺取被楚占据的巴人故地——黔中、巫等地,于是,秦楚之间的斗争更加激烈,公元前312年和公元前299年,秦曾两次乘机要挟楚割黔中。公元前223年,秦灭楚,导致南郡、巫郡、黔中郡的巴人均成为秦的编民。

在漫漫的历史长河中,巴人经历了多少艰难曲折,遭受过多少辛酸屈辱,是难于记述的。但从以上简略的勾勒中,能隐隐约约地看到巴人忍辱负重、百折不挠的精神。正是这

---

① 《华阳国志》卷一。
② 李智环、杨军昌,《土家族人口发展问题略论》,《西南民族大学学报(人文社科版)》,2005年第3期。

种顽强的精神在支撑着他们一步步前行,直到看见一片属于他们自己的天空。

第四节　巴人的定居

大量的历史文献和考古发现都充分证明,土家族的先民是定居在湘鄂川黔边的巴人。这些巴人是在一种什么样的历史背景下定居的呢?

秦灭巴以后,巴人的势力急剧衰落,有的被迫迁徙。汉高祖刘邦在楚汉战争中,曾利用英勇善战的巴人平定三秦。战后,有的遣回,有的移居于商洛之地。东汉建武二十三年(公元47年),"南郡洒山蛮"雷迁等巴人反抗东汉王朝的统治,东汉王朝派刘尚率军镇压,并将7000多人迁往湖北江夏(东汉郡治,在今云梦县东南)一带,被称为"沔中蛮"。① 东汉永元十三年(101年),"巫蛮"(今巫山)许圣等又起而反抗,这部分巴人亦被迫迁至江夏。到了南北朝时,江夏一带的巴人发展很快,逐步活动到湖北东北部和河南东南部,被称为"荆雍州蛮""豫州蛮""五水蛮"。经过长期的历史发展,春秋战国时散布和活动于广大地域的巴人,以及以后迁往江夏和湖北东北部、河南东南部等地的巴人,大都融合于汉族,小部分融合于与之相邻的其他民族。只有定居于湘鄂川黔接壤地带的巴人才是土家族的先民。秦灭巴之后,虽然定居于湘鄂川黔毗邻地区的巴人也经历了历代王朝的更迭和战乱,但他们基本上没有大的迁徙,一直比较稳定地生活于这一地区,繁衍生息,绵延不绝。

汉代,土家先民分布基本没有大的变动。经过魏晋南北朝时期的民族大迁徙和大融合以后,进入隋唐时期,土家先民逐步形成了聚居于湘鄂川黔四省边区、以武陵山区域为中心的分布格局。② 居于平原地区的原荆、豫州诸蛮虽然保留有许多民族特点,但已基本融合于以汉族为主体的华夏民族之中。而以武陵山地区为中心的广大土家族地区仍保留着自身的特征,特别是"其僻处山谷者,则语言不通,嗜好居处全异,颇与巴渝同俗。诸蛮本其所出,承盘瓠之后,故服章多以斑布为饰。其相呼为蛮,则为深忌"。

隋末唐初,萧铣据有两湖及岭南部分地区,拥兵40万之众,时常出兵进攻巴蜀地区,成为唐王朝实现统一大业的重大障碍。武德三年(620年),唐王朝中央派李孝恭、李靖率军进攻萧铣。唐军出征初期一度受阻,后在开州一带设伏,击斩与萧铣相呼应的"开州蛮"冉肇则,俘获5000余人。唐设立峡州刺史,统辖峡、夔、涪、黔、巫、施等州,唐军得到了"峡中蛮"和"巴东蛮"冉安昌的支持,"巴东蛮帅冉安昌率兵与大军平萧铣",很快取得了征服萧铣的胜利。唐王朝消灭萧铣后,对各少数民族采取招抚的办法,致使"杂侧荆、楚、巴、黔、巫中"诸蛮纷纷归附。

唐王朝开国之初,唐高祖李渊便下了《镇抚夷狄诏》,强调对少数民族要采取"怀柔远人,义在羁縻"的政策,以便实现统一,安定局势,遵循"附则受而不逆,叛则弃而不追"的原则。唐太宗则认为:"夷狄亦人耳,其情与中华不殊,人主患德泽不加,不必猜异类。盖德

---

① 王平:《鄂西南族群流动研究》,《中南民族大学学报(人文社会科学版)》,2004年第1期。
② 李智环、杨军昌:《土家族人口发展问题略论》,《西南民族大学学报(人文社科版)》,2005年第3期。

泽治,则四夷可使如一家……"在这种思想的指导下,唐王朝制定了较为开放、宽松的民族政策,即羁縻政策。唐太宗李世民曾为此夸耀说:"自古皆贵中华,贱夷狄,朕独爱之如一,故其种落皆依朕如父母。"

唐代,在湘鄂川黔的土家族地区设置了羁縻州、县机构,计有归州(辖 3 县)、硖州(辖 5 县)、澧州(辖 5 县)、郎州(辖 2 县)、施州(辖 3 县)、黔州(辖 5 县)、溪州(辖 2 县)、思州(辖 3 县)、辰州(辖 7 县)、锦州(辖 2 县)、忠州(辖 5 县)、夔州(辖 4 县)等 12 个州。

同时,唐王朝中央还在湘鄂川黔土家族地区设置了三个羁縻都督府和道的监察机构进行管理,即夔州都督府、荆州都督府和黔州都督府,并分属于山南东道、黔中道和江南西道,其中施州、黔州、思州、溪州、辰州、锦州属黔中道,澧州、郎州属江南西道,硖州、夔州、忠州、归州属山南东道。

由于唐王朝对少数民族推行了比较宽松、开放的羁縻制度,较为符合少数民族的实际,有利于国家的统一,避免了分裂割据的局面,缓和了魏晋南北朝时期已经存在的民族矛盾,增强了土家族与周围民族的经济交往和文化的交流,促进了各民族间的团结。

唐末五代时期,湘鄂川黔边地区战争延绵,长期不休,土家族中的强宗大姓在战争中发展自己的势力,逐渐形成了向氏、彭氏、田氏、冉氏、覃氏、杨氏、白氏、张氏等土家族大姓。湘西"溪州蛮酋"彭氏在唐末全国农民大起义和藩镇纷纷割据之际相继而起。有彭允滔、彭师佐等自署为刺史,到彭士愁时,又经过多年的苦心经营,势力日渐强盛,遂又自署为溪州刺史,"当仕然(应为士愁)之世,昆弟力强,多积聚,故能诱动诸蛮皆归之,胜兵万余人"。可见势力之强大,其割据的地域也在不断地扩大,将溪州分为上、中、下溪三个州,彭士愁为下溪州刺史,自充"静边都誓主",统辖有 20 个州的范围。彭士愁在其辖境内,仿照唐制设大乡、三亭两县,县下设团保,委官置吏,俨然一个封建小王国,以致后来率军攻打楚属辰州和澧州,与楚王马希范相抗衡,发动了历史上有名的"溪州之役",最后溪州会盟以定疆界,铸铜柱立于溪州会溪,可见当时彭氏势力之强大,也为彭氏在湘西统治 800 余年的事业奠定了基础。

宋初,宋太祖赵匡胤面对各少数民族,接受了唐王朝的统治经验。采取了"置州府以安之,以名爵玉帛以恩之"的统治策略。设置了"置羁縻州县,隶于都督府,以其首领为刺史"的羁縻制度。"宋参唐制",对土家族地区"析其部落,大者为州,小者为县,又小者为峒"。"树其酋长,使自镇抚,始终蛮夷适之",利用其首领进行统治。

宋王朝为了加强对土家族地区的控制,在荆湖路澧州澧阳郡设立石门、慈利两县;在归州巴东郡设立巴东县;峡州设立长阳、巴山两县;辰州卢溪郡设立沅陵、泸溪两县;夔州路下设立黔州黔中郡,辖彭水、黔江两县;施州清江郡设清江、建始两县。据统计,宋代在今土家族地区共设有羁縻州 87 个,其中荆北路 38 个,夔州路 49 个。这些羁縻州的设立,标志着宋王朝对土家族地区羁縻统治的确立。[①]

在实行羁縻制度的同时,宋王朝对土官也存在怀疑和不放心,唯恐"溪洞豪酋据山险,持两端"与之抗衡,对土豪大姓采取另调他处任职,以分离势力,宋太祖乾德年间,调溪州

---

① 肖忠民:《明永乐癸巳"撤司建府"对蛮疆内外的总打政治影响(上)》,《铜仁职业技术学院学报》,2013 年第 3 期。

团练使彭允足为濮州牢城都指挥使,调溪州义军指挥使彭允贤为卫州牢城都指挥使,调珍州录事参军田思晓为博州牢城都指挥使等,以达到分离势力的目的。

宋王朝在土家族地区推行羁縻州制度,在当时的历史条件下是有积极意义的,它加强了中央王朝对土家族地区的统治,促进了宋王朝中央政权的稳定和巩固,推动了土家族地区经济文化的发展,对土家族的发展起到了积极作用。特别值得注意的是:在这一时期里,在湘鄂川黔边地区的记载中,已出现了大量"土兵""土丁""土军"等有"土"字的对土家人的各类称呼,为土家族称之始。

元朝以武力征服全国,对各少数民族地区的长官司则采取"边境蕃夷,皆立官分职,以统隶之"的政策。[①] 元世祖至元十三年(1275 年),元朝的大军进入江陵地区,传檄各地,归州、硖州、澧州、沅州、靖州、施州、荆门等地及诸峒,面临大军压境、武力所逼,迫于大势,不得不纳土归顺于元。至元十五年(1278 年),知思州军州事田谨贤纳地归元,元以思州地属新军万户府,寻改思州军民安抚司,以田氏掌管司事,后又改为思州宣慰司,又改为安抚司,隶顺元等路宣慰使司。至元十六年(1278 年),溪州刺史彭思万归元,被授予武德将军职,并赐印章。至元二十三年(1286 年),元王朝将其初设于施州的镇边万户总管府改为忠义安抚司,以覃耳毛为安抚使。后改为施南宣抚司。延佑七年(1320 年),设永顺等处军民安抚司。至正十一年(1351 年),改保靖州为保靖安抚司,隶于永顺宣抚司。元初,知酉阳州知州冉万友纳土归元,元以酉阳州隶怀德府,仍以冉氏执掌州事。延佑元年(1314 年),改酉阳州为酉阳宣慰司。

进入明代,朱元璋对西南各土司极为重视,制定了"假以爵禄,赐以名号"的对各地土司易于统摄驱使的政策。先后在土家族地区建立了安定等处宣抚司、怀德军民宣抚司、抽拦长官司、黄石长官司、思南道宣慰使司、思南镇西等处宣慰使司、保靖州安抚司、容美洞等处军民宣抚司、太平、台宜、麻寮等十寨长官司。这些归附受封的土司官,受朱元璋的调遣,参加了明初的统一战争,并起到了积极的作用。

明统一全国后,朱元璋在元代土司制度的基础上,对土司的建置、职官品位、承袭、废置、升降、朝贡、征调等,都做出了具体的规定,使土司制度趋于完备。明"踵元故事,大为恢拓,分别司郡州县,听我马区调,而法始备矣。……彼大姓相擅,世积威约,而必假我爵禄,宠之名号,乃易为统摄,故奔走惟命。……西南夷来归者,即用原官授之,其土官衔号曰宣慰司、曰宣抚司、曰招讨司、曰安抚司、曰长官司。以劳绩之多寡,分尊卑之等差,而府、州县之名,亦往往有之。袭替必奉朝命,虽在万里外皆赴阙受职"。[②]

明洪武年间(1368～1398 年),明太祖朱元璋在土家族地区设立有永顺宣慰司、保靖宣慰司、思南宣慰司、思州宣慰司等 4 个宣慰司,施南宣抚司、散毛宣抚司、忠建宣抚司、容美宣抚司、酉阳宣抚司、石柱宣抚司等 6 个宣抚司,东乡五路安抚司、忠路安抚司、忠孝安抚司、金洞安抚司、龙潭安抚司、大旺安抚司、忠洞安抚司、高罗安抚司、桑植安抚司等 9 个安抚司,以及 45 个长官司和蛮夷长官司。

---

① 顾祖禹:《读史方舆纪要》,中华书局,1955 年。
② 肖忠民:《明永乐癸巳"撤司建府"对蛮疆内外的总打政治影响(上)》,《铜仁职业技术学院学报》,2013 年第 3 期。

为了更有效地控制湘鄂川黔边武陵山区的土家族,明太祖朱元璋还在土家族聚居的边缘地区建立卫所,设立屯军驻守,以取"控蛮""御蛮"之效。鄂西地区有施州卫的百里荒千户所、大田千户所,湘西地区有九溪卫的添平千户所、麻寮千户所、安福千户所,辰州卫的镇两千户所,永定卫的大庸千户所,黔东北地区边境设镇远卫和偏桥卫,川东南的黔江千户所等。

明代的土司与中央王朝的关系是:在各土司服从封建王朝统治的前提下,承认土司在其领地内长期形成的传统势力。并授予各种官爵使之合法化,且允许世袭。土司对领地内的权力很大,可按自己的传统和需要实施各项政治、经济制度,中央王朝政府一般不予干涉。但土司对中央王朝必须承担一定的义务,所谓"其所以报效国家者,惟贡、惟赋、惟兵"也。

"贡",即朝贡。明初,土司定期或不定期将其领地内的土特产品,如朱砂、雄黄、马匹、茶叶、楠木、黄连等物品,向中央王朝进贡。而朝廷对于来贡献者,赐予金银彩帛,或封赏官爵,实际上,赏赐往往多于贡献。明王朝明确规定:土司三年一贡,每次不得超过百人,赴京不得超过20人。实际上,土家族地区的土司朝贡人数远远超过百人的限制。

"赋",即赋税。明初制定了赋税法,规定丁有役,田有赋。役即服徭役,租即收田租,明代田租又分夏税和秋粮两次征收。对少数民族土司统治地方,实际上是采取"轻赋"的办法,凡各土司因征调或灾害等还要予以蠲免。

"兵",即征调。明王朝对土司的征调较为频繁,毛奇龄的《蛮司合志》中记载:"以蛮治蛮,即以蛮攻蛮。溪洞之间,窃发时起,则被我征调,颇为易事。因立设土兵相制之法。而其后辗转相假借,几议大征者,无不藉以土兵、狼兵,远为驱遣。"土家族的土兵则更是征调频繁,其"西摧都掌,东抵苏松,南征米鲁,北遏辽东"。特别值得提及的是明代土家族的抗倭斗争。

明嘉靖年间(1522～1566年),日本海盗大规模侵犯、骚扰我国东南沿海,人民的生命、财产受到严重威胁。明朝政府政治腐败,军队战斗力不强,不能遏制倭寇的侵略行为。朝廷便调集永顺、保靖、桑植、容美、酉阳等司与九溪卫所属土官土兵,前往东南沿海参加抗倭斗争。嘉靖三十三年(1554年)冬,永顺宣慰使彭翼南率土兵3000人,致仕彭明辅和官生彭守忠领报效兵2000人,保靖宣慰使彭荩臣率土兵3000人,自备粮草,远涉1500公里奔赴苏州、松江地区抗击倭寇。

次年正月,永顺、保靖土兵与广西瓦氏夫人率领的狼兵,南北夹击聚集在胜墩的倭寇,斩敌首300余级,取得了胜利。是年4月,土官彭守忠率领土兵1000余人与明官军3000余人,分三路进攻骚扰常熟一带的倭寇,斩俘敌280人,敌寇大败,"而我兵不损一人,自用兵以来,陆战全捷,未有若此者也"。同月,永顺、保靖土兵在新场围剿倭寇的战斗中,中敌埋伏,永顺土官田菑、田丰,保靖土舍彭翅等全体土兵壮烈牺牲。5月,大批倭寇侵犯嘉兴,在无锡石塘湾被保靖土兵击溃,倭寇退至嘉兴北面王江泾,保靖土兵乘胜追击,永顺土兵中路拦阻,倭寇腹背受击。永、保土兵与广西狼兵及明官军相互配合,英勇作战,斩俘敌1900余人,溺死者不计其数,取得了王江泾战役的胜利,永、保土兵立下了"东南战功第一",扭转了抗倭以来被动挨打的局面。嘉靖皇帝降敕奖励永、保土兵,给彭荩臣、彭翼南备赐三品服,授昭毅将军,加右参政衔,彭明辅各赐银两。之后,松江柘林的倭寇千余人窜至苏州一带,保靖宣慰彭荩臣、永顺宣慰彭翼南率土兵追击,与官军冒着暴雨,擒其渠帅,俘斩敌五六百人,溺死者无数,取得了陆泾坝之捷。又取得了后梅之捷、清风岭之捷、乍浦之捷。嘉靖三十五年(1556年)八月,永、保土兵和容美土兵合围困勾结倭寇的大海盗徐海、陈东于沈家庄,永、保土兵左右列阵,手持火把,冲入敌阵,斩敌寇1200余人,徐海投海自尽,土兵跳入海中割其首级,东南沿海倭患初告平息。

明代土家族地区的土司制,实际是土官世袭制,土司职务的任命、升降、废除均按朝廷颁布的条例执行。在土司统辖区内,还可自行任命官吏,而这些官吏实际上是本民族世代相传的族内职务,有总理、家政、舍把、旗长、亲将、总爷、峒长、寨长等。按规定土司制度是一种军政合一的政治制度,各土司都有自己的武装——土兵,土司官在其统治辖区内,既是最高行政长官,也是最高军事长官。

土家族土兵的传统编制有营和旗两种。"营"是土司的正规部队编制,营兵被称为"存城岳丁"。营的数量依土司势力大小而设立,宣慰司一般设有5个营,称前、后、中、左、右营,每营兵丁为100名,主要职责是保关守城,除随时听调跟土司出征外,还需为土司日常生活服务。"旗"是土司寓兵于农的一种军政合一的组织,凡境内土民,均编入旗内。"土司各分部曰旗,旗各有长,管辖户口,分来于各州司而统辖于总司,有事则调集为兵,以备战斗;无事则散处为民,以习耕凿。"旗与营没有隶属关系,旗的多少以地域来划定。各旗均有名号,用象征性、吉利性称谓命名。

土司内有自己的一套刑法管理,他们操有生杀予夺之权,对土民实行野蛮统治,有所谓"无法度,虽居中国,邈若海外"之感。土司的法律极为残酷,轻者断指、割耳、鞭笞等,重者丢天坑、沉潭斩首。对偷盗者,大则斩首,小则断指。怠慢客人者、没按时到达土司处者,割耳。犯奸淫者处以宫刑。在土司城里,还设有监狱、水牢等一套司法机构。土司境内等级森严,不可逾越。土司出巡,土民见之必以跪迎,舍巴头目公差,土民必备礼物馈送。

清初,满族贵族以八旗军的强大武力入主中原,永顺宣慰使彭宏澍率三州六峒大小土官380人纳土归附,保靖宣抚使彭朝柱、桑植安抚使向鼎、茅岗司长官覃荫祚等相继纳土归附,其桑植安抚司升为宣慰司。施南、容美、酉阳、石柱、沿河佑溪、水德江、朗溪等土司,于清顺治年间(1644~1661年)先后归附。为了统一局面的稳定,清政府暂时沿袭了明代的土司制度。对土司则"今来投诚者,开具原管地方部落,准与照旧封袭"。同时,清政府还采取措施加强对土司的管理,要求土司接受地方政府的管理、约束,规定土司承袭年龄必须15岁以上,力避土司族人由争袭引发的仇杀及战乱。

清王朝建立后,随着经济的发展和社会的进步,土司制度的弊端及与中央王朝的矛盾日益显现和加剧。明末清初,土家族地区的永顺、保靖、桑植、容美、施南、散毛、石柱、酉阳等土司,都辖地数百里,拥军数万,恃强骄横,有恃无恐,"彼之官,世官也;彼之民,世民也。田产子女为所欲,苦乐危其所主,草菅人命若儿戏,莫敢恣嗟叹息于其侧者。以其世官民不得不官,必得于子孙。且数倍蓰,故死则死耳,莫敢与之较者",俨然割据一方的土皇帝,不仅对境内土民残酷压迫,进行超经济的剥削,还越境征收"花丝银"等,与中央王朝的矛盾日趋尖锐。经济上,土司推行的是封建领主制,在土司境内,"凡成熟之田,土官多择其肥饶者,自行种收,余复为舍把、头人分占,民间只有零星硗角之地。每年杂派数次,任意轻重",形成了土司对土民的人身占有关系,严重地阻碍着封建地主经济的发展。

土司间为争夺领土、山林、矿产资源、人口、牲畜等及土司内争袭争利,长期争战仇杀,战火连绵,王朝屡禁不止,给社会造成混乱,给土民带来生产的破坏,以及对生命、财产安全的严重威胁。云贵总督鄂尔泰则上疏曰:"欲安民必先治夷,欲制夷必先改流。"得到雍正皇帝的赞赏,并委其全权办理改流事宜。

土家族地区的改土归流,早在明永乐时就开始了。明洪武、永乐年间,思南、思州两宣慰使田宗鼎、田琛叔侄俩争水银砂坑之利,长期厮杀,王朝屡禁不得其解,便令顾成率兵5万压境,于永乐十一年(1413年)废除二田宣慰使职,对思南、思州两宣慰司实行改土归流。以其思南宣慰司所辖17长官司地和思州宣慰司所辖22长官司地改设思南、思州、铜仁、乌罗、石阡、镇远、新化、黎平8府,改派流官,为贵州行省的建立奠定了基础。这是土家族地区最早被改流的土司,也是全国最早被改流的土司。土家族地区总的改土归流过程贯穿于清王朝的始终,主要在雍正四年至十三年(1726~1735年),个别土司直到辛亥革命时才自行消亡。

改土归流对于土家族地区是一场巨大的政治变革,废除了长达数百年的土著豪强大姓的统治,同时土司统治的行政机构亦随之而废弃,代之以与全国一致的府、州、县地方政府机构,并由中央王朝政府派"流官"进行管理。在湘西设立永顺府,辖有永顺、保靖、龙山、桑植4县;鄂西设立施南府,辖有恩施、宣恩、咸丰、来凤、利川、建始6县,以及鹤峰州、长乐县;川东南设立酉阳直隶州,辖有酉阳、秀山2县,还有石柱直隶厅;黔东北设有思南府,辖有印江、安化2县和沿河弹压委员,铜仁府,辖铜仁县,还有思州府。在府、厅、县以下,将土家地区的旗改以保甲制替代。每10户一牌,设一牌头。10牌为一甲,设一甲长。10甲为一保,设一保正。以此加强清政府对土家族地区的控制,同时,保甲制的建立和完善,打破了自元明以来"蛮不出境,汉不入峒"的禁令,有利于国家的统一,有利于土家族和汉族人民的自由往来与经济、文化的交流,有利于封建领主制经济向封建地主制经济的发展。为了更有效地对土家族地区进行统治,清政府还直接派军队驻防,在府地设协,县地设营,均派驻军。还在重要的军事要地和关口,设营塘讯所,派外委带兵驻防。

以下诸多事实亦可说明土家族是由定居于湘鄂川黔四省接壤地区的巴人,经过长期发展而逐步形成的单一民族。

在广大土家族地区,时至今日,还有不少地方保留着有关"巴"的地名。长阳、巴东都傍巴山筑城,施南府卫城南二里有"巴公溪者,相传郡南有巴公冢,昔有巴国大栅王世葬于此,或呼为巴公山也"。在恩施地区,有巴西坝、巴勇、巴息,长阳有巴山河、巴王沱、巴业山等地名。巴人语言虽已消失,但个别词汇还有线索可寻。夔峡地区汉代有大量巴人居住,扬雄少时曾在此地度过,他在《方言》中说:"虎、陈、魏、宋、楚之间,或谓之'李父';江、淮、南楚之间,谓之'李耳'。"土家语中,称虎为"李",称公虎为"李爸",母虎为"李你嘎"。汉人把"李爸"记为"李父","李你嘎"记为"李母"。鹤峰的"李虎坡"应是巴语与汉语的混合地名。这种语言相混的情况,在施州较多。南宋王象之所撰《舆地纪胜》有这样的说法:"施之地虽杂夷落,稍近华风,故乡者则蛮夷,巴汉语相混。"

在今天的土家族地区,出土过大量虎饰文物,而虎是巴人的崇拜神。宋淳熙十四年(1187年),在慈利县周赧王墓旁五里山的古冢中,发现虎钮錞于一件。绍兴三年(1133年),长阳县发现重35斤①的虎錞。清嘉庆九年(1804年),施南府发现"大小二虎錞,大者五十余斤,小者二十余斤,形制悉与(宣和)图说相合"。1804～1921年,"施南长阳附近屡获此錞,殊不可解"。新中国成立后,在长阳武落山下,清江南岸西上几里处出土一件完整的虎錞。五峰、巴东、恩施、建始、利川等县出土虎錞十余件。龙山、保靖、花垣、泸溪、慈利、石门等县发现錞于27件,其中虎钮錞22件,蛇钮与马钮各2件,钮不明者1件。近年,桑植、保靖、吉首等县又出土大量的巴文化遗物,其中也有虎錞。此外,还有铜剑、铜戈、铜钺等器物,上面大多饰有虎纹。鄂西、湘西出土的大量带有虎饰的器物,专家断定为战国时期至西汉初期的巴人遗物,与四川涪陵小田溪、巴县冬笋坝和广元县宝轮院出土的巴人遗物风格一致。

巴人有许多文化和风俗习惯,有的至今尚在土家族地区延续。新中国成立前,土家族地区敬鬼神、重祠祀,且有跳丧、摆手、竹枝词等文化风俗,均与巴人有着承袭关系。有些地方至今还在流行。值得一提的是,巴人以人祭祀的风俗沿袭了很长一段历史。明万历年间,永顺土司祭祀时,"杀人亦献首于其庙"。"闻楚徼外,保靖、石柱、酉阳诸土官皆然。"看来,这种人祀的风俗必是承袭了巴人遗风无疑。清代,咸丰县活龙坪的田姓还保存着"还人头愿"习俗,还愿时要买一人,砍其头来祀祖。距今约150年前,田姓族长的儿子"冒犯"了白虎,买一乞丐代替,但因乞丐与其子同宿,还愿时误将自己的儿子杀死,于是下令禁止,改还"人头愿"为还"牛头愿"。恩施大吉一带的覃、田、向三氏也很早流行"还人头愿",代代相传下来,后来觉得太残酷,才由巫师在自己头上划破一道口子,用几滴血表示以血祭祖,这种习俗一直沿袭到新中国成立前。历史上,土家族有过敬白虎和赶白虎同时存在的信仰,土家先人认为有两种白虎神,一种是"坐堂白虎",这是好神,每户都得有白虎堂,敬它求其保佑;另一种是"过堂白虎",这是恶神,如果它跑到哪户过了堂,就得请巫师去其家赶过堂白虎。这两种白虎神,均与定居在这里的巴人崇虎的原始信仰有关。隋唐之际,定居在湘鄂川边的"蛮"人,还较为完整地保存着自己的语言和风俗习惯。《隋书·地理志》中说:"南郡、夷陵……沅陵、清江……诸郡,多杂蛮左,其与夏人居者,则与诸华不别。其避处山谷者,则语言不通,嗜好居处全异,颇与巴渝同俗。"②诸多史实均说明土家族的许多风俗都是承袭了巴人的风俗。

据史书记载,从西汉末的"武溪夷"田强开始,直到明末清初,活动于湘鄂川黔边地区而被称为"蛮"或"夷"的田、向、覃、冉、彭等氏首领,绵延不绝。这些姓氏的首领在历史上虽然出现的时间先后不同,势力消长时有变化,但他们始终在这一地区繁衍生息,经过长期的发展成了强宗大姓。田、向、覃、冉、彭等姓正是今天土家族中人口较多的几个姓氏,这是历史发展的必然结果。定居于湘鄂川黔边的巴人,经过历史的跌宕起伏、不断变迁,

---

① 1斤＝0.5千克。
② 陈廷亮、杜华:《土家族语言文化概论》,《长江师范学院学报》,2010年第6期。

终于形成了一个单一的民族。当然,在历史的发展过程中,也有部分邻近的其他民族融合到其中,甚至还有少数迁徙进去的汉人。土家族终于以其顽强的生命力生存、发展、壮大起来了。而这个民族的教育,从它诞生的那一时刻起,就已存在于人们生活的各个领域,正是通过各种类型、各种形式的教育,这个民族才逐渐摆脱愚昧,文明、发达起来。

第五节　土家族语言的起源与发展

土家族来源于定居于湘鄂川黔边的巴人,当这个民族诞生以后,这个民族的文化教育也就诞生了。民族教育是伴随着这个民族的产生而产生,并且随着这个民族本身的发展而发展的。

土家族的教育正是随着土家族的产生而产生、发展而发展的。这里所要探究的土家族的文化教育,是从广义的社会教育角度而言的,是包括学校教育的大教育。土家族的教育,从一开始就受到本民族特有的文化背景的制约,并且,在家庭、生产劳动、祭祀等社会活动中,深深地打下了自己独特的文化模式的烙印。因此,我们在研究土家族教育的起源时,就要从土家族的文化背景入手,逐步解剖和分析该民族教育的实际状况,从而发现该民族教育的特点。

语言,是人类最重要的交际工具,是一种特殊的社会现象,是人类社会劳动的产物。远古时,语言便已成为促使人类脱离动物界最重要的因素之一。斯大林说过,语言是属于社会现象的,从有社会存在的时候起,就有语言存在。语言是随着社会的产生而产生,随着社会的发展而发展的。语言也将是随着社会的衰落而消逝的。社会以外,无所谓语言。①

任何民族的语言都是这个民族的基本特征之一。土家族的语言正是在这个民族形成之后产生的,并且随着土家族的发展而发展。许多土家族地区有着"不讲土家话,不准进族谱"的规定,这说明语言对于土家族的重要性。

"要了解某种语言及其发展规律,就必须把语言同社会发展的历史,同创造这种语言、使用这种语言的人民的历史密切联系起来研究。"斯大林的这段话告知我们研究语言的方法。民族的起源不仅可以,而且必须和语言的起源联系在一起。② 土家族的教育,在其最原始形态的时候,没有语言的参与是不可想象的。正因为有语言的参与,各种教育才变得顺利、自然。

土家族将自己的语言称为"比际"或"比际刹"或"毕兹刹"。王静如在《关于湘西土家语言的初步意见》中认为:土家语不属于汉语,更不是汉语方言;也不是苗瑶语族的语言;又不是侗傣语族的语言。湘西土家语乃是在汉藏语系中属于藏缅语族比较接近彝语的语言,甚至可以说是彝语支内的一个独立语言。② 目前,土家语被普遍认为属于汉藏语系藏缅语族。土家语分南、北两种方言。北部方言与南部方言有较大的差异,主要表现在语音

① 柏果成:《少数民族必须有自己的文字》,《贵州民族研究》,1981年第2期。
② 彭官章:《再论土家族与古羌人的关系》,《民族论坛》,1986年第2期。

方面。操北部方言的主要分布在今天的龙山、永顺、保靖、古丈、慈利、石门、来凤等地。[①] 操南部方言的主要分布在今天的泸溪县。在聚居区内,土家族内部以土家语为主要交际工具。

土家语主要由语音、词汇、语法三部分组成。语音包括声母、韵母和声调三个内容。土家语拥有丰富的词汇,从词的内容意义来看,有单义词、多义词、同义词、反义词四种。从词的结构看,有单纯词和合成词两类。单纯词有单音节、双音节及多音节单纯词三种。合成词有复合式、附加式、重叠式三种。复合式合成词一般由两个不同的实词素合成。构词方式因各词素间的不同关系而不同,常见的有联合关系、主谓关系、支配关系、修饰关系和补充关系五种。附加式合成词由实词素加一个虚词素构成。这些虚词素在词中起辅助作用并表示多种含义。重叠式合成词有单音重叠、双音重叠、四音联绵三种。[①]

根据意义与语法特点的不同,土家语中的词可以分为两类十种。实词类包括名词、动词、形容词、数量词、代词;虚词类包括副词、介词、连词、助词、叹词。[②]

土家语的名词主要作主语、宾语,也可作定语、状语。名词一般不能重叠,可用形容词和数量词修饰,修饰语在中心语之后。名词中的方位词一般作状语,这时一般在名词或代词后面。名词中的时间词在句中一般作状语,位于谓语前或句首。土家语的动词主要作谓语。动词能与副词组合,受副词修饰。能愿动词除与动词、副词组合外,一般不与其他词类组合。土家语的形容词主要作定语,也可作谓语和状语。形容词作定语一般在所修饰的名词的后面。[①] 形容词可以放在名词后面直接修饰名词,可以放在动词前面直接修饰动词。形容词可以带叠音的后附音节,表示程度的加深。土家语的数量词可作补语和状语。土家语里没有独立的数词类和量词类。表示基数的只有 10 个音节。[②] 这 10 个音节单独使用没有意义,只有同表示量的词素组合成词,才能表示数量。表示量的词分为物量词和动量词两类。物量词是表示事物单位的词,主要作定语,用在所修饰的中心词之后。动量词表示动作的量,主要作状语,用在所修饰的中心词之前,也可放在中心词之后。土家语的量词必须与数词组合起来才能表示数量,否则没有意义。土家族计数量的方式十分特别,从 1～10 轮番计数,循环反复,周而复始,因土家语中没有"10"以上的表数词素。10 以上的数目字均借用汉语词。[①] 土家语的代词有人称代词、指示代词和疑问代词三类。人称代词可作主语、宾语和定语。指示代词和疑问代词可作主语、宾语、定语和状语。人称有第一、第二、第三人称。人称代词有单数和复数的区别。指示代词有远指、近指之分。疑问代词表示人或事物、时间、数量、性质、状态、方式和程度。

土家语的副词作状语,主要限于修饰动词或形容词,一般在中心词前,也有少数放在中心词之后。土家语的副词不多,多借用汉语副词。土家语中的介词较少,多借用汉语介词,主要用来与名词、代词等构成介词词组充当句子成分。[②] 连词也少,其功能是连接词、词组和句子。助词分结构助词、语气助词和时态助词三类。叹词一般独立于句子之外。

土家语的句子有单句和复句两种。单句可分为陈述句、疑问句、命令句、祈使句、惊叹

① 罗章:《土家山歌:经验的生长与互动》,西南大学博士学位论文,2006 年。
② 陈廷亮、杜华:《土家族语言文化概论》,《长江师范学院学报》,2011 年第 6 期。

句和判断句五类。复句可分为联合复句和偏正复句两种。联合复句有并列句、选择句和递进句三种。偏正复句有因果句、假设句、条件句、转折句四种。一般偏句在前,正句在后。土家语的句子成分有主语、谓语、宾语、定语、状语、补语六种。主语和宾语在谓语之前。名词、代词、加定语助词的词或词组作定语时,位于中心词之前。形容词、数量词作定语时,位于中心词之后。状语一般在中心词前,否定副词作状语位于中心词之后。补语一般在谓语后面。土家族句子成分的基本次序为:主语—宾语—谓语。作主语的是名词、代词;作谓语的是动词、形容词,作宾语的是名词和代词。在世世代代的传承中,土家语形成了固有的习惯特征,土家人之间相互交流、相互学习,使语言的用途越来越大。土家语在语音方面有四个方面的特点:一是无卷舌音;二是无 n、f 而分别以 l 与 h 代替;三是无 ü 而以 i 代替;四是少 ang 而用 an 代替。① 土家语中,有专门的称谓用语、委婉用语、谦逊用语和特定用语。

　　土家族的语言,由于地理、文化、经济等多种因素的影响,具有自己的特殊性。但是,土家语又不是孤立的,它与其他民族的语言产生联系之后,也发生了或多或少的变化。例如,在语言功能、语言结构等方面,随着时间的推移,这种变化又会形成一种约定俗成的习惯而被固定下来。这就是说,在日常生活中,土家人必须学会那些固定下来的语言习惯,才能更好地与他人交往。土家语产生以后,生活过程便是学习过程。小孩向大人学习,大人再向更有语言经验的人学习。语言在相互学习、相互碰撞中日臻完善和成熟。土家族最初的语言学习就是在这种自发状态下完成的。

　　土家族没有自己的文字,这就使语言的作用显得更加重要。许多生产技能、生活技能、衣食住行、信仰禁忌等方面的教育与学习,都离不开语言,正因为有了语言这一有力工具,各种自发的教育活动才变得顺利而自然①。

---

　　①　罗章:《土家山歌:经验的生长与互动》,西南大学博士学位论文,2006 年。

第三章

土家族生产生活教育概述

第一节 农业生产教育

土家族人长期繁衍生息于湘鄂川黔边的武陵山区。受这里的山川河流、山脉水系、地层地貌、土壤土质及动植物资源等自然环境的影响,[①]形成这个民族在生产活动中的许多特点。土家族人在世世代代的生产活动的实践中,不断总结经验,吸取其他民族特别是汉民族的生产经验与技术,故土家族的生产活动总是在不断发展、不断提高的过程中。现就土家族的农业、林业、畜牧、渔猎、手工业等生产活动中的教育表现分述之。

一、农业

(一)不违农时,终岁辛劳

土家族人世居高山深谷,从事农业,不违农时,终岁辛劳,因山地与稻田并重,故其艰辛程度较他处尤甚。土家族自农历正月元宵佳节吃了"爬坡肉"后,欢乐的新春就告结束,一年紧张的农事活动也开始了。从砍草、烧火沙开始,然后开荒挖土,在备好种植山粮的土地时,已是暮春时节了。大地转暖,燕子南来,堤柳透翠,春雨连宵,已是犁山打水的紧张季节。土家族地区高坡田多,雷公田多,更增加了抢水抢耕的艰辛。在清明、谷雨之间播种育秧是一年生产的重要阶段,"秧好半年春",土家族特别重视做秧田。秧田要犁得深、耙得平,做好排灌水沟,底肥要下得很足。插秧田的这几天,土家族人互相帮助,主人用大酒大肉款待换工的人。土家族人对于稻谷浸种催芽积累了一定的技术,浸种、泡种、催芽,掌握合适的温度,朝夕不离。秧田做好了,芽谷已长整齐,在清明早上把谷芽洒到秧田中去,谷芽要洒播均匀,才能使秧苗疏密适度,苗壮一致。谷芽撒下去后,便要仔细观察

---

① 张小林:《湘西地区群众参与传统体育活动现状与需求趋向研究》,《中国体育科技》,2005 年第 6 期。

阴晴的变化和早晚的温度差异,随时注意排灌,像服侍婴儿一样,期待秧苗苗壮成长。

秧田甫做完毕,布谷鸟便"早种苞谷""早种苞谷"地满山催叫起来,桐子花也像雪花一样,漫山遍岭开放了。土家族俗谚说"春争日""夏争时",立夏过后,小满、芒种到来,正是山粮播种的时候。这个季节,土家族人真是一天忙到两头黑,家家无闲人,柴门紧锁,留小犬看守门户,男女老少都投入紧张的播种之中。某些高山地带,山里山雀很多,它们啄食种子和韧生的嫩苗,故自春粮播种下地后,地里离不得人,家里的老人或小孩在地头烧一堆火,或用小棒敲竹筒经日发出唪唪之声,用以惊走飞禽,直到山禽不能损害秧苗时为止。

春播刚刚收尾,秧田里的秧苗日夜疯长,满田翠绿,又到了插秧时令。土家族流传着一句俗谚,"六十养儿不得力,夏至栽秧不得吃",意即超过夏至栽的苗,过了季节,栽下去也没有用了。故插秧的季节性是很强的。而插秧的质量又必须保证。插秧紧张时节,也常常是邻里亲友间换工互助。每当鸡啼三更、月在中天的半夜,满田满垄便尽是插秧的人群。白天满田满垄是插秧人群的追逐声、吆喝声,晚上月落,还有打着火把插秧的人。"芒种打火夜插秧",说的正是土家族人插秧的紧张景况。在春播、春插农事繁忙紧张之际,还要及时收割冬种的大麦、小麦、豌豆、油菜及其他作物,有的地方还要采桑、揉茶,土家族人恨不得一天当作两天用。湖南永顺流传的一首《竹枝词》写道:"释担归来日夕阳,耕田晨起上山岗,近来一月忘梳洗,割麦插禾又采桑。"其辛苦繁忙可知矣。

春种刚刚结束,夏耘又接踵而至。土家族俗谚说:"土里要过铁板,田里要过脚板。"这是说夏耘功夫不跟上来,春播、春插的功夫等于白费。插秧后,庄稼地里杂草丛生,锄草任务尤其紧迫。千山万岭要一锄锄地把杂草铲除干净,让庄稼苗壮地成长。这是一场恶战,而且必须把握季节。土家族人历来有换工互助的传统习惯,于是百十人在一片庄稼地里锄草。为提高工效,驱逐疲劳和炎热之苦,于是挖土时唱锣鼓歌的形式又用到锄草的田地上来,这时所唱的歌叫耨草锣鼓歌。"听得耨草锣鼓响,一天耨它万重山。"耨草期间,起早贪黑,忙得大家头发根根都竖了起来。山地锄草之后,紧接着是稻田耘草,土家族人叫踩田。踩田除了扯净田中杂草,还要用脚板把禾蔸边的泥翻过来,使禾苗通风透气,生长旺盛。耨草耘田,正值赤日炎炎的夏季,真是"锄禾日当午,汗滴禾下土"。地里的草普遍要耨两次,有些庄稼还不止两次,如棉花,就是"棉耨七道白如银"。田里也要耘草2~3次。6月末,夏耘工作基本结束,稻谷已是吊边黄,山粮也渐渐成熟,土家族人晒谷坪,织竹席,织背笼,砍6月柴,准备秋收。居住在高山上的土家族人,为保卫秋收的果实免受飞禽走兽的糟蹋,庄稼地里日夜都不断人,白天由老人、小孩在庄稼地里敲竹筒或鸣大锣,用以惊走飞禽走兽,晚上青壮年男子睡在搭在庄稼地里的茅棚中,通宵燃着熊熊大火,锣声不息,有时还鸣放几次土炮,用以驱赶糟蹋粮食的野兽。如果不这样做,一大块苞谷(玉米)、小谷(小米),一夜之间,就会被猴子、野猪、泥猪、豪猪等成群结队糟蹋干净。

7~9月,又是紧张的秋收季节,土家族人称为"抢宝时月"。从立秋、白露到秋分期间,田里的稻谷、山地里的山粮,要颗颗粒粒收回家里,储入仓里。一抢天色,二抢季节,这一段的繁忙辛苦,也和春种、夏耘差不多。但这是丰收的喜悦,应该是苦中有乐了。粮食进仓后,9月寒露摘茶籽,霜降捡桐子,直到9月底,才全部完成秋收任务。

进入立冬,虽是冬闲季节,但勤劳的土家族人冬天也不闲过。土家族有句俗谚"要吃来年饭,隔年做一半",他们把许多事情放在冬天做,为来年春天做准备。首先做好冬种,"七碗""八蚕""九油""十麦",还要种蔬菜,土家族人把蔬菜当作"半年粮"看待。土家族讲究冬耕,说是"儿要亲生,田要冬耕",他们把农田全部耕耙过来,灌溉冬水,有的还沤上杂草,名曰打冬。这既可增加肥料,又增强农田的抗旱力,还可错开来岁春耕紧张。土家族人还利用冬闲时间开梯田梯土,砌土坎田坎,挖地角,挖岩隙,尽量改变生产条件。[①] 有的土家族人则收集肥料,夜里又换工剥桐籽、剥菜籽,大家围坐在桐、茶果堆的周围,当中高烧松脂火把,边劳作,边听故事,边猜谜语,时虽寒月,却热气腾腾;榨桐茶油也是冬天的一项重要事情。土家族人一直忙到农历腊月二十四过小年,一年的农事活动才算正式结束。真是不违农时,终岁辛劳。

　　新中国成立后,由于国家对农业高度重视,随着农业机械和农业科学的逐步使用与推广,加之农业耕作制度也有不少改变,土家族地区的农业发展很快,但其农忙活动依然大致如此。

（二）因地种植,增产增收

　　土家族人在长期农事活动的实践过程中,懂得因气候、水源、坡度、土壤等不同而进行不同的种植得到增产增收的道理,所以他们对什么地方种什么、怎样做,都是非常重视的。

　　村寨附近,海拔较低的旱土,一年多熟,种植利用率高,以蔬菜、棉、麻为主,苞谷、黄豆、小麦及其他经济作物交错种植,地里四季常长,季季有收入。种植方法也各不相同,有条播、点播,有开沟分畦、起垄栽培等。管理仔细周到,中耕追肥及时,经常除草灭虫,而田地周围还筑起篱笆,不让禽兽糟蹋,因而大都收成好,经济效益高。

　　远离村寨的旱土,多数在高山山坡之上,或在窝托,土坪、梯土、土湾、窝托、翻腰等地多种苞谷、黄豆、高粱、油菜、棉花之类,斜坡地则多种绿豆、小米、芝麻及红薯等作物,沙质土宜种芝麻、花生等。山地多是一年一熟,同时有间作的习惯。一般是在种苞谷、高粱等高秆作物时,同时种绿豆、滚豆等,称下脚粮。这些下脚粮在第二次锄草时,即可以摘。也有在小麦地里间栽马铃薯的。土家族人把开垦出来的荒土改成梯土,种上几年后,即栽种油桐树、油茶树,桐茶林里,实行粮林间作。桐茶林里的山粮以绿豆、饭豆(眉豆)、茶豆(扁豆)、豇豆(豆角)之属为宜,既肥沃了桐茶林的土壤,使桐茶树茂盛,多结桐茶果,又增加了粮食的收入,一举两得。新开荒土,尤宜种植草烟与辣椒。

　　稻田亦因水利、阳光、气温不同而进行不同品种的栽插。一般坪田、坝水田多中熟、迟熟品种,坡田、雷公田多早熟品种,为的是躲开六七月之旱。一般一年一熟,个别平坝田则栽插双季。过去土家族人一般喜冬泡田,而今科学种田日益普及,耕作制度也有不少改变,旧的种田习惯已经被新的耕作办法代替,如田里的一熟制,已逐步改成一年多熟制,如稻麦两熟、稻油(菜)两熟、稻荞麦三熟、稻稻麦三熟等。泡冬习惯也逐步被种冬粮、种保肥所改变。

---

　　① 祝方林:《改土归流后武陵地区农民的生产安排》,《武汉科技学院学报》,2007 年第 4 期。

（三）经济作物，自古种植

土家族进入农业经济为主的历史时期以后，逐渐由粮食生产发展到兼种经济作物的生产，从这些经济作物有古老的土家话名称可得到证实，如麻叫"泽苦"，茶叶叫"日阿古"，黄豆叫"七布"，芝麻叫"写不"等。苞谷是后来才传入土家族地区的，故无土家话名称。不过这些经济作物主要用以自给自足，没有形成商品。其主要类别有以下几种。

1. 棉、麻

过去土家族人有专用的棉、麻地。棉、麻地主要是肥沃坪地，棉花主要是供纺纱织布、做棉絮、做棉衣用。麻主要用于绩麻织布、做各种绳索用。棉、麻主要解决土家族人的衣着问题，故种植上亦十分讲究。

2. 烟

主要是草烟，又称晒烟，主要用于男子自吸和待客用。有客临门，两匹草烟是不缺少的。现在，有的地方已大量生产烤烟，成为振兴地方经济的支柱。

3. 茶叶

是土家族地区一大特产，历史悠久，现在正大力发展，走进土家山寨，可以看到满山茶园，一片翠绿。茶叶已成为振兴地方经济的一项重要项目。

4. 黄豆

是土家族人广泛种植的一项经济作物，它是做豆腐的原料。豆腐是土家族人最爱的食品之一，不仅平常食用，凡婚丧节庆的酒席上，白豆腐、炸豆腐也是必备的一种上席菜。豆腐制成的霉豆腐是土家族日常食用的食品。黄豆又是喂猪、喂奶牛的最好饲料。黄豆的用途很广。除地里种黄豆外，还有一种在田坎上插种黄豆的方法，在田坎上用斧头砍开一个口，然后点播种子，盖上灰粪，如此黄豆苗生长良好，结荚累累。土家族种黄豆，真是"见缝插针"。

5. 油菜

是经济作物的大宗。秋收后九月栽种，大部分种在稻田和土坪中，分畦点播或育苗移栽，也有洒在火烧过的偏坎上的。冬天一般不施肥，为了防止过早开花结实，免遭霜冻雪打。春节过后加工施肥，争创高产。

芝麻、葵花、花生、凉薯、西瓜、甘蔗等作物因地种植，一般习惯坡种芝麻，地边种葵花，沙壳土壤种花生、凉薯，良田沃土种甘蔗、甜菜、西瓜。以往，种植这些作物，主要用于自家食用和款待客人，现在发展成为商品才大量种植起来。有的地方田里种灯草革、朴席草，灯草革供桐油点灯用，朴席草用于编织草席。

（四）有无收成靠水，收多收少看肥

土家族人在从事农业的初期阶段，不施肥，不灌溉，收成很低。随着农业生产的发展，通过世世代代的劳动实践，土家族人逐步认识到肥料和水利对农业生产的重要性，"有收

无收在于水,收多收少在于肥"这一规律,已被土家族认识了。

土家族人在改土造田时,十分重视水利工程的配套设施。筑拦河坝、伴山开沟,把河水引进稻田;或在田边打井,用简易的工具把井水引出灌田。[①] 此外还备置了背水的背桶、戽斗、蜈蚣车之类抗旱工具,以备大旱缺水时用。对一些靠天水的雷公田,也开有引水沟用以引水、蓄水。平常对这些田,堰身搭得高,水关得深,插的老稻禾又是早熟的品种,这些都是防旱的措施。随着农业生产的发展,水利工程的建设随之加强。新中国成立后,各级政府领导人民大兴水利,水库、塘坝、渠道在土家族地区次第修建,电排、电灌等机械设施也不断引进。土家族地区的水利条件正在不断改善之中。

从多年的农事生产活动中,土家族人懂得了肥料与一年收成好坏的关系,于是把积肥、储肥、施肥作为农事活动的一个重要内容。土家族人的住户基本上都有粪地便坑,这是积肥的仓库。特别是养牛、养猪业发展起来后,猪、牛粪便成了重要的肥源。油桐、油菜的枯饼,更是种庄稼的上等肥料。土家族在每年的冬、春雨季要大积水土肥、草木肥,这已成为农事活动的重要习惯。地头田角、灰棚粪池,处处皆是,这些都是积肥、储肥之处。肥料充足,为播种插秧的用肥及加工施肥做好了准备。稻田还有打冬、打春的习惯。打冬即在秋收后把山上、路边的杂草割来,铺在稻田里,然后翻耕过去,沤在泥里,经过一冬,杂草发酵腐化,对改变土质、增加肥沃,好处很大。打春即在来年春天,树木发芽后,采来树叶,铺在田里,也同冬泡一样翻耕,增加肥效。其中,以马桑树嫩叶、枫树嫩叶为最好。土家族插秧习惯插灰秧,即将草木灰拌和人畜粪和枯饼肥运到田边,用脚踩成糊状,每个插秧者取盆一只,把肥料放在盆里,每插一蔸苗,将秧苗粘带一把肥插入田间,土家族人称之为"安蔸肥"。有肥料作安蔸,插下后无返黄现象,保证了禾肥粗壮。新中国成立后,大规模使用化肥,化肥肥效好,对增产更有保证,但化肥成本高,且使田土板结,这是不及有机肥之处。

(五)采掘野生植物增加收入

土家族人居住的地区,千山万岭,土地肥沃,气候温和,雨量充沛,野生植物多。土家族人有采摘和挖掘野生植物的习惯,以增加家庭的收入。土家族人采掘的野生植物主要有葛根和蕨根。葛根有黄葛、青葛、菜葛三种。挖回家后将根洗净,槌细,再放入桶内漂洗去渣,成为葛浆。然后将葛浆用布袋过滤,再经沉淀,即可得出葛粉。葛粉可用开水冲服,也可用油煎做成煎饼,其味可口,营养价值高。滤出的渣子叫葛米,灾荒时用以代食充饥,平常可用作猪饲料。蕨的挖法、制法与葛相似。土家族人把掘挖葛蕨称为"开地仓"。新中国成立前,遇到饥荒年岁,葛蕨成了饥民的度荒宝物。

土家族人摘取的野生山果有梨子、栗子、阳桃、葡萄、八月瓜、灯笼果等。用猕猴桃配制的酒,是土家族人宴饮的佳品,用金钩、灯笼果泡酒,其味更美。剥取的野生纤维有野麻、葛麻、芭茅等。土家族先民曾用葛蕨编制成布,现在主要用于搓绳索用。芭茅可作造

---

① 金军:《新媒体时代武陵山片区乡村民族文化嬗变及问题对策》,中南民族大学硕士学位论文,2013年。

纸原料,芭茅包心则可取皮编织麻草鞋,结实耐穿,还可采集野藤作为编织各种藤器之用,其中主要是平藤。土家族人采集的野生药材有天麻、黄连、黄檗、药百合、五倍子、土茯苓、冬古、麦冬、白芨等,而苍桑子可熬制香原料。土家族人把这些取之不尽、用之不竭的野生植物称为"天财地宝"。

二、林业

森林与人类的关系极为密切,土家族地区森林资源丰富,土家族人世世代代与森林打交道,他们爱林、造林、管林、护林,把林业放在与农业同样重要的位置上。

(一) 林的类别

林的类别主要有以下几种。

1. 用材林

土家族山区的用材林有马尾松、杉木、柏木、楠木、梓木、椿木、香根、红抠、麻砾、青冈、银杏、红桉、茨秋、枫香、梧桐、桐木、榆树、白檀、泡桐、伯乐树、水冬瓜等数百种。以松、杉、柏树面积最大,蓄积量最多,其中珍贵的有水杉、鸽子树、银杏、楠木、梓木、红豆杉、金钱树、红柞木等数十种。珍贵的楠木几乎遍及土家族山区,楠木又有帧梢、鸡矢楠、润楠诸种。楠木做成家具,光彩夺目,用楠木箱柜存放衣物可防虫蛀。这些木材都是栋梁之材,明清时代营造宫殿,即有土家族人员送的楠木。土家族用这些木材除营造房屋、制造家具外,还有计划地采伐,把砍伐的木材剥光树皮,拖到溪边,候春水或秋水泛发之际,做成木排,冲进巨大的浪涛中,[①]到外地出售。土家族山区的木材在长沙、武汉、南京、上海等地,都是有名气的。

2. 经济林

土家族山区的经济林有油桐、油茶、漆树、女贞、乌桕、板栗、盐肤树、桂皮树、核桃、枣子、棕树、黄檗、杜仲、竹子、柑橘及其他果树。其中,以油桐、油茶面积最大,产量最高,漆、乌桕、五倍子、板栗等都是土家族地区有名的产品。

油桐、油茶树在土家族地区的培植点有很久的历史,由刷漆、点灯、食用的自给自足变为商品后,才大量发展起来,并成为左右土家族地区经济形势的商品。由于油桐、油茶的发展,对发展农业、商业、交通业都起到很大的作用,土家族人对桐、茶林的培植、垦复、管理也很重视。

其他经济林的收益也相当可观,素以涂料之王著称的土漆,土家族山区到处可见,湖北咸丰的坝漆则名扬国内外。[①]果实类的品种也十分丰富,其中以板栗、柑柄、五倍子等产量较高。土家族的竹类品种甚多,有摘竹、桂竹、水竹、紫竹、凤尾竹、小山竹等,用途也很广泛。

---

① 梁正海:《民族学视野下土家族传统生态知识类型及其内涵》,《湖北民族学院学报(哲学社会科学版)》,2008年第4期。

3. 防护林

土家族地区的防护林,有防洪护堤林、防崩护坎林、防热护荫林、防寒护温林、防风护居林等,其种植品种,因地制宜,择优而种。

防崩护坎林主要植于梯田梯土高坎上,树种以"插篱笆冬青"为主。此树株插可以成活,根茎发达,茎须是块状,栽插成排可防坎土的崩垮,且其枝叶茂密,树叶又可肥田。至于房屋边和村寨的岩墙,则喜欢栽五加皮等藤科植物,既保护岩墙,使外人不得逾墙而过,又美化了村寨的居住环境。

防洪护堤林主要位于溪河两岸,树种以水柳、大槐树等为主。水柳、大槐树是落叶乔木,根须发达,盘根错节,具有很强的箍石圈沙作用。且向水性强,根、茎、枝、桠都喜欢向溪河一边延伸,不影响田里地里作物的日照,山洪冲击,岿然不动,在土家族地区的河溪两岸,到处可看到这些参天的防洪大树。

防热护荫、防风护居林,主要植于房屋四周、道路两旁,以及休息的小坝、凉亭、村寨风口等处,冬天可以挡风御寒,夏天可以遮阴避暑。住房周围,不植乔木大树,多植桂花树、各种果树、竹子及其他常绿树木,使土家族的房舍掩映于翠竹绿树之中[1]。近来城镇干道两旁多植法国梧桐、樟树等,对美化城镇、调节城镇气候、净化城镇空气,都起到很好的作用。庙旁、墓地、村寨周围、名胜之处,都有风景林,这些地方多植翠柏、红枫、苍松及其他常绿树木。

4. 薪炭林

土家族地区的薪炭林,多在岩山险谷之处,大都是一些灌木丛和小杂树,如映山红、山茶花、栗木树、青冈树、雷公香、岩刷子、油刷子、化香木、夜火柴、土视条、狗骨头、九板虎等。薪炭林自然野生,不加人工培植,但砍伐各有山主。土家族人对柴火不甚爱惜,寒冬之夜,火坑里热火熊熊,大家围坐火边,听老年人摆古,一夜用柴少则百斤以上。烧炭也是土家族人的一种特有习惯,即挖好炭窑,采伐杂木,裁短后,置窑中闷烧而成。这种炭质量好、热量大,主要供老人烤火及款待宾客烤火之用。[1]一般烤细炭或毛毛炭,这种炭用砍的茨笆、小树、杂草烧成。近来城镇机关、居民常向山居的土家族人购买木炭,每年总在千万斤以上,这对薪炭林的破坏是巨大的。

(二)爱林、护林、造林、管林

土家族人爱林如宝,他们说树木是吃露水长大的天财地宝。他们还认为,地方的兴衰与森林的成败密切相关,素有"山清水秀地方兴旺,山穷水尽地方衰败"之说。[2] 所以,土家族人十分重视森林的保护。一般的用材林、薪炭林,多是自然生长,要使这里林木蔚然成林,必须十分重视护林、管林的具体措施。在土家族地区,自古以来,就制定、执行"封山禁林"政策,严禁破坏森林的行为。封山禁林的各项条款都是经过全村的一致通过制定

---

① 梁正海:《民族学视野下土家族传统生态知识类型及其内涵》,《湖北民族学院学报(哲学社会科学版)》,2008年第4期。

② 苏炜:《对土家族传统文化中的创意设计研究》,华中科技大学硕士学位论文,2009年。

的,而且条款制定得十分详细具体,对其执行也较为严格彻底。凡属条款中决定的封山地区,均立有禁牌,标明四周界限,周围树枝上捆好草标,且挂上涂有鸡血的白纸,以示此山已封,一般是永久性的,也有十年、二十年、三四十年的。凡属封山地段,自宣布被封之日起,公推专人看管。所定的条款有:禁止放牧牛羊,禁止拾柴割草,禁止入山砍伐竹木,禁止落叶烧灰,禁止刨土积肥,禁止放火烧山等。① 总之,不准人畜进入封区,不论何人,不得违犯。土家族人封山禁林的规约中,除了大片的森林外,防护林、古庙林、风景林、祖墓林,以及路边、屋边、井边、凉亭边的大小树木,都制定了相应的保护条款,凡是捆草标的树,都不能动其一枝一叶,违者都按条款给予处理。

薪炭林虽属燃采范围,但有保护措施,山各有主,不得随便进入樵采。即使"山权在我",也不能过多砍伐,要"留得青山在,年年有柴烧"。凡属封山禁林地段,不准烧火畬,不准砍火砂,挖生土。对经济林的保护尤其严格具体,梳子树、油桐树、油茶树、乌桕树、漆树这五种树,不准砍伐当柴烧。即便是树木自然枯死,也必须在规定的时间内砍伐背回家里。谁若不遵守规定的办法和时间,就要像砍伐生树一样,受到处理。处理的办法有鸣锣游村认错,或罚款,或罚粮,或罚戏,或罚栽树,或罚修路,或罚酒席,按条款规定,对号入座,村里村外,一视同仁。其他果树、竹类也都有保护的条款。管山是经过大家推举的,给予一定的报酬,要忠于职守,不徇私情。土家族人世世代代执行封山禁林的制度,使森林得到保护,使青山常在,流水长清,经济林也得到发展。土家族人如何育苗,如何栽树,如何防止经济林木的病害,都积累了一定的经验。

新中国成立后,林业受到国家重视,政府成立专管林业机构,加强对林业的管理。政府还公布了《森林法》,加强对森林的保护。每年冬季开展植树造林活动,对于林业的科学研究也日益深入和普及。这些都促进了土家族地区林业的发展。①

三、畜牧业

饲养家畜、家禽是土家族人的传统习惯。在从事农业、林业生产的同时,凡是有条件的农户,都要饲养猪、牛、羊、鸡、鸭等家畜、家禽,有的还饲养野生动物。过去,土家族人的饲养业都是在农业、林业生产的间隙里附带出来的,故称副业,现在有了专门从事畜禽饲养业的专业户。

(一)家畜

1. 养猪

土家族人的肉食主要取自猪,故养猪甚为普遍。一户农家养大猪一头叫年猪,此猪在年节前宰杀,除过年敬神、食用外,腌好烘干收藏,供年内自食或待客用。土家族人最重视喂养年猪,如所养年猪喂养顺利,不生病痛,则是这一年家事顺利之兆。杀年猪后,即喂小

---

① 梁正海,《民族学视野下土家族传统生态知识类型及其内涵》,《湖北民族学院学报(哲学社会科学版)》,2008年第4期。

猪,此猪名替槽猪,作为次年的年猪用。土家族喜喂母猪,生下猪仔除自喂外,其余拿到市场出售,以买回饲料或家庭生活必需品。养猪除自食外,也在市场出售。

养猪方式是小猪放养,大猪圈养,养得多的户,也有专门到地里放养的。饲料以米糠、苞谷、青草为主,苞谷是壮膘的,一般是煮熟后才喂。养猪大多是妇女的功劳,特别是农事大忙季节,妇女们在从事重要农事的间隙,扯猪草、剁猪草、煮猪食,忙得手脚不停,从清晨到深夜都不得休息。由于她们精心饲养,喂养有法,饲养母猪有一套经验,所以猪长得很快。产仔率和猪仔成活率都很高。种公猪又叫"脚猪",过去多由鳏寡老人饲养,谁需配种谁去赶,并给予饲养老人一定的报酬。现在,各地设有配种站,推广人工授精和杂交繁殖技术,深受土家族人的欢迎。

为防止猪瘟带来的损失,土家族习惯用"麻绳捆耳杂""打百针""灌草药"等土法治疗。由于病症不同,对症就见效,不对症则无效。有些地方还有许四官神的迷信办法,病愈则认为是四官神保佑,以香腊酒肉敬四育神。现在有专门的兽医进行科学诊断和防疫治疗,猪瘟大为减少。

养猪不仅为了食肉、赚钱,而且为了积肥。俗话说"养猪赚大钱,又肥一坝田",故养猪业在土家族地区得以长期发展。

2. 养牛

耕牛是土家族人种庄稼之宝。俗话说:"阳春一把抓,全靠牛当家。"土家族人称牛为"家栏牛""当家牛",几乎把牛看作是这一家的成员。牛有黄牛、水牛两种。山坡人家喜养黄牛,因黄牛耐热,热天不用洗澡,且体型轻健,不怕山坡岩陡,哪里都能去,既能犁田,又善犁坡地,而且便于在山坡放牧。平坝人家喜养水牛,水牛力气大,犁平地、水田功效高。不论黄牛、水牛,一般每户一头,或一家数头,或数家一头。"庄稼无牛客无本",说的就是耕牛对庄稼的重要性。

土家族人养牛、护牛工作做得很细致,几乎做到了无微不至。家家户户都专门修有牛栏。栏底铺着木板,木板底下是牛粪坑,经常打扫牛栏,保持干净。栏的周围装有木栅栏。上节严实防寒,下节通风防暑。夏夜还在牛栏烧粪灰以驱赶蚊虫。土家族人都注意耕牛的饲养,平常家里专门有人在青草地放牧(多为老人、妇女或儿童)。在春耕时节,除了早晚放牧之外,还要喂中午草或者夜草。对于需要借耕牛用的,主人唯一的要求是喂足草料。为了保证耕牛过冬的草料,秋收时人们将稻草背运回家,垒成草堆或垒成草树,其他豆壳之类也都收藏好,为喂牛过冬之用。寒冬腊月,大雪封山,不能上山放牧耕牛,主人上山拨雪破冰割草喂牛,还煮牛稀饭(稻谷、苞谷、荞麦之类)以饲之。过去对耕牛严禁宰杀,有的地方对老死的耕牛不食肉,其尸体在土里掩埋,土家族人说:"它为你苦了一辈子,你还忍心吃它的肉吗?"每年农历四月十八是牛的生日,这天不役牛,且煮精饲料和生鸡蛋饲之。家家崇敬牛王,还流传有敬牛王的词。耕牛患病或被蛇咬跌倒,乡里牛医专门治疗。在此期间,主人更为小心地早晚看视和饲养。幼牛满三岁开教(即学驾枷耕地),经过连续三个早上的训练,即加入劳役的行列,开教需要会使牛的老手,开教时出了毛病,以后不好纠正。使用耕牛时不得催打,因天气炎热,耕田辛苦,一经催打,牛容易出毛病,故有"不怕千日用,单怕一时催"之谚。土家族人不仅用牛耕地,还用牛拉磨,拉旱碾,在平地拖料拉岩。

土家族人不仅善于养牛、护牛、用牛，且善于相牛，一些相牛能手能够从牛的毛色、毛旋、头面、尾刷、蹄脚、牙口等方面看出牛的年龄、性格、耐力和健康状况，最后得出好不好使的结论。

3. 养羊

土家族人有养山羊的习惯，因土家族地区有宽阔的山场草地，且山羊繁殖很快，仔羊四个月性成熟，一年可产两胎，每胎两只左右，两三年内即可繁殖一大群，肉重每只可达20公斤左右，羯羊（即阉割过的公羊）则可达50公斤左右。羊不择草料，有"羊吃百草"之说。山区放牧条件好，花少量成本即可收获较大效益，有"养蜂养羊，不用家料"之说。在山上劳动时，顺带用绳索将它们拴在一棵树上，羊就可以吃饱。但山羊性子野，好走动，好登高坡陡坎，常常窜入庄稼地糟蹋农作物，所以人们既喜欢饲养，又有顾虑，怕"一家养羊，百家骂娘"，怕"养羊跑烂脚板皮"。

4. 养狗

土家族人有养狗的习惯。农闲日，土家族人入山打猎，穿山越岭，数日不息，猎狗为其重要助手。土家族居住分布较散，农舍相距远近不一，田地也分散各处。劳动者日出即出，日落始归，柴门上锁，家无人踪，则以狗代主人守屋。狗忠于职守，不离房舍半步。此外，在土家族中，普遍传说五谷杂粮是狗从天国用尾巴带回来的，狗对人类立了大功。因以上种种原因，故狗成为土家族人喜爱的家畜之一，饲以米饭。

5. 养猫

土家族人喜养猫，主要用于捕鼠。按其毛色分猫、白猫、黑猫、花脚猫诸种，饲以鱼腥。

6. 养兔

兔亦为土家族人爱饲养的小动物，兔亦能捕鼠，肉鲜美。

7. 养马

过去，土家族饲养甚多，土司政权时期曾有以名马进贡王朝的记载，而今饲养不多。马、驴、骡，过去只有官家大户养作乘骑用，少数人用来运输。

（二）家禽

1. 鸡

鸡是土家族户户饲养的家禽。养鸡主要为了食用、生蛋、送礼和款待来客，也有人将鸡、鸡蛋拿到市场去卖，买回油、盐、新布、换回零用钱。有孕妇的人家则饲养鸡群更多，主要供产妇在月子里食用。

鸡有大种、小种、灰脚、黄脚、白羽、花羽、白皮、乌皮之分，土家族对各种鸡都饲养，特别是灰脚、花羽、乌皮之类的鸡，尤以乌皮鸡最珍贵。乌皮鸡肉细糯香酥，营养丰富，为滋补珍品。

土家族人养鸡习惯散养，早放夜关，一般都专有养鸡栏，或将鸡关在地楼板下，每天关放时喂食料,鸡雏则撒白米或碎苞谷,让它找活食(虫类)。鸡瘟,过去无法控制,而且传染很快,"瘟鸡入户,全寨遭殃。"新中国成立后,外地优良品种不断引入,而且有免疫药物,使养鸡业得到较大发展。

2. 鸭

鸭有水鸭、干鸭两种。水鸭主要生活在水上,住在溪河、池塘、圆堤边的人家喜欢养水鸭。干鸭生活在干处,住在高坡干旱之地的人家喜喂干鸭。水鸭一般长到两公斤左右,干鸭可长到四五公斤。干鸭自己生蛋,自己孵蛋。水鸭只生蛋,自己不孵蛋。养鸭户少则借助母鸡孵化,多则设孵化棚,调节气温,进行人工孵化。春天孵的小鸭,养到秋天即可宰食。白天,水鸭放入溪河、池塘、出坝,干鸭只在屋前、屋后草地觅食。晚上都是自动回笼。土家族人将养鸭专业户称为鸭客。他们每人少则数十只,多则数百只,挑着鸭棚,背着行李炊具,赶着鸭群,选择大块坪田,到处流动,随遇而安。他们把鸭卖完后,再回故里。也有不少赶养老鸭的,靠出售鸭蛋赚钱谋生,常年在外流动。鸭瘟也是难治且传染很快的病瘟。现在的养鸭专业户已掌握药物与免疫技术,鸭瘟的流行逐渐减少了。此外,有的土家族人还饲养鹅、鸽。

(三)饲养野生动物

土家族人还有饲养野兽、野禽之习。野兽中如小虎、小豹、小猴、小刺猬、小狐狸、小野兔等。饲养这些小动物主要作观赏用。饲养野禽尤其普遍,如芭茅雀(又名黄筒雀)、画眉、斑鸠、竹鸡、八哥、寒鸡、野鸡、锦鸡等,用于饲养的竹笼,甚为精细美观。饲料以豆类、小米、小虫为主。饲养这些野禽,或为观赏或以放斗为娱乐,或作为媒子,引诱捕捉同类山鸟之用。随着社会的发展,土家族人动物保护意识逐步增强,将违反国家动物保护政策的习俗摒弃。

四、渔猎

地方志书记载:"土民喜渔猎,稼穑而外,不事商贾。"土家族人,生于山区,渔猎是其一种嗜好,也是生活中的一种补充。主要有捕鱼捞虾、捕禽捕兽、聚众赶仗等。

(一)捕鱼捞虾

1. 捕鱼

土家地区山峦起伏。溪河交叉,有很多淡水鱼种,鱼类资源丰富。滩头有各种漂鱼,岩穴乱石中有各种洞鱼,深水中有各种潭鱼,沙石中有沙鳅,泥沙中有脚鱼(当地叫团鱼)、乌龟、扼锹、鳝鱼,溪河里有娃娃鱼,有的深谷溪沟里还有一种石兰鱼和岩蛙。大虾小虾,溪河处处有之。山区的土家族人熟悉各种鱼的鱼性,能根据不同的条件,采取各种捕捉方法。一是捕捉。鱼被惊钻进岩壳或岩穴,用双手轻轻伸进去捕捉,往往一个岩穴的鱼捕捉无遗,但有时也会从岩穴中抓出一条水蛇来。二是砍夜鱼。游鱼活跃,砍夜鱼者手拿松脂罩,一手拿大砍鱼刀,全神贯注,观察河滩和河潭中的夜游鱼,发现目标,挥刀砍去,逃脱甚少。砍夜鱼的人必眼疾手快。三是锤击。时至冬季,河水干涸,游鱼多藏岩底。锤击者用铁锤或岩石,狙击藏鱼的石头,藏鱼即被震死或震昏。四是装排。即在溪时的河滩上,砌成漏斗形水坝,然后在落水口安排,接鱼上排,此法用于立夏以后的一段时间,终止在桃花汛期。河鱼随浑水而上,消水时又随清水向下游游去。此时装排,每夜可接十余斤,数十斤不等。五是扎毫。即利用篾毫(捕鱼工具,竹接编成,鱼进得去而出不来),围墙岩壳和岩穴,然后放进药水(茶枯、石灰之类)追鱼上毫。也有人放敞毫让游鱼自然进毫。此外,还有撒网、搬罩、拖臼、装筛、垂钓、药杀等多种捕鱼办法,都可捕捉不少的鱼。捕捉团鱼,是山区土家族渔手的一种特殊的本领。团鱼时常钻在深潭泥底或深的岩穴之中,平常出来较少,夏夜来沙滩急流中乘凉。它将整个身子埋在泥沙里,仅留两个小鼻孔露在外面,捕捉能手在深潭或急流中,顺着团鱼的足迹,观察团鱼隐身之处,往往十拿九稳,手到擒来。一夜之间,能捕捉数十几只团鱼而归。石蛙,土家族人叫它"板板"或"岩板",栖身于山涧碧波深潭的大石板下,鸣声如犬吠,大者一公斤左右,肉鲜汤美,营养丰富,是山味中的珍品。捕捉方法也很别致。石蛙性极机警又善跳跃,闻声即入深潭岩板内,但此物与蛇类为天敌,见蛇即用前两爪,箍住蛇的七寸[①]处,紧紧箍住不放。人们掌握了石蛙这个特殊习惯,把一根棍子,剥去树皮,上而画成蛇皮形状,插入探潭的石缝中,石蛙误以为蛇,从岩板底跳跃而下,紧紧用前爪箍着这根木棍不放,人们会利用这一时机,不费吹灰之力而把石蛙捉住。

现在,土家族地区的渔业有了新的发展,土家族人本着先养后捕的原则,近十数年来,除了广泛利用水库、山塘、稻川、池塘养鱼外,还在大河、水库岔口上采取拦河养鱼和网箱养鱼等办法发展渔业生产,使原始的捕鱼方法逐步转化到现代化大规模养殖的新阶段。

2. 捞虾

溪河盛产"米虾",大河盛产"马虾"。米虾、马虾都是味道鲜美、营养丰富的好食品。土家族人有捞虾之习。捞虾的主要工具有捞斗(用麻线织成,以竹片为二角形框架)、哈拔(竹子编成),还有一种叫虾毫。虾子喜欢生活在水草间,土家族人利用其特点,在溪河边放上草把,引群虾聚草把而捞取。草把以柏树叶为好,柏树叶有一种特殊的香味,放入水中因其叶细更显质优,虾子喜欢在其中生活。用一把柏树枝把,每次可捞到半碗虾子。土家族人有个规矩,草把都是各有所主,谁放谁捞,不可随便捞人家草把里的虾子。捞虾四季都可,特别天旱水枯季节,虾也成堆,捞得更多。捞夜虾,更属有趣。因虾子多在夜间游聚觅食,更容易捞取。河水干涸时,米虾喜欢向水的源头爬去,只要有一线水源,就可以引来成串米虾,这时在水头安装虾毫,虾子不断钻进去,一般一只虾毫每晚得一碗虾子。土家族人捞虾除自食外,还在市场出售。

(二)捕禽捕兽

1. 捕禽

土家族山区,百鸟成群,土家族人习惯捕捉其中的野鸡、寒鸡、斑鸠、野鸭、竹鸡等以作

---

① 1寸≈0.033米。

食用;捕捉鱼眉、黄桐雀、竹鸡、相思鸟、八哥等以供观赏。捕禽方法,有以下几种。

一是枪打,即用鸟枪明打或暗打。有的土家族男子练就一手好枪法,他们带着猎犬,在山野里追寻飞禽,当猎犬狂吠,飞禽被惊,展翅而飞时,猎人对准放枪,枪响禽落,这叫"打飞"。还有用媒子的枪打法,即猎者专门喂有媒子,用媒子引来同类的鸟。人在扎好的遮棚内掩蔽身体,等候同类的野鸟与关在笼子里的媒子鸟斗得正酣时,举枪射击,十拿九稳。这种枪打的方法叫打棚鸡。有的清早进山,静听鸟叫,然后向叫声轻手轻脚走去,发现目标,立即射击,逃脱者少,打锦鸡常用此法,这叫打朝鸡。还有人在傍晚,仔细观察鸟的栖息之处,看准后,一到黑夜就模到鸟栖息的大树上或树笼里,高举火把或手电筒对准目标射击,野鸡、寒鸡、锦鸡均用此法,其中以斑鸠、竹鸡尤为易打,因这两种鸟栖息在一个树笼里,住了有十数只在一起,听到枪声,它们不仅不飞,而且挨得更紧,这样打了一只,又打一只.从容不迫,一群鸟可以打尽。这种打法,叫打夜鸡。以上是枪打的几种方法。还有一种棒鸡的打法,猎者手持约尺①许的几根小木棍,当发现飞鸟飞出,即用小木棍向正在飞的飞禽打去,飞禽应声而落。

二是装套。套是马尾和绿棕做成的。一副套子可做十多个套圈,圈有大小不同,随鸟而异,装在鸟常栖息之处,鸟踏上套圈,即捆住鸟脚,任人捕捉。还有一种套子叫板弓,这板弓用麻绳和木条做成,做成活套,上系红果及苞谷小米等物,引诱山鸟啄食,鸟踏上活套,板弓发脱,活套捆紧,即可将鸟捉住。还有一种专门套芭茅雀的套笼,或叫打笼。套笼四面都有套门,笼子有一小套,关喂熟的芭茅雀或叫媒子,媒子一叫引起满山的芭茅雀齐集套笼周围,其中好斗者与笼内媒子寻斗,进到笼内,套门下垂关上,成了笼中鸟。

三是赶网,即用床绳织成的网落,张挂于鸟道路口,然后驱鸟入网捕捉。后两种多半用于捕捉小鸟。

2. 捕兽

土家族山区野兽很多,有的损害庄稼,有的危害人、禽。土家族人与自然做斗争,积累了一些捕捉野兽的经验,其常见的办法,有以下一些。

打步枪,即清晨或傍晚,伏在常受野兽损害的庄稼地头,或在野兽常常经过的山道,不发声响,不留形迹。待野兽经过时,即瞄准而射,野兽应声而倒。用步枪的方法,常常获得几百斤的大野猪和虎豹等猛兽。

装套。捕兽套子,多种多样,有绳套、笼套、陷坑、塌板套等。这些套,有的利用绳索牵引、竹木弹力、滑脱机关综合装成,有的是利用重力、滑脱机关结合装成。装套技术性很强,要会观察兽路,要十分巧妙地掩蔽,否则精明的野兽是不会上套的。猴子、老虎、鹿子、狐狸等野兽就常被此种方法捆住,或被关在结实的木笼里。

放药。用红苕或羊肉作饵,将"三步倒"之类的药塞入红苕内或包在羊肉里,野兽中毒后死亡。也有把炸药包在动物常食瓜果或肉食等物内,野兽吞食就会爆炸身亡。

放套、放药,都是十分辛苦的,一定要注意人畜的安全,一般在晚上人畜都不在山上的

---

① 1尺≈0.333米。

情况下才能放套、放药。清晨无论有兽与否,必须把套子、药物、爆炸物全部收回,以保证白天上山人畜的平安。

捕禽捕兽,过去是土家族山区的一笔财源。这些动物,不仅肉贵,皮毛的价值也很高,虎皮、狐狸皮、干狗子皮、水獭皮等都是土家族山区有名的特产。野禽野兽的肉或吃新鲜,或制成腊味,均属上等菜肴。但长期捕杀,使一些稀有的珍禽奇兽,日渐减少,甚至绝迹,使生态失去平衡。自从国家颁布珍稀动物保护法规后,土家族人也意识到乱捕的危害,捕禽打兽的现象日渐减少,有的地区还专门建立了自然保护区。

(三) 聚众赶仗

土家族称围山打猎为"赶仗"。聚众赶仗,是土家族人的历史传统。土家族人打猎的时间,多在正月十五日以前农闲时节,也有在庄稼即将成熟的农历六七月,[①]也有随时发现,随时追赶的。

在每年过年节时,寨上的老猎手都要虔诚地敬"梅山神"。梅山神,是土家族的猎神,是土家族人在打猎活动时的必敬之神。这种敬神叫"催水",意即要催动野兽出山,使打猎者有所收获。

正月初一,在老猎手的主持下,村寨的青年后生,背着猎枪,穿着草鞋,带着干粮,首先由老猎手宣布今年打猎围山的地点,然后进行适当的分工。有经验的猎手"查脚迹",这些人从脚迹中能判断野兽的种类、大小、雌雄和经过时间。有兽与否,是这次猎兽是否有收获的根本。身强力壮、经验丰富的人安排环网,在野兽必经的路口,安装麻毫,野兽落网即行刺杀。刀法快、枪法好、胆大心细的猎手坐卡门,土家族叫"坐欠",他伏在野兽必经的山道,静候野兽在卡口经过。还要分配一两名眼力好的登上对面山上望高,随时高声喊叫野兽的去向。诸事都安排停当之后,再要几个猎手手执钢锣,带着猎犬在被围的山地里去放山,用以惊动野兽。最后是围山的,男女老少都可参加,人数不等,但是大多数都是看热闹的。

猎手们来到被围的山地,即按照事先安排的,各自进行各自的工作,安毫的安毫,堵卡的堵卡,围山的围山,放山的放山,望高的站在山岭的最高处瞭望。被围的野兽插翅难飞,但如果一时围空或野兽突围逃走,这个围山的阵容也会随即改变,快速形成新的包围圈,进行第二次的放山,第二次不获,则再围第三圈。有时也出现数日围而不得的情况。但猎手们仍不气馁,有时跟踪一百多里,他们到哪个村寨,就受到那里人的热情接待,给他们提供食宿之便。有时钻进渺无人烟的深山老林,饿了啃干粮、山果,夜里睡在岩洞中,树脚下。猎手打倒野兽后,忙扯了野兽身上的毛,沾一点血,粘在自己的猎枪上,并大喊三声"阿—尾"告慰梅山神,告诉赶仗的大众。同时,四面八方的赶猎者都赶到现场。老猎手会清点人数,并给到场的人每人一根兽毛,然后把捕获的野兽四脚捆住,用"穿心杆"抬回村。一路上喊声连天,排炮齐鸣,充满了凯旋的热烈气氛。猎物抬回村后,先摆在"梅山神"的神

---

① 梁正海:《民族学视野下土家族传统生态知识类型及其内涵》,《湖北民族学院学报(哲学社会科学版)》,2008年第4期。

座上,然后进行分配。

有的兽修毛,如野猪,有的兽剥皮,如虎豹。修毛或剥皮,开膛破肚,洗理干净。野兽头连颈砍下,赏给打死猎物的枪手,内脏四蹄奖赏给查脚、放山、安毫、守卡和望高的人(有的地方则一锅煮,大家进餐而食)。肉按当场分得兽毛的人数分配。本着"沿山赶肉,见者有份"的原则.所有的人平均分配。

秋季打猎,一则保护庄稼,二则这时兽类基本上吃得肥肥胖胖跑不动,追捕较易。其过程与正月的赶仗一样。随时打猎,即何时发现野兽进山或过道,由老猎手一声铜锣,即追捕上山。这叫赶"热骚",追逐较易。

所猎野兽,以野猪类较多,间或也有老虎、豹子、獐子、鹿子、白猫、刺猬、浑猪之类野兽。所获猎物的兽皮由老猎手保存,收来售出作敬梅山神、敬五谷神、敬土王爷之花费,也可用于医治那些因打猎而致伤的人。如果老猎手贪便宜私占,则所敬的梅山神就不灵了。[①]

第二节　生活技能教育

世代居住在山区的土家族人,为了生存,他们想尽了办法,在衣、食、住、行等方面,逐渐摸索出适合于自己的方式,所谓生活技能,指的就是这些方面的方式、方法。

一、衣着

在衣着服饰方面,土家族人从一开始就有自己的特点。起初,土家族男女均穿斑斓花衣(琵琶裙)和八幅罗裙。成年男子一般头包青布帕,有的将布帕包成"人"字格,额门前现"人"字形,左边垂一截过耳。老人穿满襟衣,短领,捆腰带。青壮年穿对胸衣,缀布排扣,领高,袖小而长,袖口绲边。裤子不分老少,皆为青、蓝色布,白布裤腰,裤脚大而短。脚上也很讲究,老人穿象鼻鞋,青壮年穿瓦鞋,都是青布面子,白布里子。老人穿布袜,青壮年包裹脚布。后来,除部分老人穿满襟衣外,大部分男子改穿轻便对胸衣和中山装了。土家族女服更加讲究,从一开始就有老、壮、青的年龄之分。[②] 老年妇女一般头包青布帕,穿青、蓝布矮领、绲花边满襟衣和上白裤腰的青、蓝色裤。[③] 壮年妇女的衣服款式多穿外托肩矮衣领,向左开襟,滚花边,衣肩与胸襟及袖口缀一道青布边,套一件绣花围裙。夏天,穿白汗衣套青夹衣。裤子多为青蓝布,白布裤腰,裤脚多以对称色布加边,边后缀三条均等的梅花条。脚穿青布瓦鞋和立式鞋,喜裹白色裹脚。头发挽粑粑髻,插银撒簪,戴耳环,热天不包头巾,春冬包青丝帕,手上戴银手圈和戒指。青年女子的发型打长辫,[④]用红头

---

① 梁正海:《民族学视野下土家族传统生态知识类型及其内涵》,《湖北民族学院学报(哲学社会科学版)》,2008年第4期。

② 谭志满:《文化变迁与语言传承》,中央民族大学博士学位论文,2005年。

③ 宋仕平:《土家族传统制度文化研究》,兰州大学博士学位论文,2006年。

④ 向妮嫔:《社会转型期的村落文化变迁研究——以张家界石堰坪村为例》,吉首大学硕士学位论文,2015年。

绳扎上下两端,头上缀一朵自己喜爱的花。衣服爱穿青、蓝、绿、红色外托肩上衣,内着白色汗衣,款式贴身合体,线条分明。[①] 胸前爱套绣花围裙,衣襟口系一条绣花手巾,耳垂瓜子耳环,手腕戴银手圈,双手中指、无名指上戴一两颗金银戒指,戒指的式样,有一颗印,三镶戒等。裤子下端膝部和脚口,绣五色花或贴五色梅花条花朵,脚穿青布绣花鞋和红色袜子,或者用白布裹脚。[②] 土家族的衣着服饰,代代沿袭下来,互相学习,互相模仿,随着时代的发展,花样不断翻新,逐渐向新颖、大方、美观、合体的方向发展。

二、饮食

在饮食方面,土家族也颇具特色。土家族地区盛产茶叶,同时,茶叶也是土家族人民对外交往和换取其他生产、生活用品的主要特产。"令民自造茶,以通商旅。"土家族地区制茶基本上是手工炒制,制茶时注意采茶的时间、火候、翻炒技术、揉搓功夫,讲究茶叶的条索、汤色和口感。[③] 一般来说,"在谷雨前收纫芽,炒得法者,青翠芳香,嗅亦消渴"。土家族地区由于其茶叶质好,加工技术精湛,出产了好多名茶,有的成为当时朝贡的珍品。如黔江茶、彭水茶、武隆茶、建始茶、巴东真看、峡州碧洞、明月等,团龙茶为当时名产。朗溪(今印江)张家坝乡团龙村,山上所种之茶,气味芬芳,浸泡数次,香味不变,饮后清凉爽口,浸泡时茶尖垂直朝下,自明永乐始为朝廷定点之贡物。来凤"最佳者造在社前,其次则雨前,叶稍老则茶粗,邑虽种植不多,然间有佳品,旧志所以有'云岩、仙洞'两种"。在利川,则有"早采者为茶,晚采者为苕,产县西南乌洞、东南毛坝者良。产县西南界牌岭者味甘,曰甜茶"的记载。恩施玉露创作技艺精湛,使此茶更添秋色,成为绝品。其加工工序独特,经过蒸青、扇干水气、铲头毛火、揉捻、铲二毛火、整形上光、拣选7大步骤制成的茶,每一片茶叶泡开后都是两片嫩叶,一旗一枪,色绿、味醉、香郁、形美四绝。据此不难看出,土家族制茶工艺已达到较高的水平。1938年,中茶公司五峰山实验茶厂采用机械制茶,茶叶加工从此走上规模化之路。

酿酒,在土家族地区极为普遍。土家族称白酒为"烧酒",用各种粮食与泉水加工酿制而成。制作时,多采用传统工艺,粮食蒸煮要恰到好处,温度需适宜,拌曲要均匀,发酵过程和蒸馏取酒要适当。酿制甜酒则是土家妇女的"绝活",甜酒主要用粳糯粮食做成,特别是糯米甜酒,香甜可口。酿制时,尤其要讲究清洁卫生,不仅所有器皿都要除污灭菌,而且对粮食要除糠去杂,糙米要进行适当的碓舂加工,然后反复搓洗,做到白净无杂。蒸煮火功要适当,米饭需不软不硬,粒粒可数。拌曲发酵一般在24小时以后即可品尝。做出来的甜酒,色、香、味均佳,而且可作为佐料,制作甜酒冲蛋、甜酒烹鱼、甜酒米豆腐等。

土家族是较早懂得酿酒方法的民族,从民间传说和民俗资料记载看,酒的种类繁多,有砸酒、浮汁酒、雄黄酒、苗蒲酒、春酒、冬酒、菊花酒等,其酿酒技艺达到了较高的水平,成

---

① 宋仕平:《土家族传统制度文化研究》,兰州大学博士学位论文,2006年。
② 向妮嫔:《社会转型期的村落文化变迁研究——以张家界石堰坪村为例》,吉首大学硕士学位论文,2015年。
③ 龙运荣、李技文、柏贵喜:《土家族传统技术及其价值利用与反思》,《贵州师范大学学报(社会科学版)》,2010年第3期。

为其饮食文化的一个重要内容。酿酒主要是制作"咂酒"。《咸丰县志》卷七裁："咂酒。俗以曲英和杂粮于坛中,久之成酒。饮时开坛,沃以沸汤,置竹管于其中,曰咂酒。先以一人吸咂竿,曰开坛,然后彼此轮吸。初吸时味甚浓厚,频添沸汤,则味亦渐淡。盖蜀中酿法也。土司酷好之。"[1]其酿造方法是在头年九、十月间,将高粱、小米煮熟,拌上曲药放于酿坛中,封上口,至次年五、六月起用,用时灌开水,从坛口插入一竹管,次第传饮,名曰"开坛"。此外,土家族人有时还饮雄黄酒、富蒲酒。酒和以雄黄,散发的气味可驱虫散污。音蒲叫剑水草,《本草纲目》记载:"芭蒲乃蒲类之昌盛者,故曰芭蒲。"音蒲根茎可作香料,具有提神、通窍、杀菌之功效。"端午,悬蒲艾于户,饮葛蒲酒、雄黄酒。"从这里亦可看到,土家族已对酒的药用功效有所了解,酿制药酒的历史较为久远。

在饭菜方面,千百年来,土家族人也有自己不同于其他民族的特点。饭食,多用铁鼎罐架在火坑里的铁三脚架上煮熟,只有在客人众多时,才在灶房里煮大锅饭,或用木头甄子蒸饭。饭食品种较多,有大米饭、苞谷饭、小米饭或大米拌苞谷的"银包金"等等。土家族地区多产红薯、洋芋,土家人常将大米与洋芋或将大米、苞谷与红薯混在一起蒸吃,十分可口。土家族所吃的菜种类很多。比较有特色的有腊肉、灌肠粑、血豆腐、霉豆腐、豆渣豆豉等。

灌肠粑是将猪血拌糯米或小米,加食盐佐料,灌入猪大肠内,然后煮熟、烘干而成,其色泽乌红,食用时,蒸熟切片,既软又糯,味道香浓。血豆腐是将捣烂的鲜肉拌猪血与豆腐、佐料,切成方形的豆腐,再在火坑上熏干而成,吃时色红味香。霉豆腐的做法是,将白豆腐切成小方块,用清水煮沸,滤水后,装于器皿中,置于热处,让其发酵生霉,而后用油汤凉开水泡于坛内,加食盐、花椒、姜片、辣椒粉和少量烧酒,密封一周左右,即可开坛食用,其味既香且麻、辣,很能下饭。土家人除用黄豆、豌豆做豆豉食用外,还食用豆渣豆豉,即将豆腐渣煮熟,放凉后,拌上芝麻、干粉,放到热处发酵,之后,捏成小圆球,在火坑上熏干。吃时洗净煮成糊,加上辣椒、姜米等,十分开胃。

土家人还爱做酸菜,有酸青菜、酸洋姜、酸萝卜、酸豇豆等,家家户户有酸菜坛子,人人都是泡酸菜的好手。辣子菜,也是土家人喜爱的菜类之一,除用辣子做佐料外,还吃炒辣椒、生辣椒、烧辣椒、辣椒酱、糯米辣等。酱菜,土家人也喜爱。夏季,土家人习惯做麦子酱。将小麦加工成碎粒,煮熟发酵,晒干后,磨成粉末,而后加冷开水调成糊酱,白天暴晒,夜晚受露,变成红色后,即有香味。食用时,与鲜辣子拌和炒熟,味道尤佳。除了主要的饭食和菜食外,土家族人还会制作粑粑、炒米、红薯糖、苞谷糖等副食品以及米粉、米豆腐、麻辣牛肉等各种"小吃"。制作工艺虽不复杂,但要做出土家人特有的风味来,却是要认真学习一番才能掌握的。

腊肉是在农历腊月将成块的猪肉,裹上食盐、花椒、五香粉,再在缸内腌十天半月后,挂在火坑上熏干而成。熏干后,埋藏于谷堆内,或去污尘后,泡在茶油内,可贮三四年之久,色味不变。腊肉的制作方法大致为:将猪肉切成块,放在大木盆中,用盐水腌 10~15 天后取出吹干,然后挂在火坑或灶头上用柏树枝熏一段时间,取下吊在通风处保存,需要

---

① 李忠斌:《试论土家族早期民间文学作品中的经济内涵》,《民族论坛》,1995 年第 6 期。

时割而食之。此法利于猪肉的保存,在食物来源有限和无交易的条件下,起到了延长供给的作用,且别具风味,因而人人喜爱。[①]

三、居住

在居住方面,土家族也有自己的独特之处。土家族的建造技术是随着其居住环境和特点而发展起来的。首先,人们懂得利用地形、地势建房。如土家族地区较普遍的居住形式——吊脚楼的建造即是如此。吊脚楼大多依山而建,过去全系木质结构,用圆木做成框架,上面覆盖杉树皮或泥瓦,也有盖石板的,再用薄木板装填墙壁。房屋正中为堂屋,左侧为火炕屋,右侧为卧室,牲畜屋设在横屋、吊脚楼下或偏屋。其厢房多为干栏式建筑,楼上住人,楼下养畜或作磨房,楼外有木质结构的阳台。雕梁画栋,造型别致古雅,甚为美观。以前的吊脚楼全是木质建造,有的甚至不用一颗铁钉,因而,建造吊脚楼需要较高的建筑技术。其次,从吊脚楼的设计、装饰和功能区的划分也可以看到土家族的建筑设计水平,[②]即使在今天,仍有重要的参考价值。同时,从土家族地区城镇的规划建筑方面我们同样看到其高超的建筑、设计水平。咸丰县唐崖土司城规模巨大,号称三街十八巷三十六院。容美土司利用天然岩洞建筑万全峒、万人峒、情田峒作为衙署。峒内凿有八响栈道、击台、关卡、鱼池和亭台楼阁,凿工精细。[③] 绍兴五年(1135年),土司彭福石在永顺灵溪河畔修建的土司城,"凭山作障,即水为池,石堆白马,岩隐青狮,焕雀屏于玳瑁,饰鸳瓦于琉璃,云烘紫殿,雾锁丹墀,发条陈宫之景,遥遥楚馆之思"。建筑宏伟壮观,方圆数华里,内有左街、中街、右街、上街、河街、五铜街、渔渡街和紫金街共八条街道,这些街道全由红褐色花纹鹅卵石铺成,宽约丈许,纵横相通,房屋相连,店铺林立,在其最繁华时"城内三千户,城外百万家"。土司城是土家族地区具有民族特色的建筑,充分展示了土家族的建筑技术和建筑艺术。

以吊脚楼为例,建房时,首先要择好屋场。大都喜欢选择背山面水,坐南朝北,地势较高的地方。场地讲究后山厚实,左右不虚。住宅多为木房,结构由正屋、偏屋、木楼、八字朝门四部分组成。一般人家只有正屋。[④] 正屋中间为堂屋,以祭祖先和迎客之用。堂屋后面,有过道房。偏屋称磨角,连接于正屋的左右边,作灶房或碓磨坊之用。木楼为转角楼,俗称"走马转角楼",建于正屋的左前或右前,也有正屋左右两旁都起转角楼的。转角楼一般为三排两间,上下两层,上为人住,下为厢房、仓库或碓磨房。转角楼挨正屋一边,有悬空走廊。八字朝门多置于庭院外面入口处,以进出方便与正屋相衬而定。朝门两边筑土墙或编竹篱,围成庭院。庭院叫院坝,俗叫天井坪。土家族人建造房屋,除以上各部分外,还十分重视屋内屋外的装饰。房子建好后,居住时,还有一些俗规。根据人多人少,

---

① 李忠斌:《试论土家族早期民间文学作品中的经济内涵》,《民族论坛》,1995年第6期。
② 龙运荣、李技文、柏贵喜:《土家族传统技术及其价值利用与反思》,《贵州师范大学学报(社会科学版)》,2010年第3期。
③ 李倩:《元明时期土家族经济形态论析》,《江汉论坛》,1999年第10期。
④ 谭志满:《文化变迁与语言传承》,中央民族大学博士学位论文,2005年。

以先左后右,先正后偏,再为木楼、转角楼的原则而定。具体到人的分居规矩是:只有一儿一女者,分家后,父母居左间,儿子居右间,女儿则居木楼或转角楼。若有两个儿子结婚分家后,兄为左间,弟为右间,父母住过道房。倘有祖父祖母在世,则由他们住过道房,父母住偏房,客人多居木楼和转角楼。建造房屋的方法,以及居住时的风俗,土家族人从一开始就互相学习、探讨,使得千百年以后,这些东西都能相对稳定下来,且一代一代传承下去。

此外,造桥技术有了大的发展,已能造相当规模的拱桥。如清道光十五年(1835 年)修建的永顺利济桥,长 26 丈,宽 1.8 丈,高 3.2 丈,充分展示了土家族地区建筑技术的水平。土家族人大都居住在山区,行走的多为山路。遇有山溪水沟,则搭木桥。太宽之处,视水的深浅决定是否摆设渡口。有的地方设有"扯扯船"。所谓"扯扯船",无人摆渡,一支篾缆系于小河两岸,缆上套有篾圈,将若干篾圈连串系在船头,行人过渡时,自己用手拉缆而过。在土家族山寨行路,不以东南西北辨方向,而以山势方位找出路。看不准山势,则易迷路。土家族人习惯于路旁挖歇墩、修水井,在路途中,常见许多土墩,高齐臀部,为背负重物之人歇息时用。行人将背负的背篓底搁定在土墩上,即可喘口粗气,舒服片刻,然后前行。路旁水井,为土家族人义务挖掘,让过路行人饮用。

人们的生活,离不开衣、食、住、行,土家族人同样如此。从遥远的时代开始,土家族先民就开始寻求生活的方式方法。无论穿衣吃饭,还是居住行走,他们一刻也没有停止过对美好的追求,终于由最原始、最古朴的形态,逐步向更加高级、更加完善的形态发展。

任何生活技能的学习,只能来自日常生活本身。土家族生活在一个特定的环境之中,他们也是在漫长的现实生活中逐步学会各种生活技能的。他们最好的老师不是别人,正是生活本身。从这个角度来看,生活技能的教育无时无刻不在进行。

第三节　礼俗与礼仪教育

一、礼俗教育

礼俗教育很早就在土家族人中开始了。童年、青年、老年,在不同的人生阶段,都有不同的礼俗内容。对于土家族来说,甚至在孩子没有出生以前,许多礼俗就开始举行了,直到人死之后,仍有礼俗相送。

(一)婚俗

很早以前,土家族保持着"以歌为蝶"的原始自由婚习俗。那时,男女的服饰一样,不论是上山砍柴割草,还是一起挖土、开荒、薅草、收获、赶集、集会或在路上相遇,男女之间,总是盘歌以通情感。例如,秀山土家传统的情歌,男唱"凉风摇动灵芝草,山歌打动妹妹心",女答"大山捆柴要藤,土家成婚靠歌声"。从传统情歌的试探、赠心、盟坪、离别、思念、成婚等唱词看,基本上反映出原始的自由恋爱到结婚的全过程。

从前,土家女子在婚姻上有自主权,每年正月初三至十五日,土家人要玩"摆手"(举行祭祀土工利八部大神仪式后,摆手歌舞尊神)调年①祈祷风调雨顺的年景,或者在祭"社菩萨"的庆典时,要举行祭仪,男女老幼多在一起同歌同舞。祭仪完后,老年人逐渐出场;青年男女便尽情狂欢,有些青年男女往往就在歌舞中相识恋爱。②如果有两男或几个男子看上一女子的时候,那女子往往提出让他们比武、射箭等来比高低,谁胜谁就是她选中的配偶,然后去要求土老司允许,再到土王祠参拜后,才可成亲。

在土家族亲属的称谓中,是按性别、班辈通称,不像汉族称呼有严格的区别。土家族把姑父、舅父、岳父、翁父都一律叫作"加加";对姑母、舅母、岳母都叫"虮"或"妈";称弟弟、堂弟、妻弟、姨表弟是"安矮";称堂哥、妻兄、表兄都是"阿可";妹妹、堂妹、妻妹、姨表妹是"阿矮";姐姐、堂姐、妻姐都是"阿打"。这些称谓表明,土家族在历史上曾经历过氏族部落群婚的发展阶段。

直至新中国成立初期,土家族还沿有姑表优先婚配,舅权很大的习俗。就是姑家之女,必嫁舅家之子,遵守"还骨种"③的婚配习俗。龙山有的土家村寨曾出现过姑家女子已年满十七八岁,而舅家的儿子年龄小,姑家女就必须等他长到十五岁左右婚配。如果姑家女要与别家的儿子成婚,必须事先征得舅父的同意,而且,即使同意了,姑家女在结婚之前,还必须给舅家送去"重礼",以代替"还骨种"。土家族有"姑家女,伸手取,舅舅要,隔河叫"的民谚。这说明了舅权之大。此外,还有姑表亲、扁担亲、瓜藤亲等婚姻类型。

弟继兄妻的习俗,也在土家族中存在。如果哥哥死亡,弟弟没有配偶,就有权与寡嫂婚配,俗称这种婚姻是"弟坐兄床",弟弟如果不愿娶,寡嫂才能和其他男子结婚。如果弟弟死亡,哥哥也有权和弟媳成亲,俗称"兄坐弟床"。如果妻子死亡,妻妹还未婚配,他有权续娶妻妹为妻,这种婚配方式称为"填房"。如果姐姐无后,妹之子可继承其全部家产。女子有财产继承权,有的地方的姑娘还有"姑娘田"或"奁妆田";有的只准在结婚前享有和使用,也有女子婚后将此田带至婆家终身享用的。

在新中国成立前,土家族的婚姻制度,已和当地汉族的封建婚姻制度相似,多为父母之命、媒妁之言、门当户对的封建买卖婚姻。只是在婚俗的程序上还保存着一些民族特点。土家族的封建婚姻,一般多经过定亲、走亲、娶亲(包括迎亲、婚礼、回门)的过程。不过在婚姻仪式中,还有一些原始的婚俗。

定亲,男方父母选中某家女子和自己的儿子成亲时,往往托媒人带着二三斤重的长条肉去女家做媒,当女家表示可以"开亲"后,若男女双方的生辰八字相合,就择定吉日定亲。定亲以后,逢年过节,双方就得"走亲戚",土家以年节最重,男方总要去女方家向岳父、岳母拜年。当男方告诉女家婚期后,双方则都加紧为儿女做好婚礼前的准备。在婚礼前的几个月,男方就要向女方"过礼",通过男方"接亲"。女方"送亲",就表示"圆亲"了。婚礼后三天(有的一个月)新郎还必须陪新娘回女家一次,称为"回门",回门后再转回男家,婚

①　调年,全称"土家族调年会",在春节前一天举办,是一年中最为隆重的节日,土家族要在调年期间举行丰富的喜庆活动,"摆手"舞是其中最重要的习俗。调年活动持续几天,甚至十几天。
②　张应斌:《土家族的婚恋古俗》,《贵州民族研究》,1999年第3期。
③　还骨种,又称"姑舅表婚"。

事方算办完,女方才长住男家。

凤凰、吉首一带的土家,还有抢婚的遗俗。当某土家寨子一男青年爱上另一土家寨子的女子后,到了约定的婚期,新郎就邀约本村青年男子去女方寨子抢亲。[①] 他们在路上,举着灯笼火把,敲芒锣、打大鼓地奔向女方家,女方家也事先约好一批人来阻拦,双方都用"四言八句"争理,在吵吵闹闹中,男方抢着新娘,就塞进花轿,把轿门锁上,抬起往男寨跑;新娘兄弟和寨内的亲戚假意去追赶,做出好像要把新娘夺回来的样子。有的地方,男方要过河去娶新娘,新娘家的亲友便抄近路去渡门拦轿,也是在假意争抢新娘一番后,男方给女方一些钱物,女方才放新娘去男家成亲。

这种抢婚习俗,在很多地方逐渐演变为在迎亲时要行"拦门礼",送亲时要吃"茅宴席",即在男方的迎亲队伍到新娘家前,新娘家的门要关上,让亲戚朋友站在门外,并安排了能说会道的"拦门倌",在大门前设拦门席。当男方迎亲队伍抵达门前时,女方燃鞭炮,吹吹打打,行礼先生(婚礼司仪)与拦门倌对说"四言八句"。然后,才让男方进女家屋内迎接。

新娘举行离别祖宗、父母、亲属仪式后,由亲兄弟背上轿(改土归流前不用轿,全为背负),女方的人用扫帚把轿身四周扫一遍,并在堂屋里扫三下,在轿出门时,还要把轿拉来拉去,多次争"喜把"(男方带来迎亲的火把)。这些活动有的是表示不让把女家的财气带走,有的是暗示女子过门后,有财产继承权。

有的地方送亲队伍的路程很长,新郎家要在途中摆设茅宴席,宴请女方的送亲贵客,他们在路边吃过酒席后,就各自散去。[①] 有的地方的土家族在去迎亲的路上,如果经过"土王庙",男方还必须准备一个猪头、一只鸡,先敬土王,九叩八拜,祈求土王保佑婚姻吉利。新娘不论背负或乘轿,在经过土王庙时,都必须步行,如果不敬土王失了礼,婚姻就不安宁。有的地方一定要在天明前送亲,以防土王知道后,派士兵来追赶,据说土王享有对新娘的"初夜权"。有的地方,土家人在世屋内供祖宗,还必须摆土王的神位,并将新娘出嫁的露水衣装和首饰,作为向土王的供品祭上。新娘在离家时,既要拜别祖宗,又要拜谢土王。据传说,这也是还土王"初夜权"的一种仪式。

在封建社会,有不少民族的婚礼有"哭嫁"习俗。土家"哭嫁"也很突出。不少土家姑娘从小就学哭嫁,观摩或参与陪哭,琢磨如何哭得好听和感动人。姑娘如果不会哭嫁,会受到人们的讥笑;哭嫁还要有陪哭的人。

婚前哭嫁,一般是三、五、七天不等,有的甚至哭上半个月、一个月之久,不过都是断断续续进行的。尤其在喜期的头一天晚上到第二天上轿时,哭嫁达到了高潮。哭嫁的内容有"哭爹娘""哭哥嫂""哭姐妹""哭陪客""哭媒人""哭梳头""哭祖宗""哭上轿"等。当时,还有各种形式的对哭。如"哭媒人"的唱词:"你来求亲说大话,说了娘家说婆家。你抽婆家一杆烟,你讲他家发几千;你吃婆家一杯茶,你说他家定还发;你吃婆家一杯酒,你说他家宗宗有。……板栗开花吊线线,背时媒人想挂面;板栗开花结球球,背时媒人想猪头;媒人是只赶仗狗,吃了这头吃那头;豌豆开花双对双,背时媒人想鞋穿,青布鞋子有一双。媒

---

① 刘孝瑜:《土家族婚俗初探》,《中南民族学院学报(社会科学版)》,1986年第2期。

人穿了烂脚杆,鞋子里白外面青,媒人穿了烂脚筋。"这些歌词不仅是对媒人的挖苦,也是对土家"父母之命、媒妁之言"包办婚姻的控诉。在其他的独哭和对哭中,也有反对买卖婚姻的内容。新中国成立后,随着土家族地区经济基础的变化,新婚姻法的贯彻实施,土家族建立起来的家庭,已是团结和睦的一夫一妻制的新型小家庭。

　　土家族往往是同宗同族聚居在一起。土家族地区虽然较早就有"土酋豪帅",但不如汉族姓氏那么繁多。在"卢君传说"中,曾有过巴氏五姓。魏晋南北朝时期,夔峡及其附近地带就有冉、向、田三姓,唐末五代有彭、覃、田、向、龚、朱六姓。土家人在清代改土归流时,仍然姓氏不多。鹤峰、五峰周围地方有土司时,只有田、覃二姓,鹤峰设县时,有张、唐、田、向、覃、王、史、李八大姓。土家族主要是在同民族的姓氏之间婚配。

　　关于土家族的姓氏来源,流传着几种传说。例如,伏羲妹妹生下的肉球剁成血块,撒在田里就有了田姓,龙山庹姓是由田姓演变而来的。传说原来在龙山有一个舜田峋大将,作战十分勇猛,因在一次战争中被敌兵打败,只身逃走,但是,敌将紧追不放,他逃到一个屋里化了装,拖着一棵树就往外走,恰被敌将迎面碰上,敌将问有没有一个败将逃到这里,他故意说有个像将军的人,刚进屋藏起来了,敌将信以为真,进屋搜去了,姓田的才避免了杀身之祸。因为,他拖着树就得救了,从此,他就改姓庹。这就是庹姓和田姓不开亲[1]的原因。

　　尼山有"向姓是大姓,尚姓是小姓"的传说,向姓如果是腊月二十九过"赶年",尚姓就在腊月二十八日过赶年。因为向、尚原来是两兄弟,"尚"是从"向"变来的,所以向、尚也不能开亲。又如,在龙山、永顺、保靖一带蓬姓和彭姓本来是同一彭姓,以后改为彭、蓬两姓,就可以通婚了。又如,"九节牛角田""八耳锅向"等,说的是在一场灭身之祸来临的时候,同一大家庭的成员不得不分开各自逃生,为了将来辨认谁是同族,就用分别时留下的信物来认族,便把一节牛角分成九段给九个兄弟保存,八耳锅分成八块,分给八房保存。然后他们见面时,必须将信物补合后,才能认定同族。又如,湘西的覃姓与田姓,彭姓与王姓,白姓与彭姓,向姓与李姓,向姓、田姓与杨姓,原来他们都是结盟认定的同族,相互之间不能婚配。[2]

　　土家族实行"分火"制,多数是儿子结婚后便与父母分居,名叫"分火"。家庭成员一般只留下未婚子女,成家的儿子自分火以后,兄弟之间互不关心,也不赡养父母。在一般土家族人中,如果没有儿子,就是不同姓氏的男子,也可与之建立父子关系。清代改土归流以后,才形成了汉族的论嫡庶、讲世次,以"承奉宗祀,传授产业"(即无子先立同胞子侄,次立嫡堂从堂,再从堂依序立侄)。在家庭中的财产继承权,不像汉族男尊女卑,妇女仍有部分继承权。例如,出嫁妇女因与夫不和而返回娘家时,娘家父母并不责备,还给以保护;一旦离婚,便有改嫁他人的权利。妇女可以外出学戏,社交自由,在婚姻上还有一定的自主权。

　　土家族的小家庭,分属不同的大家庭、家族、宗族,除应遵守族规中规定的应尽义务外,就是独立的社会基层组织。家庭成员五至七人不等,包括父母及未婚子女,家庭成员

---

① 即同一血缘关系的兄弟姐妹严禁婚配。
② 刘文俊:《改土归流后土家族婚俗中的宗法性因素》,《广西师范学院学报》,2005年第6期。

结构和汉族并无大差别。父母一般为本族(即土家族),也有一部分是土家族与汉族或其他少数民族的男女婚配成立的家庭。

由若干个小家庭组成一个宗支,土家族叫"房头",房头就按族规处理有关家族内的各项事务。其中主要是处理男女婚姻,子嗣产业继承,祖孙尊卑及习惯法等事务。由若干房头组成为宗族,设一宗祠,他们往往用联宗续谱的办法来辨认他们之间同父系的血缘关系。每一宗祠设一族长,掌握族权,执行族规,处理族内各房头之间,房头与家庭、家长和成员之间的纠纷,特别是组织祭祀祖先,遵守辈分等级制度,维护家庭的父权、夫权和族外婚制度。

在土家族地区,往往是"巨族立祠",小姓是没有宗祠的。多数宗祠都占有祠田,收入多用于守祠、护祠和祭祀祖宗的祭仪费用。土家族有同一姓氏居住在同寨立宗祠的,也有的同一宗族的各房分住在几个寨子,这就出现一姓几个同宗的寨子立宗祠的情况。巨族所立的宗祠还有大祠和小祠,老祠和新祠之分。有的寨子是聚本民族成员而居,也有以本民族为主而杂以其他民族成员而居的。

土家族的婚俗,多少年来,代代沿袭,土家族人相互学习、相互传承,至今除一些陋俗外,仍然在许多土家族聚居地完整地保存着。

(二) 生育

土家族生儿育女,过程可谓复杂,分为怀孕、踩生、坐月、报喜、看月和望外婆等。在土家族地区,妇女怀孕叫"有喜"。将要生育时,要祭神求子。他们把分娩叫"捡生",临产前,要请捡生娘"捡生"。"捡生"时,把房门、窗户掀开一线,使房内既有光亮又不透风,凡有盖子的家具、用具都要揭开,祈祷小孩出生快一些。婴儿下地,捡生娘剪掉婴儿脐带放入旧背篓中,挂到树上。然后给婴儿洗澡、裹进襁褓。分娩后,将房门反锁三天,只有婆婆服侍"月婆子",丈夫不得进房。孩子生下来以后,丈夫要抱一只鸡去岳父母家报喜。生女孩抱母鸡,生男孩抱公鸡。岳父母看到报喜鸡,就知道生的是男是女,以便准备"看月"的礼物。"看月"是在小孩满十天时,产妇的近亲或同辈亲属背上活鸡、鸡蛋、炒米、团馓和婴儿的衣、裤、鞋、袜、帽子,以及摇窝中的棉被垫、小棉被、花盖衾等物去看望产妇和孩子,产妇家则杀鸡、煮蛋、炒肉,招待"看月"的人。"看月"去的人,只能是妇女,男子则不去。产妇满月后,要用摇窝背着婴儿去"望外婆"。出行时,要带上一些小米和香纸,将小米撒进水井,香纸插在井旁,对"水井"三拜,以祭水神。同时,用冷水给小孩洗脸,还要小孩吃一口井水,以示消灾。养育子女时,土家族还有许多讲究。如婴儿满月后,母亲剪一块布,折成三角形,缝在婴儿汗衣领上,名叫"记性片"。意思是小孩长大后,记忆力好,遇事不会忘记。如此之类的习俗,一直伴随孩子长大。

新婚夫妇生孩子后,还要在附近挖窝或栽泡桐。如果生的是男孩,则在附近十字路口中心挖一个炖钵大的圆窝窝;如生的是女孩,则挖扁窝窝。过去土家山寨没有医院,小孩都是在家里生,并请民间接生婆接生。在家里生小孩,难免地上会有血迹,这血迹不能扫,也不能洗,更不能踩,要从家附近十字路口挖土回来掩盖,七天以后,将土扫走。这样就形成了凡生小孩,必须在十字路口中心挖土窝窝的习俗,根据孩子的性别将土窝挖成圆扁不同的形状。这种风俗如今在清江沿岸仍广为流行。此外,在一些土家族地区,生女儿还要在家门边种一棵泡桐树。这棵泡桐树象征着自己的女儿,寄托女儿长大成人。泡桐树防潮性能好,待女长大,主人请木匠用它做嫁妆。

外婆家知道女儿见喜后,要在3~7天内到女儿家看望外孙,同时送去产妇需要的活鸡、鸡蛋、炒米、糯米、大米、黄豆、猪肉作为产妇的营养品,还要送去小孩的摇窝、小儿被、小儿衣裤、手脚银圈。娘家客人除外婆外,当天去当天回,不在产妇家过夜。

妇女分娩以后,第一个到产妇家的人就叫"踩生"。婴儿生下七天之后,要请踩生人吃一顿酒饭。土家人认为,新生婴儿的性格、脾气、爱好与踩生人相同,故对踩生人十分客气,当即用甜酒蛋招待踩生人,过些时还要请踩生人吃饭。

婴儿出生三日内要防四眼人(孕妇)看见,所有人不得穿单鞋出入。为了使婴儿安全成长,要祭"阿米麻妈",用红纸剪一个手执雨伞的太婆婆贴在火炕壁上,早晚供祭。家族对孩子姓氏没特别讲究,与许多民族孩子必须随父姓不同,土家人孩子既可以随母姓,也可以随父姓,姓氏较为自由。

(三) 丧葬

土家族的老人离世以后,也有许多不同于其他民族的丧葬礼仪,一般要经过入殓、葬礼、送葬、安葬、葬后事等一系列程序。

老人弥留之时,子孙轮流守候身旁。子女将老人抱靠,让他在怀抱中死去,此谓之"接气"。子女守其身旁,看到老人落气,便尽了孝,谓之"送终"。老人落气后,就烧落气纸钱,供亡魂山门在阴间用。当看到老人落气,子女无疑会恸哭,边哭边喊。此时,寨子里亲戚听到哭声,自然都会赶来看望帮忙,料理老人的后事。

1. 下榻入殓

老人落气后,要给亡者梳洗。亡者亲人提一罐井水,烧热,用温水给亡者分别在胸前背后抹三下,让其干干净净离开阴间去阴间。接着给亡者穿寿衣寿鞋,头戴青布帕,并按其享年,一岁一根线缠在腰间,然后用六尺长白布将亡者提在门板上,此谓之"下柳床"(下榻)。同时将亡者铺草抱到十字路口烧掉。

在堂屋里设置灵堂,把棺木放在堂屋正中两条长凳上。从邻居取来火坑灰撒在棺内,铺上皮纸、垫褥,摆上红布缝成三尖角枕,内装灯革,外画两只公鸡,此叫"鸡鸣枕"。用原来六尺长白布提放亡者入棺内。然后给亡人手中放条毛巾,盖上寿被,脸盖手帕(或纸钱)。亲人看后,算入殓完毕。各地放入棺内的东西差异不等,严禁铁器金属带入棺内,包括扣子不得入内,以利后代。入殓完在棺木下方点长明灯,为亡者入地府照明之用。

各地在这项仪式中做法有些小差别。例如,贵州沿口土家族有的给亡者戴青布帕时,若是男的,头上打个"英雄节"。沿河的土家族给亡人穿好衣物,让其呈半坐状,或坐在板凳上,由土老司进行"开光"仪式。老司手拿灯盏在面前晃动,一边念道:"天头光,盛头光,头顶青天亮堂堂;开眼光,亮眼光,眼光沙波世界长;开耳光,亮耳光,耳听凡间祸福详;开鼻光,亮鼻光,鼻闻凡间五色香……手拿乾坤日月光;开脚光,亮脚光,脚踏红莲万年长。"安慰亡灵,以利后人。有的还举行"穿神点祖"法,将亡者牌位安放在祖祠内,为亡灵"安位"。

2. 葬礼

一般土家族老人去世后,停放三个日子,但也有五天、七天的。葬礼多在埋葬前的晚上举行。在沅水、乌江和清江流域部分地区,葬礼多请土老司(土司子、老司)或道士主持,有的在破地狱、绕棺后献牲读祭文;有的在"破地狱"、绕棺、解灯后唱孝歌;有的只唱孝歌,没有僧道。唱孝歌是由土家艺人进行,有广泛的群众性,歌词有歌颂亡者生前功德,劝人行孝为善,有协史故事,会唱者都可参加,不会唱者可围观听,不论人数多少,歌唱一夜,守灵伴亡,气氛热烈。在清江流域"撒尔嗬"盛行区,不用佛道,由土家艺人主持,音乐加舞蹈,又唱又跳,歌词内容极为广泛,插科打诨样样具有,歌舞达旦更为热烈,别有一番民族趣味。

3. 辞灵出殡

到了天快亮时,祭奠礼结束,亲属辞灵告别,看最后一眼,然后闭殓。闭殓后,将棺木抬至灵堂外宽敞处,放在两长条凳上,然后捆绑好龙杠和杠套。棺上盖上红布或毡子,上系一开叫的雄鸡,以隔邪气,准备发丧。主持人手持斧头边念咒语,边走近棺木,突然将饭碗打向棺材,抬起就走,此时,鞭炮锣鼓齐鸣。从移丧到抬棺,直到落地全过程中,棺木不能落地,路远就多次换人。一路上有引魂幡,丢买路钱纸,前有孝男孝女,后有亲朋故里尾随其后,送葬队伍浩浩荡荡,伴有声声锣鼓及抬丧的吆喝阵阵,颇为热闹。

4. 安葬

土葬的基地很讲究,早在葬前,道士架罗盘选择好,以利后代。当棺材抬到墓地,先是"热草",烧芝麻秆在井内,道士画八封,撒米砂,为接龙脉;咬鸡冠,淋血一周,以隔邪气,火炮齐鸣,落棺于"井",喷酒,撒雄黄。孝子挖三锄先盖土,然后众人堆坟,堆坟完,哭丧棒都插放于坟前。道士收魂,把阴魂(亡魂)留下,将阳魂扫除墓地,安葬完毕。

有的地方还有"买井"仪式,沿河县客田地区,"买井"是由土老司完成,挖"井"时,在墓地东西南北中五方,各插一炷香,以刀头肉猪头肉祭祀地府,烧钱纸,长孝子先挖二锄,其意此处阴地为亡魂所买,且有长孝子为亡魂把守。另一些地区,买阴地仪式是在葬后三天"圆坟"中完成的。由道士写出买地文书,谓之"课地文书",并将此阴地文书埋在碑后处,避免野鬼占用,称为"买山""灵山"。

从安葬起,接连送火把三天。第三天备酒肉香纸等,到坟上收魂,捉一蜘蛛或昆虫类,装进纸筒,放上神龛供奉,说是亡魂已到神位。沅水流域在这天早晨,所有内亲堆坟一次,谓之"服三",整个安葬仪式算是完毕。

5. 应七和守孝

受汉文化影响,老人死后要守孝三年,禁忌等仪式颇多。首先是安葬后的七七四十九天内,每七天烧包封一次,共七次。此谓之"烧包应七"。此外,老人死后七月初一接亡魂,供祭励,下半年死的,腊月初一接亡魂,腊月三十给亡人送火送灯。三年守孝期,孝子不剃头,头戴孝帕,不能婚嫁,吃社饭,对联不用红纸,做"肉"菜不能炒红,等等。贵州沿河客田土家人,老人死后第一年、第二年要请土老司"谢坟",祭祀亡灵。第三年要"闹山",全体内亲和土老司等一起供祭,做"解愿送神"。一般的三年期满做道场。

以上是一般老人死后丧礼的全过程。土老司死后,与一般老人亡故不同,整个丧事全过程由其徒弟完成。老司死后要穿法衣,有"开天门"的法事,用蓝布或白布,从棺材处直接到神龛顶上开瓦处,以通天门(有的"天门"开在堂屋大门正上方)。湘西在天窗口置一纺车,堂屋正中置一"哈哈台",一匹白布从纺车过"哈哈台"(尸体置于其上)。慢慢地倒纺车三下,以示老司亡魂上天。此时,锣鼓、炮火和牛角齐鸣。祭完后或火化,或土葬。

新中国成立后,土家族丧俗多有改变,也出现开追悼会、放电影、放录像或唱戏等。僧道做法被取代,多由土家艺人完成,移风易俗逐步兴起。

二、礼仪教育

从土家族产生的时候起,它就有自己的节日和礼仪。这些节日、礼仪反映了土家族人的传统习俗、道德风尚、宗教观念等。土家族人从小就接触它们,对它们有深切的感受。

过年是土家族最大的节日,从内容到形式上都较其他节日隆重得多,持续的时间也最长。土家族过年,有过小年和大年之分。小年过的是腊月二十三,大年要比汉族提前一天,即月大是腊月二十九,月小是腊月二十八。有的地方叫"过赶年"。提前过年之后,一般还同汉族一样再过一个年,所以人们常说土家族要过两个年。在土家族聚居地,年事活动的内容如下。

(1)打粑粑。进入腊月,土家族人就先用最好的大糯米,用水洗净浸泡大半夜,第二天用甑子蒸熟,然后在粑粑槽内将其打糅,再揉搓成约二两①一个的圆饼,五个一叠,放在案板上冷却后,在干器具上放置七八天,粑粑开始干裂时,放入大水缸或大陶瓷缸子中,用水浸泡。再是做破拢粑粑,汉语叫年粑粑。将熟糯米打糅后,粑粑快做完时,由心灵手巧、最会做粑粑的妇女,做几个大粑粑,这种粑粑小则三五斤,大则十多斤。

(2)做团馓。团馓是土家族过年的必备之物。进入腊月后,土家族打粑粑之前,都要做团馓。团馓的做法是,将蒸熟的糯米,用或大或小的竹圈子在木板上做成一个个圆饼,冷却后用炭火烘干或晒干,然后用红笔在上面画上梅花点点,再用清油炸。这样做成的团馓形圆而馓凸,不仅造型美观,而且美味可口。

(3)插柏梅、贴纸钱。过年这天,家家户户要在神龛上、堂屋里、大门上插上一些柏树枝和梅花枝,这样做与土家族祖先的战争生活环境有关。据说过去出征官兵集中过年时人多,没那么大的房子作餐厅,只得在村外梅花园中和松柏树林下过年,后人过年时插松柏、梅花,以此纪念。在腊月二十九过年这天,土家族还会在门窗、猪圈、牛栏、鸡笼和犁、耙、柜子等家具和农具上及附近果树上贴压岁钱纸,以此预兆来年财源兴旺,这些纸钱,直到正月十五才能扯掉烧毁。

(4)贴门神。土家族人将门神叫作"把门将军"。通常贴的门神为秦叔宝、尉迟恭画像,也有贴神荼、郁垒或其他威武之神的。

(5)吃团年饭。土家族人过年,全家老少团聚在同一个桌上吃饭,这叫团年,讲的是

---

① 1两=0.05千克。

合家欢乐。吃团年饭,一定要蒸甑子饭和蒸肉,煮合菜。甑子饭蒸得很多,许多家庭吃甑子饭一直吃到正月十五才洗甑子。合菜就是把肉丝、萝卜丝、白菜、海带、粉丝、猪杂等煮在一起吃。

(6)守岁抢年。年三十这天晚上,土家族山寨家家户户堂屋内外灯火通明,男女老少通宵不眠,谈一年的年景,讲来年的打算。守岁这晚要烧三根早已准备好的大木柴,火越大越好,这意味着来年财源兴旺。土家族地区流传着"三十的火,十五的灯",这样的谚语即由此而来。守岁到凌晨,听到公鸡叫,就放爆竹,紧接着整个村寨家家户户爆竹震天,这叫抢年。谁家公鸡先叫,先放爆竹,谁家就抢得"头年",说是来年最吉利。

(7)拜年。土家族拜年的时间是正月初一。拜年的形式多种多样。一是初一早晨,逢人就拜,互相祝福、问好。一是家中小孩起床后,立即给大人拜年。分户后的小孩必须先给公公、婆婆、伯伯、叔叔等长辈拜年。小孩拜年,大人必须给礼物或压岁钱。

除过年外,土家族还有其他节日。例如,四月初八这天,为牛王节,土家山寨杀猪宰羊,打粑粑,亲戚朋友都被请来过节,十分热闹。六月初六这天,是土家族英雄覃垕被害的日子,家家户户备办酒肉、做豆腐,请来亲戚朋友,共同祭奠这位英雄。七月十四时,土家族人过七月半,主要是祭祖。这许多节日,均有浓厚的民族色彩,土家族人几乎人人皆知,从小就开始接受诸方面的影响,直至陪伴其终生。

在日常生活中,土家族还有许多礼仪,如过节礼仪、喜丧礼仪等,这些礼仪,对于土家族人来说,也是从小就开始学习,待他们成长起来时,已经纯熟地掌握各种礼仪了。土家族的节日礼仪中,还包括请客、待客和做客。每逢需要请客的节日,如四月八、六月六,务必把该请到的亲友一一请到,不可疏漏。请客的方式,多半在赶场时面对面约请,也有专门上门邀请的。请客要真情实意,态度诚恳。面对面邀请时,一定要反复嘱咐:"到时候一定要来呀!"待客时,客人一上门,主人必须热情,土家族人待客的信条是尊老爱幼,一视同仁。不管客人怎么多,最受尊敬的是老人,最受偏爱的是小孩。上桌吃饭,先给老人敬酒敬菜,再把好吃的菜选给小孩。给客人安排铺位,要先安排老人,再安排其他人。除了老人、小孩之外的客人,不分男女、亲疏、贫富,一律平等。客人离开时,给客人表示歉意:"没吃什么好的,没住什么好的,对不起大家!"一般还给客人分发一点礼物。土家族人做客,除拜年外,一般不兴带礼物,但讲究穿着整洁。出门做客,妇女必定认真梳妆打扮一番,男人也要换上新的或干净的衣服。而小孩,无论男女,一般要穿上崭新的或干净的童装。回娘家的妇女,应主动帮娘家做家务,办节日饭菜。女婿到了丈人家,要勤快不偷懒,遇有农事,还要下田或上山劳动。客人讲话要轻言细语,老表之间或其他平辈之间可以打闹嬉笑,也可以互相奚落、打趣,但对长辈、对妇女要规规矩矩。上桌吃饭,先要端端正正地坐好,上位要留给年岁高、辈分大的人就座。吃菜时要听主人说声"请吃菜"才开始动筷,不能一上桌就动手夹菜。夹菜,要夹自己面前或向着自己一面的菜,不能随意把筷子伸到别人面前夹菜,更不能在菜碗中翻来翻去。别人给你送碗、送筷、添饭,要用双手接。做完客回家时,应向主人告辞,说些感谢的话,不能不辞而别。

土家族在办喜事、丧事时,还有成套的礼仪,必须讲究。凡逢有人结婚,建新房,迁新居等喜事,要互相祝贺。谁家若办丧事,大家要上门问候、致哀。办喜事,一般只要事先给亲友通报时间,不要正式请,客人自来。若不通报,客人会认为瞧不起他,一般不会主动来。在结婚和生儿育女时,最要紧的礼节是事先给长辈打招呼。路近,务必亲自登门。路远,一定要捎信,这样,届时亲友会上门祝贺,显得喜气盈门。土家族人建新屋迁新居,亲朋好友都要上门祝贺,并赠送一些礼品。土家族办丧事,除给家族、亲戚报信之外,是不兴请客的。客人定会不请自来,主动上门致哀。周围的青壮年,都会把自家的事暂时搁下,主动上门帮助料理丧事。哪家办丧事,全寨男劳力一律上门帮忙,并送些钱作吊唁。

土家族人在日常交往中,也十分注意礼仪,既热情大方,又纯朴真诚。土家族非常好客,客人一上门,若是男客,首先要给客人上叶子烟。主人家若有小男孩,则由小男孩上烟,以此在客人面前显示小孩聪明机灵。客人落座后,立即给客人沏上一碗土茶。若是在新年或是在春天,一定要给客人泡一碗团馓或烧几个糍粑。若是在夏天,就给客人一大碗小米或高粱甜酒,以解暑渴。土家族人待客的饭菜,别具一格,一般以腊猪肉为主。越是贵客,越要陈年的腊猪肉。招待贵客,要切大块肉片,敬大碗酒,否则,土家族人认为是"小气"。土家族待客做客,讲究菜好,分量足。在用餐过程中,主人家的妇女或小辈要主动给客人盛饭。当客人快要吃完准备放下碗筷时,还要尽量再给客人添上一点饭,并多次叮嘱:"要吃饱啊!"客人或主人谁先吃完,都要对还在吃饭的说声:"慢吃。"然后放下碗筷。客人离开主人家时,主人要说:"慢走,走好。"

待人接物,彬彬有礼,熟人相遇,要互相问候,若在早晨,要说声:"你早!"平时则问声:"从哪里来?"或"往哪里去?"若在吃饭时间内,则问:"吃了饭没有?"熟人相聚一堂,若要起身走动,应走别人身后。坐时,妇女不跷二郎腿。

尊敬老师是土家族人的美德。在路上碰到老师,要问:"破嘎岔(老师好)!"节日时,要把老师请上门来过节,没请上时,则给老师捎点腊肉、猪头肉之类。老师有病,则要登门慰问。老师家中有事,学生家长均去帮忙,至今如此。

土家族的节日礼仪教育正是这样在生活中自然而然地进行的,并日臻成熟、完善。

第四章

秦至土司时期的土家族教育(公元前221～1735年)

第一节 秦至宋时的土家族教育

一、社会概况

定居于湘鄂川黔接壤地带的巴人是土家族的先民。他们世世代代在那块土地上繁衍生息,延绵不绝。秦灭巴以后,巴人地区成为秦朝疆域的一个组成部分。从秦至隋,各封建王朝虽在土家族地区设置郡县,委派官吏,但是控制比较松弛,时断时续。[①] 土家族首领长期盛行世袭制,当郡县设置以后,封建的中央王朝则直接派遣官吏控制这些土家族地区,对于表示愿意归顺的首领,则委以官爵,治理其地,或薄徭轻役,重加厚赐,甚至互为婚姻,以示笼络。[②] 倘有反抗,就派兵镇压。所以这一时期,战争极为频繁,土家族地区,总是处于动荡不定之中。

唐朝初年,"杂侧荆、楚、巴、黔、巫中"的"彭水蛮",先后归服于唐。从此,对于这些归服的土家族首领,唐朝令其治理其地,在邻近中原的腹地,正式建立羁縻[③]州县制度。唐朝末年,统治集团极端腐败,增收赋税征发夫役,波及土家族地区,导致一片混乱。进入五代十国时期,封建割据情况更加严重,相互间的争夺攻伐愈趋激烈,湘鄂川边地区战争绵延不休。宋初,湘鄂川黔边的土家族首领先后归服宋朝。宋王朝为了加强对土家族地区的控制,在荆湖路澧州澧阳郡设立石门、慈利等县;在归州巴东郡设立巴东县等;在峡州设立长阳、巴山等县;在辰州卢溪郡设立沅陵、泸溪等县;在夔州路之下,设立黔州黔中郡,辖彭水、黔江等县;在施州清江郡设立清江、建始两县。

宋代对土家族继续推行羁縻政策,利用其首领进行统治。羁縻州县的土官世代承袭,

---

① 刘思纯:《湘西土家族苗族自治州的民族关系及其发展》,中央民族大学硕士学位论文,2004年。
② 曹毅:《羁縻时期的土家族政治概况》,《民族论坛》,1996年第4期。
③ "羁"是用军事和政治的压力加以控制,"縻"是以经济和物质利益给以抚慰。

延绵不断,使土家族地区保持相对的稳定,这种稳定,有利于土家族与汉族之间经济文化的交流,促进了民族之间的紧密联系。

秦灭巴以后,巴人地区成为秦朝疆域的一个组成部分。其间大致可分两段——秦至隋代的郡县和唐宋的羁縻州郡的设置。

(一) 秦至隋时土家族的政治

据史书及地方志的记载,早在春秋、秦汉时期,土家族先民就在武陵山区生活,但那时基本上是"鸿蒙初辟、狉狉榛榛",开始有农业生产活动,其生产方式主要是原始的刀耕火种。"男女合作,伐木烧畲、播种杂粮,不施肥、不灌溉、不耕耘,待地力不肥时又转移他处。"[1]由于种植粗糙,所获粮食不多,还得以渔猎、采集野生植物为其生活的补充。古代武陵山区,地广人稀,沃野千里,刀耕火种,是有其自然条件的。随着农业生产的发展,土家族人逐渐由刀耕火种进入开荒挖土阶段。因土家族聚居地区山多田少,故而以杂粮为主要食品。《咸丰县志》(同治年间编)写道:"高山农家,以玉蜀黍为正粮,而补助以甘薯、马铃薯。今县年岁,多以高山收成定丰歉,土民食稻者十之有三,食杂粮者十之六七也。"开荒挖土,种植杂粮的生产习惯,从五代起,一直延续到现在。

土家族人把过元宵节吃的肉叫爬坡肉,俗谚"吃了爬坡肉,各自打门路。"元宵节过后,土家族人习惯上山找多年老陈土开荒。地点确定后,手执大长刀,砍修山上的杂树杂草,趁天色晴朗,随即放火烧刚修好的这座山,这叫烧"火沙"。一进农历二月,紧张的开荒挖土活动,就在土家族地区开始了。挖生土,是一场艰巨的劳动,俗语:"人生有三苦,拖木、掐岩、挖生土。"为把握开荒挖土的时令季节,提高挖土劳动工效,土家族人有换工挖土的习俗。在挖土时,往往有百十个人在一块土地上挖土劳动。工地上有两个歌手(也有三个的),敲锣击鼓,面对挖土的群众引吭高歌。这歌叫《挖土锣鼓歌》。歌词有请神、歌头、扬歌、送神等固定的内容。扬歌可唱古,可唱今,可唱当时的劳动场面。锣鼓铿锵,歌声悠扬,歌词清白通俗,一韵到底,情节生动,很受劳动者的喜爱,可使从事艰巨劳动的劳动者思想集中,疲劳顿除,工效倍增。阳春二三月,在湘鄂川黔边土家族聚居的山谷旷野,经常可以听到震动山谷的粗犷歌声。《挖土锣鼓歌》,经过土家族歌手的集体创作,世代传承,不断提炼,成为土家族文学艺术宝库中的珍品。

经过数十天紧张的挖土开荒劳动,一片杂草蔓延的荒地,变成了一垄垄散发着泥香的新土,等待着农历四月芒种前后的播种。

秦统一六国后,在巴人住地设巴郡、南郡和黔中郡三个郡,把巴、楚和巫郡部分地区并入南郡和黔中郡,分而治之。西汉继秦,将黔中郡更名为武陵郡。在武陵郡境内设迁陵县(含今保靖、秀山等地),酉阳县(含今永顺、龙山、黔江、酉阳等地),零阳县(含今龙山、永顺、慈利等),充县(含今桑植、大庸、来凤、宣恩等地),沅陵县(含今永顺、泸溪等地),假山县(含今长阳、五峰等地),南郡设巫县(含今巴东、建始、恩施等地)。三国至隋,由于封建

---

① 　向华:《土家族传统文化中的生态意识及其当代启示》,上海师范大学硕士学位论文,2015年。

王朝较长期处于分裂动荡不安的状态,因而对这个地区的控制,时弱时强,变动较大。[①]《晋书》记载,吴、晋各有建平郡,辖巫、建始、沙渠等县;吴置宜都郡,下控偎山、夷遭等县,吴设天门郡,控制零阳、溇中、充等各县。武陵郡的辖区虽较汉时缩小,但仍保存沅陵、迁陵,并从酉阳县分设黔阳县(今龙山)等地。蜀曾在今川东设"巴东属国",后改设涪陵郡,下设丹兴(今秀山、黔江),汉葭(今彭水)等六县。隋统一中国后,继续加强对湘鄂川黔边的统治。隋初,将荆州在北周管辖的施州改置清江郡(今恩施等地),辖开夷(今咸丰、黔江)、建始、盐水、巴山(今长阳)等五县;改天门郡部分地为澧州,辖石门、慈利等县。开皇九年(589年),立辰州,直辖沅陵、大乡(今永顺等地)等五县。北周把川东南原黔阳地改为黔州,隋又更名为黔安郡。在这些郡县所在地,由封建中央王朝直接派遣官吏控制,对于愿意归顺的首领,则委以官爵,治理其地,或薄徭轻役,重加厚赐,甚至互为婚姻,以示笼络;一旦反抗,就派兵镇压。刘邦在楚汉战争中,利用巴人首领,征发大量巴人定三秦。以后,汉武帝在经营南越和西南夷中,修筑西南道路,都曾多次大量征调巴人,并采取措施,以巴俗化。东汉时,仍以巴人首领治理其地,延续之前的政策。

三国至隋时,各种势力相继激烈争夺峡江和五溪地区,土家族中的首领成为他们争相笼络的首要对象。有的首领依附于各方之间,或者时此时彼,以利自己的统治。[①]吴、蜀争夺荆、湘,当吴克南郡后,"蛮夷君长皆降,(陆)逊请金银铜印,以假授初附",[②]利用其首领以拒蜀。刘备"从巫峡建平连围至夷陵界……以金、锦、爵赏诱动诸夷",又以"建平蛮"抗吴。西晋时,应詹在招来"天门蛮""五溪蛮"之后,采用破铜券为盟扣的办法,以求安抚天门、五溪地区各族。南北朝时,从司马睿起,继续实行羁縻政策。东晋大兴三年(320年)建平夷王向弘、向瑾表示归顺,东晋元帝封向弘为折冲将军、平乡侯。南朝刘宋时,"建平蛮"张离之等50人、"宜都蛮"田生等113人归刘裕,都得到重赏。到了南齐,在治理"蛮左"的奏折中,已把加封各族首领事说成"酋豪世袭,事炳前叶",[③]说明在土家族首领中早已盛行世袭制度。

湘鄂川黔边土家族内部的社会组织状况,从稀少而不连贯的史料推断,他们按照姓氏聚居或散居于相邻的溪洞,从事生产或出征作战。率领他们作战的首领,在武陵地区的"零阳蛮",自称为"精夫","精夫"与民众间,还是靠同种或同族的种姓血缘作纽带,来维持其族内部联系。

土家族各部之间,在政治上没有固定的联系形式,往往各自为政,互不隶属,以致在反封建中央王朝的控制及起义斗争中,多被各个击破,或以"善蛮"攻"叛蛮"而失败。到魏、晋以迄南北朝末期,土家族各部之间的联系日渐增强,他们往往互相联合进行反抗封建王朝的斗争。在峡区及其相邻地带的冉、向、田氏各部人口众多,势力强盛,其他姓氏各部大者万家、小者千户,他们联合"鈲阳蛮"(一作黔阳)田乌度、田都唐等抄断江路;"信州蛮"冉令贤、伯挚、冉安西与向五子、向宝胜等曾共同抵抗北周军,屯据峡区,自称王侯。

① 刘思纯:《湘西土家族苗族自治州的民族关系及其发展》,中央民族大学硕士学位论文,2004年。
② 《三国志》卷五十八。
③ 曹毅:《羁縻时期的土家族政治概况》,《民族论坛》,1996年第4期。

总之,从秦至隋,各封建王朝虽在土家族地区设置郡县,委派官吏,但是控制比较松弛,时断时续。加之战争较为频繁,社会长期动荡不定,土家族内部势力消长变化较大,活动范围时大时小,处于不很稳定的状态。①

(二) 秦至隋时土家族的经济

巴郡、南郡和黔中郡境内的土家族居住地区,属于山区丘陵地带,雨量充沛,河流纵横,物产丰富,适宜农作物的生长。长期以来,土家族在这里披荆斩棘,辛勤开垦,在肥沃平坦之处种植水稻,在山区丘陵地带种植杂粮,以渔猎山伐为业,②使这些地区逐步得到开发。土家族早已开始种植水稻,《汉书·地理志》在描述楚境的生产情况时说:"或火耕水耨,民食鱼稻,以渔猎山伐为业,果蓏蠃蛤,食物常足。"南郡、武陵郡生产状况与之相类似。巴郡境内的江州(今重庆),在汉代"有稻田,出御米"。③ 居住在今酉阳、秀山、黔江等县的土家族也不例外,但耕作方法十分原始,"烧草下水稻种,草与稻并生,各七八寸,因悉芟去,复下水灌之,草死独稻长,所谓火耕水耨"。④ 这种"火耕水耨"的生产,还处于粗放的农耕阶段,产量不高。山区丘陵地带多种粟类、豆类等杂粮,⑤三峡地区又产燕麦。"三峡两岸土石不分之处,皆种燕麦。春夏之交,黄遍山谷,土民赖以充食"。⑥ 此外,还靠渔猎山伐来补充食粮的不足。所以,史称"饮食还给,不忧冻饿"。这种粗放的农业生产除糊口果腹外,并没有剩余。《史记·货殖列传》记载:"西楚俗剽……地薄,寡于积聚。"《汉书·地理志》中也说:"故砦窳偷生而亡积聚……亦亡(无)千家之家。"到隋时,湘鄂川黔边地区还是人口稀少,经济不发达,这从当时的人口状况可以看得出来。例如,沅陵郡,统沅陵、大乡(永顺、保靖)、盐泉、龙剧、辰溪五县,只有 4140 户,清江郡统盐水、巴山(长阳、五峰)、清江(恩施、利川)、开夷(咸丰、来凤)建始五县,只有 2658 户,说明农业长期停滞在较为原始的粗放阶段,生产力低,人口也没有多大发展。

巴人除从事农业生产外,还普于纺织"窦布"。许慎在《说文》中称:"幏,南郡蛮夷布也。""窦,南蛮赋也。"⑦幏即窦布,很明显,巴人纺织窦布,主要是向封建王朝纳赋。西汉初年,巴人因伐三秦有功,遣返后,罗、朴、督、鄂、度、夕、龚等七姓巴人首领免除租赋,但其他姓氏和巴民仍需每年每人交纳窦钱四十。在武陵郡,"岁令大人输布一匹,小口二丈,是所窦布……"所不同于秦的,已不再以户输窦赋三,而在口赋上,有大小和数量上的不同。

---

① 刘思纯:《湘西土家族苗族自治州的民族关系及其发展》,中央民族大学硕士学位论文,2004 年。

② 刘卫星:《新西部大开发中铜仁土家山区推行循环经济模式探讨——走访新农村建设中的铜仁土家村镇之我见》,《"新一轮西部大开发与贵州社会发展"学术研讨会暨贵州省社会学学会 2010 年学术年会论文集》,2010 年。

③ 《华阳国志》卷一。

④ 《史记》卷三十。

⑤ 王静:《酉阳土司时期经济述论》,《重庆教育学院学报》,2009 年第 5 期。

⑥ 《蜀中广记》卷六十四。

⑦ 龙运荣、李技文、柏贵喜:《土家族传统技术及其价值利用与反思》,《贵州师范大学学报(社会科学版)》,2010 年第 3 期。

从秦至汉,封建中央王朝令巴人以窭布交纳赋税,足见其手工纺织已比较发达。① 南朝宋时,刘裕在湘鄂川边实行"强者不供官税","蛮民顺附者,一户输谷数斛,其余无杂调""蛮无徭役",把交纳赋税由买布改为粮食,这说明到南北朝时,土家族地区的农业生产力有历提高。

养蚕是土家族妇女的一种习惯,且在土家族地区流传很久,宋代即有向中央王朝进贡蚕绢的记载。蚕分家蚕、柞蚕两种。过去土家族以养家蚕为主。家蚕卵经春孵后,喂桑叶,桑树多栽于田坎地边。蚕由幼蚕逐渐长大,吐丝作茧,然后续丝,自可织成丝布。留种蚕羽化为娥,产卵做种。养蚕时间正是春耕大忙季节,养蚕采桑,都是很辛苦的。丝布是土家族人最爱穿的上等衣料。柞蚕吃马桑叶,马桑叶自然生长,采摘较易。土家族人的传说中,属鼠和属鸡的姑娘不能养蚕,因为老鼠和鸡都是糟蹋蚕的动物,这不过是迷信的说法。现在蚕丝已成为土家族地区的重要产品。桑树的培植与养蚕的方法,都有了新的改进,再没有人相信生辰八字的那些说法了。

土家族人聚居的山地,山花烂漫,具有较好的养蜂条件。土家族人历来习惯养蜂,蜂糖和黄蜡,也是向中央王朝进贡的贡品。他们制有圆形蜂桶,在桶内涂一点蜂糖,或置于转角木楼当阳而又阴凉处,或置于山洞口边,或置于高山岩穴之中,接蜜蜂自然上桶。如发现分房蜂群骤然飞过,则敲动响器(如敲打竹簏或扣级箕)进行挽留。蜂群上桶后,要特别注意蜂桶的清洁打扫。每半月打扫一次,清扫蜜蜂的粪与灰渣,还要随时注意防止和捕杀糖蛾,以免糖蛾对蜂群造成危害。会养蜂的人,能够掌握蜜蜂的分房规律,进行人工分房,发展快,蜂桶多。每年取蜂蜜两次,一次取夏季糖名"菜花糖",一次取冬季糖叫"茶花糖",一般一个蜂桶每年可收蜂糖在 20 公斤左右。有时在岩脚或高树上也可获得一窝蜂糖。

(三)唐宋时期土家族的政治

唐朝初年,对于归服的土家族首领,唐朝令其治理其地,在邻近中原的腹地,正式建立羁縻州县制度。

618 年,隋炀帝死,李渊废隋恭帝,自立为皇帝(唐高祖),迁都长安,遂即派兵消灭隋末以来在各地起兵称王的割据势力,完成统一大业。武德元年(公元 618 年),萧铣在江陵自称梁帝,迁都江陵,割据荆州,并不时出兵攻夺唐的巴、蜀地区。萧铣派遣陈普环率水军沿江而上,攻取巴、蜀。唐派李靖领兵进至峡州(今宜昌境内),受到萧铣军的阻击,难以前进。武德三年(公元 620 年),"开州(今开县、云阳)蛮"。冉肇则乘机攻陷通州(今达县),后又进攻信州(今奉节),与萧铣相呼应。李孝恭、李靖率唐军进攻,斩冉肇则,俘获甚众。唐设立峡州刺史,统辖峡、夔、涪黔、巫、施等州。武德四年(公元 621 年),置黔州都督府,以督黔、施、业、辰、充等州。天绶二年(公元 692 年),唐将辰州所属的大乡(今永顺、龙山、保靖部分地)、三亭(今保靖、秀山部分地)两县合并为溪州。唐玄宗先天二年(公元 713

---

① 龙运荣、李技文、柏贵喜:《土家族传统技术及其价值利用与反思》,《贵州师范大学学报(社会科学版)》,2010年第 3 期。

年），又分大乡县部分地置洛浦县（今保靖部分地），以后又把洛浦、招谕（今凤凰部分地）改隶锦州，开元二十一年（公元 733 年），唐又分天下为十五道，巴东、澧阳等郡隶山南东道，黔中、泸溪、清江、灵溪（溪州改）、宁夷等郡隶黔中道，"尝以黔州挖扼险要，往往置镇重兵，以兼总羁縻州郡"。①

唐代对湘鄂川黔边地区实行羁縻政策，利用土家族首领治理其地。唐初取得夔峡地区以后"即以巴酋长子弟，量才授仕，置之左右"。② "唐初，溪洞蛮酋归服者，世授刺史，置羁縻县，隶于都督府，为授世职之始"。③ 冉安昌被封为思州招慰史，田世康为黔州刺史。唐文宗开成元年（公元 836 年），还曾授以田英为溪州刺史。唐朝除向这些首领索取贡品外，还要各羁縻州县提供兵源，有时提供力役。唐太宗贞观四年（公元 630 年），曾以冉安昌率思州都上三军，开拓夷州、费州等地。唐玄宗开元三年（公元 715 年），朝廷以右骁卫将军李玄道发夔、巴等五州兵力去攻打"西南蛮"。唐德宗建中元年（公元 780 年）朝廷又命令荆南节度使统荆州兵，黔中观察使发黔州兵去抵御"西原蛮"。④

唐朝末年，封建统治集团极端腐败，对南诏连年用兵，开支浩繁，便加倍增加赋税，征发夫役，农民和地主的矛盾更加尖锐。僖宗乾符元年（公元 874 年），终于爆发了王仙芝、黄巢领导的全国性的农民大起义。在农民起义军的打击下，唐王朝的统治失去控制，无力驾驭，藩镇称兵割据。这时，湘西的一些少数民族首领，也乘机揭竿而起，到处攻州夺郡，纷纷割据，摆脱唐王朝的控制。僖宗中和元年（公元 881 年），"石门蛮酋"向颙建立"朗北团"，攻取澧州，杀死刺史吕自牧，自称刺史。同年，"武陵蛮酋"雷满组织"朗固军"，进攻澧、朗等州，自号朗州刺史，并进攻荆南。唐昭宗乾宁三年（公元 896 年），马殷被推为湖南节度使，先后攻州夺郡，占据湖南大部，五代后被梁太祖封为楚王。唐昭宗天复二年（公元 902 年），前蜀王建在攻取汉中等地后，又攻占荆南，取得夔、忠、万、施归等州，割据于蜀，后封其为蜀王。

进入五代十国时期，唐末以来的封建割据情况更加严重，相互间的争夺攻伐愈趋激烈，湘鄂川边地区战争延绵，⑤常年不休。雷满死后，其子雷彦威继之，自称留后，仍割据于朗、澧州一带，并不断发兵进攻荆南。后来，雷彦威又被其弟雷彦恭，利用忠义节度使赵匡凝的势力逐走，雷彦恭与向镶割据朗、澧一带。后梁太祖开平元年（公元 907 年），雷彦恭联合楚王马殷军队袭击南平"国都"江陵，荆南节度使高季昌率军屯于公安，截断雷、马联军的粮道，联军大败，分别退回原地。雷彦恭后来又出兵攻打马殷占据的岳州，但是没有攻破，只得退军。10 月，高季昌又与马殷联兵攻击雷彦恭所据的朗州，雷彦恭投靠淮南节度使杨行密以求救兵。杨行密出兵平江，牵制了部分楚兵，缓和了南平、马楚对朗州、澧州的压力。开平二年（公元 908 年），马殷又倾全力夺取雷彦恭据有的朗州和向镶据有的澧州。楚军切断朗、澧两州交通，逐渐形成包围圈，雷彦恭引沅江水环城自守。楚军包围

---

① 《通典》卷一百八十三。
② 《资治通鉴》卷一百八十八。
③ 《来凤县志》卷二十七。
④ 《资治通鉴》卷二百一十一。
⑤ 刘思纯：《湘西土家族苗族自治州的民族关系及其发展》，中央民族大学硕士学位论文，2004 年。

朗州一个多月后,趁雷军守备松弛之机,派精兵潜入城内,举火为号,楚军随之破城而入,占领了朗州城,雷彦恭乘船逃奔淮南,做了节度副使。向镶见朗州城破,澧州难以独存,就归服马殷。楚遂占据朗、澧两州。

梁开平二年(公元908年),前蜀曾派兵攻打荆南巡属的归州,虽然俘走了归州刺史,但没有占领归州。开平四年(公元910年),"辰州蛮酋"宋邺发兵反对马殷的开疆拓土,马殷多次派兵攻打,相持近两年,宋邺始归服于楚。后梁乾化二年(公元912年),马殷委宋邺为辰州刺史。后唐庄宗同光三年(公元925年),以高季兴(即高季昌,因避后唐庄宗李存勖祖父李国昌的名讳,改名为高季兴)充攻蜀行营都招讨使,攻取为前蜀所据的夔、忠、万三州。高季兴早就想夺取三峡,于是乘机出兵夺取施州,沿江进军,失利败走。至后唐明宗长兴二年(公元931年),后蜀主孟知祥又夺取黔、施、忠等州。

在唐朝末年全国农民大起义和藩镇纷纷割据之际,"溪州蛮酋"亦相继而起,分据其地,自署刺史。从《复溪州铜柱记》可以看出在彭士愁之前,曾经自署刺史的有彭允蹈、彭师佐、田弘佑、田幸晖等四人。其中彭姓两个担任过溪州刺史,说明彭氏在溪州的势力已经逐渐强大。此后,彭士愁经过多年经营,势力日渐强大,遂又自署为溪州刺史,"当仕然(应作士愁)之世,昆弟力强,多积聚,故能诱动诸蛮皆归之,胜兵万余人",[1]彭士愁自署为溪州刺史后,势力更加强大,割据地区不断扩大,除上、中、下溪三州外,并拥有龙赐、天赐、忠顺、保静、感化、永顺、懿、安、远、新、洽、富、来、宁、南、顺、高等州。他效法唐制,在溪州之下设立大乡、三亭两县,县下设团保,命官置吏。虽仍受蜀羁縻,实际已俨然一封建小王国。彭氏势力强大,不断与楚争雄,给楚国马氏的统治造成很大威胁。他多次派土团军进入楚境,掠夺丁口,夺取商旅财货。

后晋高祖天福四年(公元939年)秋,彭士愁亲自率领溪、锦等州"蛮军"一万多人,大举东进,攻打楚属的辰州和澧州,焚掠两州所立的镇戍。[2] 彭士愁还派出使者去成都请求蜀主孟昶出师攻楚,可是,孟昶以路途太远,拒绝了彭士愁的请求。彭士愁带领兵丁继续与楚作战,楚王马希范派刘勍、廖匡齐等将兵五千反击,彭士愁节节败退,转回溪州。楚军跟踪追击,企图乘机扩大割据范围。同年十一月,当刘勍进攻溪州时,彭士愁撤出溪州城,依靠山险崖壑与楚军周旋。彭士愁退据的山寨,四面悬岩绝壁,依险固守。廖匡齐带兵沿梯而上取寨,结果崖上彭军箭石雨下,击退楚军,廖匡齐被打死。

天福五年(公元940年)春,刘勍再次率楚军围攻彭士愁退据的营寨,在河里放置毒药,彭军中毒失去战斗力,一日又趁大风暴起,以火攻彭氏营寨,构筑的防堑全部被摧毁。彭士愁见其军死伤过重,夺险向深山撤退,并派其子彭师篙(一作师杲)率诸蛮酋长,田妍资、覃行方、向存佑、罗君富等,携带锦、溪、奖三州印,向刘勍请降纳款。经过谈判,历时一年的割据战争结束,双方缔结盟约,铸铜柱立于溪州会溪。溪州之役,彭士愁虽然在军事上失利,被迫与楚签订盟约,臣服于楚,但是,其政治地位和管辖地域却得到楚的确认,马希范仍授彭士愁为溪州刺史,继续管辖溪、锦诸州,使其获得合法地位和领地,为彭氏在湘

---

① 《九国志》卷十一。

② 刘雪丹:《湘西彭氏土官长期存在的原因简析》,《民族论坛》,2010年第2期。

西统治八百余年的世业奠定了基础。盟约规定:溪州虽受楚羁縻,但不向王朝缴纳赋税,不提供兵源,与楚不互相掠夺土地和人口,不阻挠交通,不强买卖货物等。这样,就结束了双方之间的混战局面,在客观上有利于生产的发展和社会秩序的稳定,符合当时各族人民的利益。总之,彭士愁在统一五溪地区,使这一地区的社会秩序在较长的时间内保持相对的稳定是有贡献的,起了积极的作用。

宋初,湘鄂川黔边的土家族首领先后归服宋朝。[①] 宋王朝为了加强对土家族地区的控制,在荆湖路澧州澧阳郡设立石门、慈利等县;在归州巴东郡设立巴东县等;在峡州设立长阳、巴山等县;在辰州卢溪郡设立沅陵、泸溪等县;在夔州路之下,设立黔州黔中郡,辖彭水、黔江等县;在施州清江郡设立清江、建始两县。此外,在土家族聚居区,荆湖路设38个羁縻州(主要集中于沅江以北)、夔州路设49个羁縻州,并于今来凤县设散毛宣抚司,巴东郡设巴东安抚司,忠州南宾县设石柱安抚司。

宋代对土家族继续推行羁縻政策,"树其酋长,使自镇抚",利用其首领进行统治。宋初,先后任彭师裕之长子彭允林为溪州刺史,以田洪贺为毗邻峡区的万州刺史,田景迁为珍州(今宣恩)刺史。他们官职的任命、升降、调换,都必须经过宋王朝认可,并且可以世袭。"州将承袭,都誓主率群酋合议,具州名移辰州为保证,申钤辖以司以闻,乃赐敕告,印符,受命者隔江北望拜谢。"[②] 羁縻州的刺史除有权统管其辖地外,还有权在州内设押案付使和校吏,即所谓"听自补置"。羁縻州的土官效忠宋廷的,还可以得到升迁,富州(今来凤、宣恩)刺史向通汉,因献图有功,宋真宗就封他为"检校太傅"。宋仁宗认为彭儒猛忠于宋廷,特别把他原封的检校尚书右仆射迁为左仆射,又封其子彭仕端作国子祭酒。对有功的羁縻州刺史,也曾用过"赐以疆土"的办法以笼络土家族首领。

宋王朝虽对土家族地区实行羁縻政策,但又对土官深怀疑忌,唯恐"溪洞豪酋据山险,持两端",与其抗衡,因而又采取调虎离山的办法,以分其势。宋太祖乾德年间(公元963～967年),调溪州团练使彭允足为濮州牢城都指挥使,调溪州义军指挥使彭允贤为卫州牢城都指挥使,调珍州录事参军田思晓为博州牢城都指挥使。

羁縻州刺史在各自管辖的领地内,除拥有任命下属官吏,统治土民的政治权力外,还拥有自己的武装——土兵。土兵是一种寓兵于农的组织,平时务农,战时出征。宋朝往往利用土兵消灭异己势力,或者利用土兵解决本族内部的争端。宋真宗咸平三至五年(公元1000～1002年),当益州发生"军乱",宋廷怕乱军沿大江而下,通过峡区,波及江南,曾征调施州、高州、黔州、溪州的土兵防守三峡。当时,施州地区"生蛮"掠夺汉口400余人,宋派高州田承进率土兵与官军联合作战,打败"生蛮"。

到宋仁宗时,在荆湖路的辰、澧、荆南、归、峡等州土家族杂散地区设立土丁弓弩手或刀箭手,从该地的土家族或其他少数民族中选拔,并给一定数量的土地,平时耕种、缴纳赋税和担负其他徭役,就地参加军事训练,轮番在边砦守戍。辰、澧、沅等州的弓弩手以13 000户为常额,刘琦曾请宋廷在荆湖北路包括归、峡、荆南等州设"效用"兵6000。宋代

---

① 刘思纯:《湘西土家族苗族自治州的民族关系及其发展》,中央民族大学硕士学位论文,2004年。
② 《宋史》卷四百九十三。

土兵弓弩手的设置,为以后明代设守御千户、百户起了先导作用。

羁縻州刺史之间,往往以自己的武装力量互相攻杀,抢占领地,掠夺丁口,扩大自己的辖区和力量。宋太祖乾德二年(公元964年),溪、叙等州封建主集团之间互相攻劫,发生武装冲突。朝廷派官员前往诏谕,使他们的冲突停止下来。宋真宗大中祥符元年(公元1008年),夔州路辖区内的"五团矿攻打高州"(今宣恩境内),宋真宗"以蛮夷自相攻,不许发兵",要他们自己去解决。大中祥符三年(公元1010年),"慈利蛮"之间互相仇杀,发生械斗,澧州知州刘仁霸打算派兵去制止,宋真宗要他改成招谕办法,这个办法为"蛮"人所接受,仇杀终止。

总之,从唐至宋,在邻近中原腹地的湘鄂川黔边设置羁縻州县,依靠土家族首领自理其地。这些羁縻州县的土官世代承袭,延绵不断,使土家族地区较唐以前更趋稳定,这种稳定的政治局面,加强了土家族和汉族的经济文化交流,促进了各民族的紧密联系。

(四)唐宋时期土家族的经济

唐宋时期,土家族首领与中央王朝保持着日益紧密地联系,特别是马希范与彭士愁订立溪州之盟以后,出现了长期相对稳定的局面,使土家族与汉族人民经济文化联系进一步加强,土家族地区的社会经济发展速度加快。但其经济发展呈现不平衡状态,接近汉区的边缘地带发展较快,聚居的边远山区发展则较为缓慢,生产较为落后。

唐宋时期,土家族仍以耕山兼事渔猎和经营林副业为生,农业生产仍处于粗放的刀耕火种阶段。辰州土著"地界山溪,刀耕火种","皆焚山而耕,所种粟豆而已"。这与唐人刘禹锡《竹枝词》所描写的"长刀短笠去烧畲"的生产情景是一致的。每到春季用长刀砍倒荆棘丛林,放火烧山,以草木灰作肥料,然后种植粟、豆、稻等农作物,不使用人畜粪肥。宋神宗时,担任施州通判的李固就曾目睹"州介群獠,不习服牛之利"。这些土民在农闲时兼营狩猎和林业,而在夔峡等沿江沿溪流地区的土民,则饲养鸬鹚捕鱼,过着"家家养乌龟,顿顿食黄鱼"的生活。

土家族地区农业发展状况,大致可分三种情况:山区土地贫瘠,生产比较落后;澧水中游"土映风美,力于耕桑",农耕较为发达;北江地区的施、黔、济等州的土家族被称为"熟夷",其地多为熟地,农业生产较羁縻州县进步一些。随着农业生产的发展,农作物的产量逐渐提高。宋真宗咸平五年(公元1002年),"施州蛮"要求以粟易盐,朝廷允许后,"溪蛮入粟实缘边砦栅,顿息施、万诸州馈饷之弊""自是边粟有三年之积",①它一方面反映宋朝改变"盐禁"后,满足了土民的生活需要,"群蛮感悦";另一方面易粟数量颇大,也反映了农业产量有所提高。由于农业生产的发展,在宋太宗太平兴国八年(公元983年),首领曾向宋朝表示"愿比内郡输租税",朝廷认为该地是"荒服之地",没有允准。至宋神宗熙宁五年(公元1072年),彭师晏归宋,誓下州都由辰州统领,"出租赋如汉民",或"比内地为王民"。到宋徽宗崇宁元年(公元1102年)以来,"辰州覃都管马等各愿纳土输贡赋"。可是,至宣和(公元1119~1125年)间,朝廷又认为这种改变得不偿失,收贡赋不多,仍恢复羁縻州

---

① 《宋史》卷四百九十三。

贡赋。可见当时土家族地区农业生产虽有发展,但农作物的产量仍然极不稳定。

手工业与副业生产多自采、自培或自制,其中以采茶、取蜡、织锦、炼朱砂水银、采药、割漆较为突出,不少土特产品已列入贡品。溪州灵溪郡、巴东郡、夷陵郡的长杨等地都出产茶芽,他们以谷皮加工茶叶,并制作茶饼。"巴川峡山纫谷皮之"。荆巴间采叶作饼"叶老者饼以米膏出之"。①"土人善织窦布",在唐宋间依然保持这项副业,被汉人称为"溪布"或"洞锦"。溪州产溪布,澧州产纻練缚布,巴东产纻葛,涪州产"獠"布,这些麻、丝织品,都十分精美。他们以蜡染织物,"溪洞……模取鼓文以蜡,刻版印布入靛缸,名点蜡幔。"他们还以火攻取朱砂水银,以"辰锦砂最良"。②但这些手工产品,还多属贡品,产量较低。

与这种社会生产力相适应的经济结构是封建领主经济。山林田土都归担任各级职务的大小土官所有,彭士愁其父祖辈已拥有溪州富饶广阔的"田场土产"。溪州之役后,楚王马希范承认彭氏权益,并封予食邑300户,为20誓下州的静边都誓主,彭氏就成为五溪地方最大的封建领主。其属下的都镇、团和州、县、洞等各级首领,都是占有大量山林土地的大小封建领主。广大土民没有土地,是大小领主的农奴。农奴被牢固地束缚在土地上,世代为农,不得迁徙,没有人身自由。各级封建领主对他们任意驱使,"春夏则营种,秋冬则暴掠",③为领主夺取更多的土地、人口和财物。农奴不仅本身被奴役,其家属也要受领主的压榨和役使。

羁縻州县的封建领主贪得无厌,富于掠夺性,为了扩大自己的领地和经济利益,往往向邻近地方掠夺土地、财物和人口。唐宋时,这些领主们掠夺人口为奴的情况还十分严重。唐宪宗元和四年(公元809年),黔中风俗仍"多掠良人卖为奴婢"。④

北宋时,由于食盐供应困难,引起土家族人民的强烈不满,施、黔、高、溪四州的封建领主乘机"攻州县,掠民男女入溪洞",少则数十,多至数百。仅宋真宗咸平五年(公元1002年),夔州路转运使丁谓以绢一匹换回被掠丁口一人,从四川就赎回丁口万余名。⑤可凡掠夺丁口之多,触目惊心。封建领主把掠夺人口作为一种补充农奴与发财致富的手段。⑥

南宋宁宗开禧元年(公元1205年),施州的羁縻州郡依然"地旷人稀",大小封建领主与宋朝保持着较稳定的隶属关系,掠丁减少,就多方引诱汉农举家移入溪洞开垦土地,并规定:凡移入溪洞的农户,只有户主本人替领主服劳役,其家属不必服役;汉农自己开垦的土地和所盖的房屋,可以自行买卖,允许汉户自行迁徙;户主死亡,其妻女可以改嫁或自行婚配,客户凭文约付借款等,领主不能随意勒索。这些规定,使羁縻州内迁入的汉族农民中出现了土地私有制,为地主经济的产生提供了条件。

北宋时,在辰、澧、归、峡等州的土家族、汉族杂居地区,实行土兵屯田的军屯制度,使

---

① 陆羽:《条经》。
② 午辅:《蛮溪丛笑》。
③ 《九国志》卷十一。
④ 《资治通鉴》卷二百三十七。
⑤ 《续资治通鉴》卷二十三。
⑥ 向芸灏:《龙山县土家族民俗艺术图像研究》,华东师范大学硕士学位论文,2015年。

参加屯田的土兵且耕且守,摆脱了封建领主的人身依附关系。南宋高宗绍兴元年(公元1131年),宋廷规定在荆南、归、峡等地屯军,"凡军士,相险隘立堡砦,且守且耕,耕必给费,敛复给粮,依锄田法,余并入官""兵屯以大使臣主之",①实行寓兵于农。这种兵屯内的土兵成为宋朝的兵卒。

在辰、澧等州,宋朝实行土丁弓弩制。"荆湖略义军土丁弩手之设,盖以诸蛮叛服不常,须土人控制,故选自户籍,蠲儒番戍紫栅,代代王师御侮而无馈饷之劳。其后归、峡等州亦置番戍诸砦,或以岁、以季、以月上番,人给口粮,有功迁补。"②这些土丁弓弩手被"免科役及身丁口(税)",摆脱了封建领土的人身依附。宋廷南渡以后,绍兴年间(公元1131~1162年)在辰、澧等州重设土丁弓弩手时规定"每招土兵一名,给官田百亩,亦足以充一岁之用,使之或耕或佃,各从其便,仍尽蠲其租税"。③ 可是,这种"计口给田"的土丁弓弩手以服兵役换取的官田,只有使用权,没有所有权,"擅鬻者有禁,私易者有罚"。后来"田禁"松弛,土地可以买卖、转让、调换,一些土丁弓弩手成为占有土地的私有者。居于边缘地带的封建领主也乘机购置土地,扩大财富。澧州慈利一带的向思胜、彭永健、彭永政、彭永全、彭永胜,酉阳州的田祖周、田敏恭,施州的谭汝翼等都是地多粮多的富豪。④

辰、澧、归、峡等州内,军屯之外,还有民屯招民开垦。"凡民,水田赋钪米一斗,陆田豆麦夏秋各五升,满二年无欠,给为永业。""一夫授田百亩,…凡授田,五人为甲,别给蔬地五亩为庐舍场圃……民屯以县令主之"。⑤ 这种民屯的土地,二年之后,只要不欠租税,即可为农户个人所有。从《元丰九域志》中关于辰、澧、归、峡等州主、客户数的记载,可以推断参加民屯的土民所拥有的土地当不在少数,他们已逐步成为摆脱了封建领主经济羁绊的个体农民。

土家族的边缘地区,由于土地私有制和土地买卖的出现,土地纠纷与土地兼并也时有发生。南宋孝宗乾道七年(公元1171年),辰州境内土丁弓弩手买卖"官田"的情况比较严重,宋廷不得不"申严边民售田之禁,守今不能奉法者除名"。⑥ 淳熙十六年(公元1189年),夔州路黔州的官吏"接受夷人贿赂,私与谋议""侵冒兵田",⑦结果被夔路安抚下令制止。在辰州还发生了"熟户"逃入"生界"而诱使"生户""侵冒"熟地的纠纷,不仅辰州等地如此,其他湖广边"蛮"居住的地方也大都相似。

唐宋时期,土家族中的封建领主以进贡的方式与中央王朝进行经济联系,唐武则天天授二年(公元691年),溪州灵溪郡,土贡多为丹砂、犀角之类。唐玄宗天宝元年(公元743年),施州清化郡的清江、建始等地,土贡麸金、犀角、黄连、蜡、药实。黔州黔中郡,土贡仍

---

① 《宋会要辑稿》第154册。
② 《宜昌志》卷十。
③ 《宋会要辑稿》第173册。
④ 《湖南通志》卷一百六一,《宋会要辑稿》第189册。
⑤ 《宋史·食货志》。
⑥ 《宋会要辑稿》第174册。
⑦ 《宋会要辑稿》第186册。

为犀角、光明丹砂、蜡等。[1] 到宋代,这种进贡活动相沿不断,除偶尔"因罪绝贡"外,有时还得到发展。宋太祖乾德四年(公元 966 年),下溪州(今永顺、古丈部分地)刺史田思迁向宋朝进贡铜鼓、虎皮、溪脐。宋真宗咸平二年(公元 999 年),高州(今宣恩)刺史旧彦伊派遣他儿子进贡方物。咸平四年(公元 1001 年),上溪州(今龙山)刺史彭文庆纳贡水银、虎皮等。景德三年(公元 1006 年),高州向通汉纳名马、丹砂、银装、剑槊为贡。宋真宗大中祥符五年(公元 1012 年),洛浦、磨嵯洞(今保靖、咸丰等地)土人首领田仕琼等向宋真宗贡献溪布。

北宋期间,北江、黔、涪、施一带的土家族首领向朝廷纳贡,每年一次,进京人数没有限定,回赐也较为丰厚。"贡方物者,人赐彩三匹,盐二十斤;无方物者,人彩三匹,盐半。"因此,"贡赐"一度有所发展。宋真宗大中祥符五年(公元 1012 年),"溪洞蛮"张文裔等 800 人朝贡。后因有的土官借纳贡机会沿途骚扰,宋廷又重定"贡赐"条例:"自今或只将进奉上贡物纳于施州,贡表诣阙。其差来蛮人,依原定数,即就施州给赐,例物发回溪洞,如得稳便,即令蛮人连书文状,取候朝旨,若愿得食盐,亦听就近取射(疑为舍)数目,比折支与。若蛮人坚欲诣京买卖,即许每十人内量令三二人上京"。一作二年一次,依碑文改,宗仁宗天圣五年(公元 1027 年),刻石于施州境内,即"皇宋奖谕碑""蛮人纳贡物碑""知保顺赐承恩誓状"。安、远、天赐、南、顺、保顺等州的尚万勇("尚"一作"向")、高州刺史田承进等,都得按"天圣誓约"与宋廷保持经济上的联系。

土司纳贡,朝廷回赐,这种变相的官方贸易使土家族中的封建领主大受其益。他们以少量的土特产品和手工品换回为数不少的食盐、珍贵的丝绸和服饰,以及金银货币等,仅供少数人享用。而为其转输供役的农奴,不仅一无所得,还要长途跋涉,备受辛劳,甚至"多有死亡"。这种"贡赐"联系,客观上有助于保持该地区的稳定,汉族地区的一些先进产品和生产技术也通过这一渠道传入土家族地区,促进了各民族间的经济技术交流。[2]

二、教育状况

土家族具有悠久的文化传统,其先民巴人早已以能歌善舞闻名而载入史册。古代巴人创造的某些文化被汉族吸收,使汉文化得到丰富和发展,对中华民族的文化做出了可贵的贡献。早在公元前 1122 年,巴人参加武王伐纣的战争中,就以"歌舞以凌殷人"而著称于世。《华阳国志》载:"巴师锐勇,歌舞以凌殷人,前徒倒戈,故世称之曰,武王伐纣,前歌后舞也。"[3]在战斗中,巴人高唱战歌,呐喊助威,手执武器,做出各种刺杀动作,史籍上被称为"前歌后舞"。巴人这种冲锋陷阵的作战方法,既表现了他们作战时的"锐勇",又说明他们能歌善舞的特性,对汉文化产生了一定的影响。同时,遇有重大祭祀活动举行的大武舞,与巴人的歌舞有着直接的联系,可以说它来源于武王伐纣时巴人的"前歌后舞"。战国时,富有浓厚生活气息的巴歌,以广泛的群众性而著称于史。

---

① 《新唐书》卷四十、四十一。
② 徐世璇:《从南部土家语的特殊构词看语言接触的深层影响》,《东方语言学》,2007 年第 2 期。
③ 陈力:《土家族古代教育述略》,《民族教育研究》,1991 年第 4 期。

刚健有力的巴人歌舞对汉代的宫廷乐舞有极大的影响,在《太平御览》中也有所记载:"渝水,窦民锐气喜舞,高祖乐其猛锐,使乐人习之,故名巴渝舞。"汉高祖刘邦派乐师学习巴人歌舞,经过加工整理,成为宫廷舞乐的一个组成部分,载入汉廷乐府。这种宫廷乐队,由巴人、俞人 36 位鼓员编成,按巴俞武乐谱曲演奏,以伴其舞。魏晋间,魏文帝黄初二年(公元 221 年),改巴渝舞为昭武舞。宫廷舞乐"宣烈舞有年弩",即"汉巴俞舞也"。唐人杜佑在《通典》卷一百四十五中记载:巴俞舞"舞曲有矛渝、安台、弩渝、行辞,本歌曲有四篇,其辞既古,莫能晓其句度。"说明巴俞舞本源古老,虽已很难读懂歌词,但其舞乐,仍存宫廷。古代巴人喜歌善舞。在西汉孝景帝时,巴俞民间往往"族举递奏,金鼓迭起",用鼓、锌等乐器演奏,发出悦耳的谐和乐章,以伴舞蹈。巴人民歌丰富多彩,汉代文杰扬雄,儿时曾在巴东夔峡一带生活,洞悉巴歌,其所作《蜀志》,指出夔、归"讴歌"为巴人之歌。左思所赋"明发而耀歌",李善注谓"耀,讴歌,巴土人之歌也。何晏曰,巴子讴歌,相引牵连手而跳歌也。"何晏,东汉末年人,他不仅亲临其境听过巴歌,还曾观赏过巴人载歌载舞的表演。魏晋南北朝至隋,包括酉溪、石堤土人在内的"五溪蛮","父母死,……打鼓踏歌,亲属宴舞戏,一月余日"。跳丧鼓的风俗和踏啼舞乐仍在民间流行。唐宋时更不乏记载,如云:"巴氏祭其祖,击鼓而祭,白虎之后山"。[1] "巴人好踏啼,……伐鼓以祭祀,叫啸以兴哀,故人号'巴歌'曰'踏啼'"。自汉历宋,始终不衰。唐时刘禹锡吸收土家族民歌的丰富营养,创作出独具一格的《竹枝词》,名震诗坛,为我国诗词的发展增添了新的内容。"竹枝"源出巴人踏啼之歌,是巴人七言诗歌体裁,上四下三,相随和声,牵手踏啼,悠扬婉转,充满着土家族的风雅气息。早在刘禹锡之前,土家族民歌已被汉人知晓记录。南北朝时,《水经》注家之一郦道元,曾任北魏东荆州刺史,漫游过夔峡地区,曾以汉语记录的巴歌之一为:

"巴东三峡巫峡长,猿啼三声泪沾裳。"[2]

诗情歌意浓郁,风格朴直潇洒,吟咏脍炙人口,实开中原仕人记录"竹枝"的先声。唐时顾况、白居易、刘禹锡、李涉、孙光宪等都居住或来往路经土家族住地,创作了不少反映土家族风土人情的竹枝词。刘禹锡被贬官流放时,听到当地土人唱巴歌。他创作的十几首竹枝新词,出自湖、湘、夔、归地区。他被贬居的朗州是"杂以蛮佥"的地区,"蛮俗好巫,每淫词鼓舞,必歌俚辞。禹锡或从事于其间,乃依骚人作为新辞,以教巫祝。故武陵溪洞间夷歌,率多(禹)锡之辞也"。[3] 刘禹锡作了大量的"竹枝歌辞",不仅进一步把巴歌介绍到中原地区,丰富了全唐诗库,同时,这些经过提炼升华的巴歌新作,又在土家族中得以推广,使"武陵夷俚悉歌之",[4]自然也推动了土家族文化的进一步发展。例如,刘禹锡的新作之一:

杨柳青青江水平,闻郎江上唱歌声。

东边日出西边雨,道是无情还有情。

---

① 樊绰:《蛮书》卷十。
② 《水经注》卷三十四。
③ 张效民:《刘禹锡〈竹枝词〉创作时地研究综述》,《深圳职业技术学院学报》,2011 年第 6 期。
④ 《新唐书》卷一百六十八。

至今在土家族中,还保存着相类似的歌词,确是"含思宛转,有淇濮之艳"。[①] 到了宋代,黄山谷、陆游等诗人,也创作过不少竹枝词。例如,黄山谷夜宿歌罗驿(在今宣恩境内),即以梦李白宿歌罗闻杜鹃作《竹枝词》三首,与唐人的竹枝词,在格律风貌上都一脉相承。

土家族的学校教育,从一开始就是汉文化的教育。起初,目的是不纯正的。汉族统治者为了达到他们顺利地统治土家族地区的目的,即开始源源不断地用汉文化向土家族地区渗透,迫于政治、经济、军事等各方面的压力,土家族人不得不日复一日、年复一年地接受这种渗透,渐渐地由一种被动地接受演变为主动地吸收。西汉武帝曾诏令全国设立官学。东汉光武帝建武(公元 25～57 年)年间,宋均降服"五溪蛮夷"以后,即在"五溪蛮"居住地设立学校,以期改变土家族人"少学者而信巫鬼"的传统。[②] 东汉和帝(公元 89～105年)年间,《风俗演义》作者应劭的父亲应奉当了武陵郡太守以后,也曾经在武陵郡"兴学校,举侧陋",虽然远近闻名,但多是招收汉族官员子弟,对促进当地文化发展,作用极小。东晋司马睿南迁以后,南郡、巴东等地,军事重镇颇多,汉人与土家族往来频繁,互相影响。到了隋时,在交通方便的军事重镇附近,土家族学汉文化的风气,日益增强,许多土家族人已经完全汉化。但那些交通不便之地,如荆南的夷陵、沅陵、清江和属巴的黔州等郡、州,土家族人中接受汉文化的则极少。隋唐时期,中央王朝开始在土家族地区设立学校。"唐武德中(公元 618～626 年),州县及乡皆置学"。[③] 唐初,在夔峡地区,以"巴酋长子弟,量才授任",[④]田世康就做了唐的第一任黔州刺史。唐玄宗开元、天宝(公元 713～755 年)间,赵国珍官至工部尚书。[⑤] 田英曾为溪州刺史,进"上柱国"。[⑥] 巴东人谭伯亮,"好聚书",生前曾手抄书本千余卷,[⑦]临终前将亲属召集到身边,叮嘱他们一定要保存好这些手抄本,希望后辈继续有人潜心研读汉文学。[⑧]《恩施县志·学校》载:"恩施自唐宋以来,历千余年,皆有学,人才炳蔚,已代有传人矣。"[⑨]

宋代,土家族地区学校的设立更为普遍。施州城及其附近土汉杂居地区,又到汉文化的影响较之其他地区更大,土家族人中已开始有用汉文著书立说的了。宋真宗天禧二年(公元 1018 年),富州刺史向通汉曾将《五溪地理图》献给朝廷,[⑩]表示效忠。宋哲宗元祐三年(公元 1088 年),出身于施州都亭里的詹邈,考中进士第一,是博学宏词科状元,被人称为"乡贤"。

　　① 《全唐诗》卷二十八,中华书局本。

　　② 《舆地纪胜》卷七十五。

　　③ 《遵义府志》卷二十二。

　　④ 《资治通鉴》卷一八八,《唐纪》卷四。

　　⑤ 《旧唐书》卷一百五十。

　　⑥ 《彭水县志》卷四。

　　⑦ 陈力:《土家族古代教育述略》,《民族教育研究》,1991 年第 4 期。

　　⑧ 《舆地纪胜》卷七十四。

　　⑨ 曹毅、谢亚平:《恩施自治州民族教育 50 年发展与思考》,《湖北民族学院学报(哲学社会科学版)》,2004 年第 1 期。

　　⑩ 陈力:《土家族古代教育述略》,《民族教育研究》,1991 年第 4 期。

从秦至宋,土家族的学校教育从无到有,并且出现了一些受过良好教育的高官,应该说与汉族统治阶级的作用是分不开的。他们需要自己的统治能够在土家族地区发挥效力,便不遗余力地笼络和扶持那些土家族首领。所以,最先受到汉文化教育的,必然是那些首领和他们的子女、亲友。从这个角度来看,土家族的教育,从一开始就是不平等的。

宋时期,封建王朝在土家族地区设学校,并招收土童入学。宋时曾在沿河司修建銮塘书院。这一时期,土家族中出现了进士、状元等。宋哲宗元祐三年(公元1088年),出身于施州都亭里的詹邈考中进士第一,为博学宏词科状元;元祐(公元1086~1093年)年间,施州地区的向九锡也考中进士;仅施州一地,宋代便有9人考中进士。

2002年,在武陵山腹地,湘鄂渝黔四省市的交界地——湘西土家族苗族自治州龙山县里耶,考古活动带来了一个惊世发现——里耶秦简,出土了36 000枚秦朝竹简,记载了秦王政二十五年至秦二世元年的秦代历史。

其中,编号为J1(16)1的里耶秦简九九表记载了完整的"九九口诀表",其文字、内容、句数均有独特之处,它可以修正王国维《流沙坠简》考释中的某些结论:其一,先秦"小九九"并非只有36句一种。其二,九九表中"而""如"通用。王国维"改'而'作'如',始于宋代"之说不确。[①] 其三,敦煌汉简九九表末尾总和实为1113,而非1110。[①]

里耶秦简记载的"九九口诀表",就数学史意义而言,里耶秦简九九表体现了三个重要的数理内涵:乘法定义、乘法交换律、筹算基础。就文化史而言,里耶秦简九九表与《周易》存在一定的比附关系。在土家族地区,里耶秦简九九表的出土,表明秦简九九表曾对秦时期及秦以后的这片土地的文化、教育产生过深远的影响。

第二节 土司制度时期的土家族教育

一、社会概况

从元代起,封建王朝开始在土家族地区建立土司制度,到明代,土司制度进一步发展,日臻完备[②]土司制度的形成,使封建中央王朝对土家族地区的控制加强,由唐、宋时松弛的羁縻政策,变为能够实施有效的控制。元朝统治者以武力征服西南少数民族时,对表示愿意归附的土家族首领,采取招抚政策,委以土司官职,[③]先后设立永顺安抚司,新添葛蛮(辖今保靖县等)安抚司、散毛、大旺、龙潭等安抚司,以及沿边溪洞(今酉阳、秀山一带)军民宣慰司、石柱安抚司等。对土司的官衔、义务、朝贡等都做了具体的规定,土司制度在土家族地区已经基本形成。[④]

明王朝建立后,在元代设置安抚司的基础上,对土司的建置、职官品位、承袭、废置、升

① 王焕林:《里耶秦简九九表初探》,《吉首大学学报(社会科学版)》,2006年第1期。
② 徐杰舜:《旅游人类学是人类学的一块新天地——访中南民族大学田敏教授》,《民族论坛》,2013年第2期。
③ 杨花:《明代渝东南地区土司制度研究》.重庆师范大学硕士学位论文,2011。
④ 戴楚洲:《武陵地区地方政权与封建中央政权关系刍议》,《长江师范学院学报》,2014年第2期。

降、朝贡、征调等，都做了明确具体的规定，①使土司制度趋于完备。明朝初年，根据土官辖区的大小，势力的强弱，在鄂西设置宣抚司四、安抚司九、长官司十四、蛮夷长官司五，隶属施州卫军民指挥使司；川东南设宣抚司二、长官司四，分别隶属四川都司和重庆卫。土司的承袭、升降、裁革和机构的置废，都必须听命于明朝中央。而各级大小土司又以中央王朝为靠山，接受封号诰命，使自己的统治合法化，便于在各自的管辖地区实行有效的统治。② 与此同时，明王朝为加强对土司的控制，还用土、流间用的政策，在各级土司机构中派遣流官，对土司进行监督。但是，由于土司和封建中央王朝之间存在矛盾和斗争，有些土司自行设置土知州、长官司等土官、土司，隐而不报。容美土司就曾私立土知州、土指挥使等土官。在今长阳县清江北岸设有王江、麻栗、施都等长官司，这些土司、土官都未上报封建中央王朝，因而不见于史。

土司制度的建立是封建中央王朝对土家族地区进行有效控制的产物，其目的在于通过土司加强对土家族人民的统治。③ 此外，明朝王廷还在土家族地区的边缘地带，土、汉杂居地区，设置卫所，驻守重兵，加强军事防御。④ 鄂西设施州卫和百里荒千户所，湘西设九溪卫，下辖麻察、添平、安福三千户所，永定卫下辖大庸千户所，辰州卫下设镇溪千户所，川东南设黔江千户所。卫所设有卫指挥使、千户、百户等官员，在土家族地区周围建立起军事防御包围圈。同时，明王朝还在施州土家族聚居的腹心地带咸丰县境内设立大田千户所，就地进行控制。

这种严密的军事防御与林立的关隘，不仅可以防止土家族人民的反抗，还可以加强对土司的控制。土司的统治实行封建世袭制，父死子继，无子的兄终弟继。土家族地区的土司制度是一种军政合一的组织，宣慰使、宣抚使、安抚使既是各自辖区的最高行政长官，又是本地区的最高军事首领。⑤ 土司衙门的最高官员，永顺称"总理"，容美称"旗鼓"，下设"家政""舍把"等大小土官，经历、儒学、教授、训导等由流官充任。基层建立军政合一的"旗"。永顺有00旗，保靖有10旗，桑植有14旗，散毛有40旗，容美有凤云龙虎等旗。各旗设"旗长"或"旗头"，管理户口和差役，训练土兵。在恩施、巴东、石柱等地，于各司之下设立里甲制，以110户为一里，一里分为十甲，里设"乡约"，里长，甲设甲长。里甲之内的劳动人民都要互相担保，不得隐藏户口，任意流徙。④各级土司通过这一套组织机构，对土家族人民进行严密的统治。严格的封建等级制是土司统治时政治的显著特征，等级森严，不可逾越。土司自称"本爵"，土民称土司为"爵爷""都爷""土王"。土司其妻为人人，妾为某姑娘，幼子为官儿，女为官姐，土司子弟担任官职的为总爷。⑥ 土司的下属官吏对土司父亲不能直呼其名，甚至与其父名的同音字也必须以其他字代替，"讳父名"，犯者要遭到

① 戴楚洲、史江洪：《元明清时期澧水流域土司机构考述》，《湖北民族学院学报（哲学社会科学版）》，2008年第4期。

② 沈再新、苏二龙：《论土司制度是"自治制度"的早期形式之一——基于马戎"当前中国民族问题研究的选题与思路"的思考》，《广西民族研究》，2013年第4期。

③ 戴楚洲：《武陵地区地方政权与封建中央政权关系刍议》，《长江师范学院学报》，2014年第2期。

④ 杨花：《明代渝东南地区土司制度研究》，重庆师范大学硕士学位论文，2011年。

⑤ 筱桦：《永顺老土司城：中国的马丘比丘》，《新湘评论》，2011年第3期。

⑥ 吴永章：《论清代鄂西的改土归流》，《中央民族学院学报》，1987年第5期。

斥责。在房屋的建筑上等级也极为严格,土司衙署"绮柱雕梁,砖瓦鳞次。百姓则叉木架屋,编竹为墙。舍把头目,许竖梁柱,周以板壁。皆不准盖瓦,如有盖瓦者,即治以僭越之罪。"①土司所到之处,土民必须下跪迎接。"土司出,其仪卫颇盛,土民见之,皆夹道伏。即有谴责诛杀,惴惴听命,莫敢违者。"②残酷的刑法是土司对土家族人民实行野蛮统治的重要手段。土司杀人不请旨,各级土司操生杀予夺大权,③稍不如意,即对土民任意屠杀,"无礼义,无法度,虽居中国,邈若海外。"④土司设有监牢和刑场,土人犯罪,小则土知州治之,大则土司自己处治。土司的刑法极为残酷野蛮,重者斩首,轻者施以宫刑、断指、割耳、杖责等刑。土民中凡具有反抗意识者,或在土司衙署偷拿物品者,都处以极刑,一律斩首。土民怠慢土司的客人,或不按期与土司会见的都要被割掉耳朵,一般有盗窃行为的被断指。行刑时,都由土司亲自监处。犯杖责罪者则由其下属官员施行棍仗,亦有死于杖下者。土民若被关进监牢,就要带上沉重的刑具。各级土司与卫所地区的土官,都拥有由一定数量土兵组成的武装力量。土兵是土司镇压各族人民反抗的工具,维护其统治的主要支柱。土兵的建置单位为旗,由旗长或旗头带领,每旗百余人,或数十人。清初,上有经制、参将、游击、千总等武职官员,听命于土司,分管各旗。土司的武装力量实行寓兵于农制度,闲时习武,忙时耕耘,用则为兵,散则为农。土司平时很重视对土兵的训练,甚至有时组织围猎,以培养土兵勇敢善战的精神。

土司在各自辖区边沿地带的重要通道,设关口,筑哨台,派遣土兵把守。有警则放狼烟,此起彼应,以阻其他土司侵袭。出入土司境内,必须执土司衙署的"领单",旗长验照放行,如无单者不准出关。土司之间发生兼并战争,或者相互侵扰,对于被俘的人问其是否投降,若问三声,不降则杀,降者则带上脚镣,令其种田,几年之后释放,编为客兵。土兵兵员没有定额,视中央王朝征调多寡而定。明代征调土兵,仅酉阳土司"有至三千、五千、七千与一万余者。盖土人无不为兵,则兵固无定额也"。⑤土兵出征之前要举行仪式,"系牛于神前,以刀断牛首卜胜负。牛进则胜,退则败,而复进者失败而后胜,以此为验"。⑥

明朝王廷往往以湖广土兵为镇压各地农民起义和少数民族起义的依靠力量,征调频繁;而土司则以"供征调"来表示效命朝廷、获得封官晋爵的良好机会。明朝王廷先后征调湖广土兵,前往广西的思州、田州、怀远、大藤峡,贵州的五开、铜鼓、普安,以及四川、河南、湖南、湖北等地,镇压农民起义和少数民族起义。广大土兵对于频繁的应调出征极为不满,往往以逃亡的形式反抗调遣。明神宗万历四十七年(公元1619年),调永顺、保靖士兵援辽东,已半载,永顺士兵3000,到关者仅700余人,中途潜逃2000余人,保靖5000士兵乘宣慰使患病之机,逃散者3000余人。对于逃而复返的士兵,施以"斩其手足"的酷刑,以阻止士兵逃亡。各土司之间的矛盾和斗争也十分激烈。他们凭借各自手中的武装力量,

---

① 莫代山:《历史时期土家族地区土司的社会控制》,《长江师范学院学报》,2008年第3期。
② 《桑植县志》卷八。
③ 戴楚洲、史江洪:《元明清时期澧水流域土司机构考述》,《湖北民族学院学报(哲学社会科学版)》,2008年第4期。
④ 张天如:《永顺小志》。
⑤ 《酉阳宜隶州总志》。
⑥ 《慈利县志》卷十七。

恃强凌弱,互相兼并,连年攻劫,掠夺人口,以图扩大自己的管辖区域。元武宗至大二年(公元 1309 年),常丰洞蛮大弟什用纠集洗王不鬼、散毛等洞蛮,劫掠永宁之阿那禾寨。次年,容美土司田墨施什用纠集各洞首领,杀千户及戍卒 80 余人,俘掠良民,相继攻劫麻寮等寨。元仁宗延佑七年(公元 1320 年),慈利贞家山首领贞公约集怀德府河者洞驴合什用、谢甲洞巨仙什用、恩石洞没尔什用、安俱洞重达义等首领,侵占白水泉一带。到明代,土司之间的内部争夺更加激烈,相互鲸吞,世代仇杀,干戈不息。明孝宗弘治十二年(公元 1499 年),宋依寨土官与邑梅司付长官杨胜刚父子、俊倍洞长官杨广震等图谋占据酉阳,聚兵杀掠。① 明武宗正德年间(公元 1506～1521 年),永顺与保靖土司因争地攻杀,累年不决,上诉明廷,各被罚米 300 石。保靖土司彭惠,因其祖父大虫可宜被付宣慰彭蓟哈俾所杀,并被抢占十寨,而且两家所管土人亦各分党仇杀,彭惠为雪祖父被杀之恨,夺回失地,乃借助永顺宣慰彭明辅的兵力,相互仇杀,数年不息,死者 500 余人。忠路与石柱两土司本是亲戚,但因争夺边界而攻杀不休。不仅如此,土司一有机会还向汉族地区扩张。明孝宗弘治年间(公元 1488～1505 年),唐崖土司侵占黔江县的夹口地区。

从明代嘉靖到清代康熙年间,容美土司借名开荒,不时侵占巴东连天关以北、桃府口以南地区,"欲以汉人为土民,汉地为蛮业"。② 为了爵位的承袭,土司叔侄兄弟之间明争暗斗也十分激烈。明神宗万历二十二年(公元 1594 年),石柱女土官覃氏行宣抚事,土吏马邦聘谋夺其印,与马斗斛、马斗霖等集众数千,围覃氏,纵火烧毁公私房舍 80 余所,杀掠一空。① 土司之间的矛盾和斗争,给土家族人民带来无穷的灾难。

土家族地区的土司制度,是一种军政合一的组织。宣慰使、宣抚使、安抚使等,既是各自辖区的最高行政长官,又是本地区的最高军事首领。③ 严格的封建等级制是土司统治时政治的显著特征,等级森严,不可逾越。土司时的政治,既有残酷、落后的一面,同时,在土家族发展的历史上还起到了一定的促进作用。土司制度的建立,使土家族的统治者和封建中央王朝的关系更加密切,促进了土家族与汉族之间频繁的经济文化交流。各级土司世袭延续,使土家族的活动地域和社会秩序,较之羁縻州县时期更加稳定。这种较为稳定的局面,使邻近中原腹地、处于周围汉族强大影响下的土家族,能够保存其自身的民族特点。

元、明两代至清朝初年,土家族地区反对封建中央王朝统治的斗争此起彼伏,连绵不断。在这些斗争中,既有广大土家族人民反对封建剥削与民族压迫的斗争,也有土司反对中央王朝控制的斗争,④这两种不同性质的斗争,经常交织在一起。

土司是土家族地区各据一方的土皇帝,跟中央王朝在统一与割据的问题上,始终存在着控制与反控制的斗争。明朝建立以后,对土司地区的控制极其严格,镇压十分残酷。所以,自土家族地区有土司统治以来,各种反抗斗争此起彼伏,一刻也没有停止过。土家族

---

① 杨花:《明代渝东南地区土司与中央政府的关系初探——以酉阳、石砫为例》,《重庆交通大学学报(社会科学版)》,2010 年第 2 期。

② 王晓宁:《容美土司平山爵府遗迹调查》,《中南民族学院学报(哲学社会科学版)》,1989 年第 5 期。

③ 筱桦:《永顺老土司城:中国的马丘比丘》,《新湘评论》,2011 年第 3 期。

④ 蓝武:《元明时期广西土司制度研究》,暨南大学博士学位论文,2005 年。

的教育,就是在这种火药味十足的环境中,一步一步艰难地向前发展的。

二、教育状况

土司统治时期的土家族教育,自元代起,至清雍正五年(公元 1727 年)土家族地区开始改土归流为止,横跨元、明、清三代。封建中央王朝对土司加强政治控制的同时,也对土司加紧实行文化控制,采取各种措施,使其逐渐接受汉文化。

元代时,在建始、施州设有学校。时代时,朝廷逐渐采取措施使土司、土官等接受汉文化。明太祖洪武(公元 1368~1398 年)年间,在长阳县治之东百余步,修建了学宫(孔庙),"庙近于江,宫达于岭"。明成祖永乐六年(公元 1408 年),立酉阳宣慰司学,培养土官及其子弟学习汉文化。明孝宗弘治十四年(公元 1501 年),明孝宗下令规定:凡承袭土司职位者,"悉令入学,渐染风化,以格顽冥,如不入学者不准承袭"。明朝政府采取这种措施,目的是从文化上加强对土司的控制,迫使其接受汉文化和儒家思想,实行强迫同化。[1] 这种措施在客观上有利于土司、土官文化水平的提高,使土家族统治阶级中出现了一批有很高的文化水平的人。此外,有些土司及其子弟还到附近的州县去求学。明武宗正德(公元 1506~1521 年)年间,永顺土司彭明辅就学于辰州。明神宗万历(公元 1573~1620 年)年间,彭元锦、彭象乾自幼就学于酉阳,彭元锦后任土司时在永顺老司城设立"若云书院"。

书院的兴起,使土家族统治阶级大量接受汉文化的影响,因而出现了一批文化较高的土人。从元代到改土归流前,土家族中的一些封建文人,开科取士时,考取进士、举人的不乏其人。这些考取功名的大都被派往全国其他地区做官,担任知府、知州、知县、训谕、教授等官职的,屡见不鲜。[2] 随着文化水平的提高,土家族中土官的著述亦日渐增多,其中以文史为多,有司志、史纂、谱牒、碑文等。明正德中,永顺土司彭世麒著有《永顺宣慰司志》,[3]大约记其世职、山川景物之类,为其后作地志者借为蓝本,称之为土司"旧志",是研究湖广土司制度的重要著作之一。其子彭明道因不慕荣利,在白竹山隐居,著有《逃世逸史》。容美土司田氏世习诗书,在湖广颇负盛名,其中田舜年尤为博学,诗词歌赋,无不通晓,经史子集,无不涉猎。[4] 他常邀集江浙汉黄名流,求教研讨,著有《二十一史纂》《二十一史补遗》《容阳世述录》《贰一家言》等。他编辑的二十一朝史略,删繁就简,简明扼要,对中国历史上的人物事件互有商榷,考误析疑,提出自己的见解。至于谱牒、碑文,在明末清初更是常见。

施州地区的土司将其子弟送往荆州就学。卯洞安抚仪向同廷在该司署地及新江等处设学校,就地召集土官子弟"延师课读"。[5] 所有这些学校,都是给土家族上层人士及富裕之家的子弟提供的教育机会。土司之间教育发展不平衡,以卯洞土司辖区内学校较多,且

---

① 白新民:《试评晚晴川东男土家诗人陈汝燮和陈景星的诗歌创作》,《鄂西大学学报(社会科学版)》,1989 年第 2 期。

② 陈力:《土家族古代教育述略》,《民族教育研究》,1991 年第 4 期。

③ 刘智:《试论明朝政府发展少数民族地区儒学教育的政策措施》,中央民族大学硕士学位论文,2005 年。

④ 王晓宁:《容美土司平山爵府遗迹调查》,《中南民族学院学报(哲学社会科学版)》,1989 年第 5 期。

⑤ 《来凤县志》卷三十。

受教育者多为土官子弟。为应科举考试,散毛、卯洞土司子弟则到外地求学。[1] 土司对其统治下的农奴,则实行愚民政策,规定土民不准读书识字,"违者罪至族"。[2] 明初开始,土家族地区的教育行政机构是学署,或称教谕署、训导署、学宫衙门。学署内设有教谕和训导,管辖学宫、书院和考棚,主持文庙祭祀,宣讲皇上训示和儒家经典,管束所属生员。

学宫,素称孔庙或文庙,是纪念孔子的地方,又是不少人修授儒学的场所,故又称儒学。土家族地区的学宫,一般含大成殿、启圣祠、崇圣祠、进德斋、修业斋等主要房舍,由官府任命教谕、训导等职,主持文庙祭祀和科考教务。实际在学宫就读的人不多,仅届时来学宫参加月考和季考。弘治年间,佛道二教在土家族地区争相传道,刺激了儒学的发展。以长阳为例,弘治十一年(公元 1498 年),教谕程世熙召集诸生重修长阳学宫,建层楼三楹,仪门四楹,旁置学舍 14 间,从此"坐有堂,习有斋,生徒造就有所矣;藏书有楼,肃仪有门,生徒肄业有规矣"。明万历二十七年(公元 1599 年)迁学宫于凤凰岭下,至明万历四十五年(公元 1617 年)烧毁,后迁建县东旧址。崇祯二年(公元 1629 年)县知事高梁楷倡议捐资补修,筑围墙,建大成殿、棂星等门,并亲临讲堂督课,学宫恢复旧观。明末唐镇邦攻占县城,学宫烧毁。清康熙三年(公元 1664 年),农民起义领袖李来亨失败后,长阳结束了知县长驻州府控制县事的局面,县府草建文庙于黄龙岗。后来,学宫逐渐沦为祭祀场地。土家族地区的学宫变迁,也都大体相同。

第三节　工艺美术教育状况

一、工艺美术教育

土家族的工艺美术包括土家织锦、挑花、绣花、制陶、印染、雕刻、编织等多种门类。[3] 这些工艺美术,是土家族人在长期的生产和生活实践中,经过一代又一代人的努力创造出来的,在土家族生活中,充满了神奇的艺术魅力。

(一) 织锦

土家族织锦是在木制斜腰式织机上织成的,这种织机由机架、机杼、滚子、坐板等主要部件组成。织锦时,坐于坐板上手拿牛骨或银、铜等金属挑刀,旁边摆一只麻篮,麻篮里摆好彩线即开始织锦。织锦讲究配色,一般以红、蓝、青色棉线为经线,自由选择各色棉线、丝线或者毛线作纬线,采取通经断纬,反面挑织的方法织成。土家族姑娘长到十二三岁便坐上了织机坐板,系上腰带,在大人的传授下开始学织锦了。少则三五个月,多则年余,小姑娘便成了基本掌握织锦技巧,能单独上机的小织女。[4] 通过织锦姑娘们的辛勤劳动,世

① 来凤县教育志编纂组:《来凤县教育志》,2008 年,第 1 页。
② 王晓宁:《容美土司平山爵府遗迹调查》,《中南民族学院学报(哲学社会科学版)》,1989 年第 5 期。
③ 宋仕平:《土家族传统制度文化研究》,兰州大学博士学位论文,2006 年。
④ 龙山县:http://www.zwbk.org/MyLemmaShow.aspx?lid=164039,2011-5-16。

代积累,基本定型的传统图案已达 200 多种,土家族织锦的题材范围较广,表现动物、植物、生活用具、风俗习惯、政治历史等方面题材的织锦,均深受土家族人民的喜爱。

(二)挑花、绣花

挑花、绣花在土家族地区极为常见。挑花又叫十字绣,是土家族姑娘在直纹平布上,按照布纹的经纬十字交点用与底布颜色相反的线挑成图案。[①] 由于它不需织机,工艺也远比织锦简单,只要着意构图,精心调制就能创造出样式独特、情韵别致、令人赏心悦目的艺术品。许多土家族姑娘在大人教导下,从小就学会挑花的手艺了。土家族姑娘挑花,在选料、配色、作图上,一般习惯采用三种方法:第一种是选青布或蓝布做底布,配以红色或青绿色线,挑成各种几何图形的图案纹样;第二种是选用白色底布挑刺黑色花样;第三种是长幅挑花,在丈余长的白色底布上,用色线挑刺出一组组对称花团或者几何图案。许多土家族姑娘还善于绣花。土家语叫绣花为"卡普查"。绣花时,一般先将要绣的花用纸剪成花样,贴在绣花底布上,然后照着纸样用丝线绣入底布。绣成之后,丝线便把底样覆盖在里面了,图案略有突出,有一种立体感。土家族绣花在配色上有自己的讲究与习惯,一般喜欢选用青、蓝、大红等深色布料做底布,图案纹样的绣线则多选浅色,或者相反,底布花用浅色,绣线用深色,这样绣出的花对比强烈,给人以美感。

(三)制陶

土家族人在日常生活中十分喜欢使用陶器,早在新石器时代,就能够制作灰陶、黄陶、黑陶、白陶、彩陶等,这些陶器中纹饰多样,有陶钵、陶盒、陶罐、陶釜等,造型多样,工艺精湛。

(四)印染

在印染方面,土家族地区随处可见染制的蓝印花布。染制方法独特,先把十张一叠的白纸用猪血浸泡晒干做成纸版,再用刻刀在纸版上刻出各种各样的花纹图案,这叫"花版"。要染布时,将花版紧压在白布上,再涂上用石灰和豆粉调制成的灰膏,灰膏干结以后,立刻把布置入染缸浸泡,之后捞出,让它氧化十余分钟,又放回染缸浸泡,这样要反复五六次才能染好。晾干染好的布,用刀削去灰膏,印花布就制成了。浸染时,全都用冷染,不必加温。染成后,有的还要为它上光,把染制晒干的印花布放在弧形石槽内,上面压一块千斤重的凹形石滚。工艺师以手攀住头上一根结实横木,再用双脚控制好沉重的石滚,让石滚来回均匀滚碾,使布皮变得异常平整光滑。土家族人用蓝印花布做成的被面、床单、门帘、枕套、窗帘等,至今仍广泛出现于许多土家族地区。

(五)雕刻

土家族人十分尊重优秀的工匠,尤其是木匠和石匠,因为许多木匠和石匠具有精巧的雕刻艺术。木匠的木刻工艺,大都用于转角楼的门、窗和姑娘的木器嫁妆上。家庭经济宽

---

① 宋仕平:《土家族传统制度文化研究》,兰州大学博士学位论文,2006 年。

裕的人家,在整套嫁妆中,尤其讲究新牙床的制作。最有特色的是三滴水带踏板的雕花床。床架有三层滴檐,层层镂花雕刻,下有雕花边缘的踏脚板,另外三面有雕花栏杆,装饰花板,嵌有镜屏。满床雕刻的图案多为"喜鹊闹梅""双凤朝阳"等。图案刀法干净、线条流畅、物像传神、生动有趣。土家族家庭中,在梳妆台、洗脸架、桌椅、衣柜等家具上雕刻花、鸟和人物故事的较多,一般先雕成花板,再装上去。木雕制品一旦刷上土漆后,更加引人注目。石匠在土家族人的心目中,也有很高的位置,他们不但为土家族人制作了石磨、石碓、石碾等加工工具和擂盐钵、猪食槽等用具,还为活着的土家族人刻制房间里的磉墩岩,为死去的人刻制墓碑,这些均将石刻工艺发挥到十分精彩的程度。

（六）编织

土家族人擅长编织,大致可分为藤编、草编、竹编三大类。土家族山区,各种植物藤类很多,土家族人将其采集回来,脱去藤条,成为编织材料,按照土家族的生活习俗和适用原则,经过精心构思,编织成各种藤制的箱、篮、椅、盘、席等等,非常适用。土家族人在劳动休息的间隙,从田坎边扯一把狗尾巴草,横编竖织做出一只毛茸茸的小狗,十分好看,土家族人从小就学会了草编的本领。编草把龙灯,是少年儿童在春节期间喜爱的一种玩具。儿童把理得均匀的稻草一把接一把衔接编扭起来,编成长长的草把龙,肚子上插上木棍就可以"玩龙"了。打草鞋,是土家族人中最常见的草编。以稻草为主要原料,夏天加麻皮打成麻筋草鞋,穿起来凉爽干净又轻便。冬天加棕丝或布条,打成棕筋或布筋草鞋,穿起来保温御寒。打草鞋有专用的草鞋板凳,矮且宽,一端伸两只"角",角的顶端有圆孔可以让细小的横木贯串,把预先搓好的草绳套在横木上当"鞋筋",打草鞋的人在腰上系一木腰勾把鞋筋的另一端紧紧拉在肚子前,用双手搓稻草进行编织。打草鞋的稻草先要选好,然后打成既紧又柔软、结实耐穿的草鞋。在土家族地区草鞋的用处很多,无论男女老少都适用。竹编则是土家族人编织艺术中品类最多、工艺最精、与日常生活关系最密切的一个门类。制作类型大致可分三类:一是编篾类。首先取生竹破片,留下"青篾"（表层篾）和"黄篾"（青篾和屎篾之间的篾层）,用锋刃厚背的钢刀层层剥离后便可使用。编篾的织品有筐、簸箕、箪、席、篮、箱和装饰品,每一样产品都可以编出许多花样图案。二是丝篾类。先用钢刀取篾,细匀如麻线,韧柔如钢丝。丝篾类的织品很多,主要有花篮、背篓、饭篓和小儿摇篮等。三是并合类。用竹片、竹条、扁篾、丝篾或者圆竹进行并合,辅以拴、粘、接、弯、扭等办法制成竹器,如竹桌、竹椅、竹凳、竹花架、竹书架等。并合类竹编制品,古朴大方,有一种自然之美。

各种工艺美术在土家族地区产生以后,就以其固有的特点,世世代代传承,并且随着时间的流逝,越来越精美、大方。许多土家族人,都掌握了一种或几种工艺美术技巧,或织锦,或挑花绣花,使得这些技巧在更广泛的领域内流传。土家族家庭,十分注意从小对儿童的培养,教他们掌握一系列工艺技巧,从而使生活更加充实。工艺美术教育在土家族地区,是一种潜移默化的教育,许多人就是在日常生活中自然而然地学习到的。[①] 当然,也

---

① 王善安:《幼儿园多元文化课程资源开发研究》,西南大学硕士学位论文,2010 年。

有系统地学习各种工艺美术技巧的人,正是这些人,使得土家族的工艺美术教育不断向前发展。

二、手工业者技能教育

土家族先民除从事猎渔、农事活动外,不善匠作,所需工匠,多自外地流入。随着土家族地区农业的发展,带动了这个地区物质文明的发展,加之外地工艺百匠的进入,促进了土家族地区手工业的兴起,于是在土家族人中出现了"攻石之工、冶铁之工、斤斧之工、专植之工、设色之工……"一开始,这些工匠尚属于亦农亦工,"农忙务农""农隙务工",后来由于土家族地区社会经济的发展,兼务已难满足社会的需求,才有了脱离农业专门从事匠作的手工业者。

(一) 木匠

从事木工匠作的手工业者,是手工业中最大的行业。他们从事的内容也十分广泛。按其工种,可分大料木匠、小料木匠等。大料木匠主要是建造房屋。土司政权时期,土家族住房简陋,"叉木架屋,编竹为墙,中若悬磬,人畜共处。"改土归流后,取消土司时期住房上的等级限制,且因生产发展,土家族人营造木房的风气兴起,木工工人便大显身手。土家族人的房屋一般是坐南朝北,背风向阳,中为正屋,右配厢房,左配转角木楼,这种式样、风格,都是木工根据土家族人的山水环境、风向阳光及土家族人的生活特点设计而定下来的。土家族人的房屋,一般三柱六棋或五柱八棋,四排三间或六排五间,开间、进身,都有一定的规格。大料木匠除建造民房外,还建造官署、祠堂、庙宇、凉亭等其他建筑。他们在从事建造工程时,往往有很多木匠在一起,其中领头的叫掌墨师,掌墨师负责整个建造工程的设计及整个工程的画墨,没有高超的木工工艺,是不能当掌墨师的。

小料木匠主要是制作家具。土家族旧俗,在女儿出嫁之日,父母要给出嫁的女儿陪送嫁妆。这些嫁妆包括床、衣柜、花柜、平柜、米柜、碗柜、箱子、面架、大小桌子、椅子、长板凳及镜架、茶盘等家具,这些家具都出自小料木匠之手。这些家具一定要精巧细腻,板平如镜,斧凿无痕,美观耐用。

还有些特殊木工工艺,如"桶桶木匠",他们专做圆形木桶、脚盆、面盆、水柄、粪桶、端桶、背桶(椭圆形)等,其墨理、锯木、施料的方法及使用的工具与一般木匠不同。这些圆形家具尺寸墨理,均需十分精巧,装油、水而点滴不漏。此家具又为土家族生产、生活所必需,故从事"桶桶木匠"者,日益多了起来。由于土家族地区加工事业的兴起,有专门在水碾里制作水轮的木匠,有专门做插子的木匠,在油坊里有专门制作榨床、楔子、箭板、汕锤杆的木匠,还有专做棺材的木匠等,他们各专其艺,各有所工。

土家族人中还有些毛木匠。这些毛木匠没有投过师,但他们能做一些粗糙的木匠活,也有一套简辟的木匠工具。凡起猪圈、牛栏、鸡笼、难架、磨架、密勾及装犁、耙,安装锄头把,都能做好。

（二）雕匠

这里是专指木器雕匠。手工业的发展是随着木匠工艺的发展而来的。土家族人有美的追求，雕匠精巧的雕刻工艺，深得土家族人的喜爱，土家族人新的门窗上，多雕有精致的花格，多属吉祥的图案，如"龙凤呈祥""三元及第""喜鹊闹梅""野鹿含花"等。更多的木雕工艺品则在土家族人日用的家具上。例如，牙床上的雕刻，最能表现他们精湛的雕刻工艺；原三滴水带踏板的花床，这床有三层滴槽，层层镂花雕刻，床上图案多为"丹凤朝阳""二龙戏珠""麒麟送子"之类。这些图案刀法干净，线条流畅，物象传神，构图饱满，生动有趣。再如雕刻有各种花鸟和人物故事的面架、碗柜、梳妆台、八仙桌、小圆桌、椅子，这些都是先雕花板再装上去的，有的装于顶部或底部，有的装在边缘或四角，有的装在中间，雕刻精美，人物花鸟栩栩如生。祠堂庙宇里的各种木雕神像，都是雕匠们的制作。

（三）漆匠

土家族地区多漆，有专门从事漆工制作的手工业者。割下来的生漆只要经过过滤，拌上适量的桐油就可以使用。这种漆具有附着力强，光泽透明、鲜亮，经久耐用的特点。木雕制品一经刷上土漆，更加光彩夺目。其他家具刷上土漆，也耐用美观。

（四）石匠

石匠又叫岩匠，是土家族地区专门从事石工制作的手工业者。石匠和木匠一样，在土家族人的生产生活中都有着十分重要的位置。在土家族人砌梯田梯土时，石匠们帮助开石山、取大石。当时没有炸药，石山是靠石工们一钻一钻地开采出来的。在加工工具还很粗糙的时代，碾坊里的碾盘、碾槽、碾轮，榨油坊里的碾轮、碾盘，碓坊里的碓窝，磨坊里的上下两扇磨石，都是石匠们制作出来的。小至土家族人日常用的擂盐钵、猪食槽等都出自石匠之手。土家族人建房时需要的嗓墩岩、廊坊岩、火坑岩、阶沿岩、天坪岩都是由石匠们制作出来的。随着生产的发展和人们对美的追求，石匠的工艺范围亦为之扩张，如修建桥梁、建造高堂庙宇、修墓碑、建牌坊、立禁碑、修石塔等，都成了石匠们的劳作内容。由于匠作内容广泛，其工艺也有粗糙和精细之别，如在其墓碑、牌坊、寺庙、石塔上有各种精美的石刻，石刻上的各种花鸟鱼虫及人物神情兼备，形态各异，特点突出，场面复杂，粗犷古朴。

（五）铁匠

由于土家族地区农业生产的发展，于是有了专门从事铁器制作的手工业者。他们的工具主要有：风箱、炉膛、铁墩、铁锤。他们制造的工具，主要有把锄、据锄、钉耙、耙凿、斧头、柴刀、菜刀、砍刀、马刀、梭镖、羊角叉、虎叉及各种套兽的铁夹等物。他们还能制造鸟枪、啄子炮、三眼铳等。铁匠劳动强度是很大的，在熊熊炉火之前，他们胸前围着一张麂皮，一手扶铁，一手高举铁锤，在铁墩上把红铁锤成工具，虽系冬寒之际，却汗流浃背，甚为劳苦。

（六）泻匠

土家族地区的农业进入牛耕之后，即有专铸铧口的手工业者，土家族人称他们为泻匠，所铸的铧口有两种，一为山坡铧口，一为水田铧口。铸铧口要炭火猛烈，需要板栗树烧成的炭，此炭火"猛"，生水容易溶化，则所铸铧口一火成功。泻匠的主要技巧是要善于掌握火候水色，只有这样，铧口的质量才有保证。土家族人常常以铸铧口的好坏，作为一家一年顺遂与否的预测，如所铸铧口一火成功，且质量完好，则为一年清吉之兆；如多次没有铸成，或者铧口有毛病，如缺耳、破边，都是家运不顺之兆。故铸铧口前，主人总是反复告诉泻匠说："师傅，这一火，你要认认真真哩，要一火成功！"

（七）出匠、弹匠

土家族地区广种棉花以后，有了出匠、弹匠。棉花收回家后，用炕笼炕干后，请出匠进屋，出匠用出车把棉花里的籽粒除出来，有个谜语中说"吃的猪油它它，屙的羊屎颗颗"，就是说出棉花时把像猪板油一样的棉花放进出车里去，像羊屎颗颗的子粒便从出车里分了出来。棉花出净之后，即请弹匠进门，弹匠是把出净的棉花弹成绒绒，然后搓棉条，然后纺棉成纱，即可织成棉布。弹匠还会用弹成的棉花踩制成棉絮，上铺棉缕，既暖和又耐用。

（八）机匠

机匠是土家族地区专门织布的手工业者，他们所织的布有棉布、麻布、丝布等。其制作过程有牵纱、刷浆、装扣、机织等。织布时，机匠师傅把笨重的机床，搬进主人家里，脚踏机板、手抛梭子，利用经纬线把棉纱、麻纱或丝线织成棉布、麻布或丝布。虽全是手工操作，但每日可织布5～6米。

（九）染匠

织成布匹后，送染坊请染匠染制，染的颜色以青蓝两色为主，染布原料主要是靛草。靛草原是野生，揉搓后，放在岩池中，加以石灰等原料，通过发酵、沤制，便成染料，土家族人有专种此靛草的。后因化学染料传入，人们就称此靛为土靛。现在这种土靛在土家族地区已消失了。布匹经染成色，便可缝衣服了。

（十）裁缝

裁缝是专门缝制衣服的手工业者。他们能剪裁缝制各种衣裤，没有开设缝衣店，是上门到主人家做衣服的。他们的生产工具有针、尺、剪刀、灰包、烙斗等等，虽是轻微劳动，但手艺却是高超的，能省布又省时，且缝的衣裤适合本人的身体，这样的裁缝，深受人们欢迎。

（十一）皮匠

土家族地区专做鞋的手工业者称为皮匠。姑娘们穿的花鞋、尖尖鞋、瓦瓦鞋，细致精巧且绣有花章,是姑娘们自己做的。皮匠所做的鞋主要是钉鞋、双鼻鞋,有时嫁女需做礼链,也请皮匠做。

(十二) 篾匠

篾匠是专事竹器编织的手工业者。土家族地区盛产各类竹子,竹子的用途很广,篾匠就是能把各种竹子编织成各种竹器的人。他们编制的竹器,大致有如下几类:一是编篾类。首先取生竹破片,留下青篾(表层接)和黄篾(次层蔑),用锋利背厚的勾刀层层剥离,刮匀后即可使用。那些根据织品需要的篾片,薄如纸张,均匀柔韧如金属。编织的品种有筐、簸、管、席、蓝、箱和装饰品,每一样产品都可以编成许多图案。这些编织品既美观又耐用。一床睡箪,可以摺起来装在一个小包里,其精致的程度是可想而知的。二是丝篾类。先用勾刀取篾,细匀如麻,柔韧如钢。其主要品种有花篮、背笼、饭篓、菜篮、摇篮、书篮等。背笼有粗细之别,粗背笼如柴背笼、窄笼等属于粗制之物,细帐背则属于精巧织品。有时织一个新细帐背,刮篾、匀篾、编织,需要20来天,织成后,装小米都漏不下。三是并合类。用竹片、竹条、扁蔑、丝蔑、圆竹进行并合,辅以拴、钉、粘、接、弯、破、扭等办法制成的竹器,如竹桌、竹椅、竹凳、躺椅、凉床、花架、书架等。并合类竹编制品,古朴大方,结实耐用。土家族篾匠们编织成的各种成品,不仅为土家族人民所喜爱,现在还远销国内外。盛产竹子的自然环境,培育了这些工艺精湛的篾匠。

(十三) 铜匠

铜匠是用铜制造各种铜器的手工业者。铜壶、铜盆、铜瓢、铜罐、铜锣等都是他们制作整修的。因铜的原料不多,铜匠尚不十分普遍。

(十四) 银匠

银匠是制作银器的手工业者。他们专制妇女、儿童的首饰、装饰品,多在墟场集镇地,设小铺制造,土家族妇女、儿童都爱用金银器作为装饰,故每逢集日,求制者盈门,拥挤不堪。

(十五) 泥水匠

泥水匠是专门制灶、封墙的手工业者。近来土家族地区起砖房者增多,泥水匠逐渐多了起来。

(十六) 瓦匠

瓦匠有二,一是指专门制作砖瓦的手工业者,一是指盖瓦、检瓦的手工业者。土司政权时期,土家族地区还不会做瓦烧屋,砖瓦成为土司贵族专用之品,严禁百姓起屋盖瓦,有"只准官家骑马,不准百姓盖瓦"之说,百姓盖瓦则治以僭越之罪。改土归流后,取消了盖瓦的禁令,加之土家族人普建木房,这样,做瓦和烧瓦的技术传进土家族地区。由于对瓦的需求日益增多,土家族中便有做瓦、烧瓦的专业者,他们还做砖、烧砖。瓦匠先选好适合做瓦的泥土,然后搭瓦棚,踩好泥,取泥做瓦,待其慢慢阴干。有一定数量后,堆在瓦窑里烧。做瓦、烧瓦都需要一定的技术,检瓦的瓦匠,工作比较单纯,但检过沟瓦、堆砌屋脊却有一些技术,特别是在高山上的庙上盖瓦、检瓦者,下临数百米其至千米以上的悬崖,蹲在屋角上盖瓦、检瓦,稍一不慎,即粉身碎骨,没有一定胆量和体力是不敢上去的。

(十七) 阉猪匠

土家族地区的畜牧业兴起之后,阉猪也就随之出现。阉猪匠是阉猪、阉鸡并阉牛的专业者。猪不论公母都需阉割,如要肥壮,即使是老母猪,生了多胎之后,如要喂成肥猪也需阉割,俗云"老母猪离不得割一刀",即此意。公鸡亦需阉割成阉鸡始能肥大,不阉割的公鸡叫骚鸡。公牛性烈,或收睾丸用索绳勒缩,或将睾丸割掉,这是阉匠要做的事。阉猪匠周年累月穿乡过寨,他们一吹起羊角人们就知道阉匠进寨了,请他做阉猪、阉鸡、阉牛的事。有时还阉狗,狗被阉后更为精灵,而且不外出。

(十八) 药匠

药匠是专治疾病的专业者。医生、医师是现在的称号。土家族人说"吃五谷、生百病",病痛是人生难免的事,何况深山还有蛇啄虎咬、跌打损伤的事。土家族人自古以来就将医疗视为一项专项事业,他们积累了丰富的医疗卫生知识。土家族地区各种各样的山药验方,是药匠世世代代试用过后累积下来的。

另外,在土家族地区还有专事补锅子、补鼎罐的补锅匠,有专做秤的秤匠,有专打老虎的打虎匠,有专为土老司画圣像的画匠,有专为妇女挑花绣朵买剪纸花样的画匠等。土家族人将有一定的专业技术,且以此为生活的人,称为"匠"。如近来,随着电力事业的发展,土家族地区把掌握用电技术的人称为"电匠"等。

第五章

改土归流后至辛亥革命前的土家族教育(1735~1911年)

第一节　改土归流后至鸦片战争前的土家族教育

一、社会概况

　　长时期的土司统治,已经导致土家族地区的人民极端不满,无数次的反抗斗争,也不能使这种统治动摇,而改土归流,则彻底地结束了土司统治的历史。改土归流是土家族历史上一次重大的政治制度变革,它对于土家族人民的政治、经济和文化的发展,对于多民族国家的进一步统一,都有极其重要的影响。[①]

　　改土归流的过程,贯穿于清王朝的始终。早在清政府建立初期,就在部分土司地区实行过。[②] 但康熙时的改土归流仅是就个别土司"犯罪"而进行的,对于土司制度并没有作废除的打算。自雍正四年(公元1726年)起,清朝政府即实行了全国性的大规模的改土归流。土家族土司的改土归流,是在全国改土归流过程中同时进行的,但土家族地区的改土归流有自己的显著特点。土家族地区大规模改流时间比较晚,但延续时间较长。我国西南的云南、贵州、四川、广西等少数民族的改土归流,开始于雍正四年(公元1726年),基本完成于雍正九年(公元1731年),[③]而土家族地区的改土归流到雍正五年(公元1727年)才开始,雍正十三年(公元1735年)大部分结束,到乾隆二十七年(公元1762年),石柱宣慰司马俊明改土归流,才算结束。土家族地区改土归流的方式多是和平的,没有像云、贵等省那样发生大规模的战争,[④]而且都比较彻底。

　　改土归流后,清政府对原土司地区采取置流官、戍兵、编户籍、立保甲的措施,使自宋、

---

① 彭官章:《土家族地区的改土归流》,《中央民族学院学报》,1982年第3期。

② 龙先琼:《政治秩序变动与区域社会生活的变迁——对改土归流前后湘西社会生活演变的历史考察》,《吉首大学学报(社会科学版)》,2009年第1期。

③ 宋仕平:《土家族传统制度文化研究》,兰州大学博士学位论文,2006年。

④ 郑大发:《试论湘西土家族地区的"改土归流"》,《吉首大学学报(社会科学版)》,1982年第6期。

—　73　—

元以来建立起来的土司制度被郡县制度所代替,旗甲制度被保甲制度所代替,世袭土官被政府委派的流官所代替,由土司任免官吏、征收赋税改为由清政府直接任免官吏,与汉族地区一样推行全国统一的赋税制度,并设立了与全国一致的地方政权机构——府县组织。在湘西设立永顺府,辖永顺、保靖、龙山、桑植四县和古丈县。在鄂西原19家土司辖区中,除容美土司改土归流后设鹤峰州外,其余18土司设思南府,辖恩施、宣恩、利川、咸丰、来凤、建始六县。在贵州和四川设酉阳直隶厅、石柱直隶厅及秀山、黔江、彭水、松桃等县。这些政治上的改革措施,打破了原土司割据一方、各自为政的局面,结束了土司制度对土家族地区800余年的统治,有利于国家的统一,[①]有利于土家族地区经济文化的交流与发展。

土司制度的废除,使广大农奴逐步转化为自由农民,并拥有自己开垦的土地,因而生产积极性有所提高。[②] 农民承受的赋税徭役等负担,也随之减轻。清朝政府还鼓励土民开垦,并招募汉族农民前往耕种,使大片肥沃土地得到有效利用,为土家族社会经济的发展奠定了基础。

土家族人珍惜土地,清乾隆时期《龙山县志》云:“土民善种,寒星散地、田边地角、篱边沟侧、悬崖隙土,亦必广种养、麦、苞谷、草烟、粟、菽、蔬菜、瓜果之类,寸土不使闲,惜土如金也。”[③]土家族爱惜土地,努力改变土地的现状,使土地发挥更大的经济效益。他们把开垦出来的偏坡,改成层层梯土,为避免山水冲垮土坎,冲走肥泥,他们利用冬闲,抬来小石头,用石头将土坎砌起来。日积月累,代代辛劳,在土家族耕种的山地里,处处可见这种层层石头砌成的梯土,宛如小城墙在山地里蜿蜒。水稻的种植推广,是土家族农业生产的一个飞跃,凡是有水源的梯土、坪土、坪坝、河畔,逐步改建成为一坝坝的稻田,改变了土家族人“山多田少,食以山粮为主”的状态。土改成田,原非轻而易举的一日之功,除平整基地,还要做好田坎,田的堤坎必须用巨大坚固的石头砌好、砌坚固,以免受水冲、沙压造成崩垮。山溪水在山洪暴发之际,浊浪滚滚,势若奔马,没有坚固的堤坎防护,那么所开成的田,将变成一片沙洲。故土家族人员注意河畔溪旁的砌坎保田工程,也积累了一些砌岩坎的经验和技术。一般砌的方法是“裹衣岩”打基础,“插片岩”砌身,碎石填心。田坎一般二三米高,少数在五米以上,不用石灰、水泥,也能使堤坎结构紧密坚牢(当然有石灰水泥更好)。此外,有了田还要有相应的水利灌溉工程。

水稻比旱粮产量高、质地好,因此土家族人改土造田的劲头很大,不仅谷底、坪坝、台土成了坝坝良田,就是毫无水源的高山平台上,也开出靠天水的雷公田,依靠雨水灌溉来种植水稻。因此,每年春游季节,如遇雷雨天气,即使午夜三更,土家族人也要冒雨出门,在牛角上挂着灯笼,抢水犁田,甚至不惜八犁八耙,反复耕耙,以增强稻田蓄水抗旱能力。有一首流传在土家族地区的山歌唱道:“半夜落雨半夜耙,牛角上头绑火把,隔得子天不下

---

① 石亚洲:《清前期土家族土兵的衰亡》,《西南民族大学学报(人文社科版)》,2003年第3期。
② 熊晓辉:《清代湘西地区改土归流考略》,《重庆三峡学院学报》,2011年第6期。
③ 龙运荣、李技文、柏贵喜:《土家族传统技术及其价值利用与反思》,《贵州师范大学学报(社会科学版)》,2010年第3期。

雨,水田于变八月瓜。"唱的正是干田犁田抢水的情况。在长期的种植经验中,土家族人深知"土里一片坡,不如一个圆角角"。所以,凡是地里能开成田的土地,都充分利用。"巴掌田""蓑衣田""斗笠田"在土家族地区,随处可见,有些小田,犁耙耕牛都不能过,就用钉耙进行人工耕种。

废除土司制度以后,过去"蛮不出境,汉不入峒"的封闭禁令被打破,大批汉族农民和商人不断迁入,[①]使土家族人民与汉族人民的各种交流不断加强,促进了土家族地区经济的发展。但是,改土归流毕竟是清朝政府实行的一种自上而下的改革,以一种剥削制度代替另一种剥削制度。土家族人民在改土归流后的负担虽有所减轻,但他们受压迫、受剥削的地位并没有改变。此外,清政府在实行改土归流的过程中,还强迫推行同化政策,把土家族一些固有的风俗习惯,也列入土司陋规,强行加以革除,使得土家族的许多民族特点逐渐丧失。

改土归流后,伴随着时间的推移,统治阶级的"吃人"本性,地主的丑恶嘴脸逐渐暴露无遗,贫苦的土家族农民,在忍无可忍的情况下,终于爆发了农民起义,著名的有白莲教起义。每一次起义,虽然都以失败而告终,但却使清朝的封建统治受到了沉重的打击。

鸦片战争爆发以前,土家族地区同全国其他地区一样,长期徘徊于封建社会时期,虽然土家族地区的教育也在持续不断地向前发展,但无论速度如何,却总是笼罩着厚厚的一层反动统治者的阴影,这层阴影即使到了鸦片战争以后也仍然存在着。

二、学校教育

随着社会经济的不断发展,土家族地区的学校教育也迅速发展起来。改土归流中,打破了土司时不准土民读书识字、"违者罪至族"的禁令,清政府在土家族地区兴办学校,府设府学,县立县学,书院、学宫应时兴起。[②] 清雍正十三年(公元 1735 年),来凤境内完成改土归流。乾隆元年(公元 1736 年),建立来凤县,首任知县士执中"弼教明刑,恩威并懋"。乾隆四年(公元 1739 年),在县城建立文庙,供孔子及其弟子牌位,彰显"大圣人明善复性之教"。[③] 与官办书院相辅而行,在人口比较集中的地区,由民间筹集经费的私办义学随之相继设立。富有之家甚至聘请教师,教授子弟,各有家塾,有的甚至不远千里邀请名师来家授教。学校的兴办,使土家族地区"文治日兴,人知向学",[②]不但有产之家的子女可以入学,甚至"寒俭之家亦以子弟之诵读为重"。但是,在封建地主阶级的剥削和统治下,受教育的大多是有产之家的富家子弟,[②]广大土家族贫苦农民子弟仍然没有受教育的机会。

清乾隆初年,鹤峰首任知州毛峻德于州衙明伦堂设义学,规定收七岁以上儿童入学,毛知州还号召民间"一家或三、五家合立一馆,馆师修俸由入学子弟之父兄量力出资,倘果力不及,岁底由州捐给"。可见这类义学实为群众出钱或出一部分钱的私塾。官办义学后

① 刘建玲:《论改土归流前后湘西土家族饮食习俗的变化》,《重庆科技学院学报(社会科学版)》,2011 年第 5 期。
② 周兴茂:《土家族的学校教育与儒学传统》,《民族教育研究》,2003 年第 5 期。
③ 来凤县教育志编纂组:《来凤县教育志》,2008 年,第 1 页。

来增加到三所,岁支银 64 两。民间会馆祠庙有公共款产资助办学,也称义学。后随历史演变,终于泯灭于私塾之中。官办义学也在乾隆十九年改称书院。但以义学命名之地,如留驾司、白果镇的"义学抱",容美镇的"义学岑",五里坪的"义学凹"仍沿袭至今。

白果镇义学谓"毛公义学",于乾隆六年礼陶乡三里(大岩关外走马、铁炉、枚坪一带设崇本里、贵和里、谦吉里)土民捐修。落成后立石碑三块,其中一块因前后都有碑文,惯称"两面碑",闻名遐迩。其他两块因国民党军队修炮楼而毁坏,这块由农民戴发训等人保存下来。①

清政府还在各府、县设立考棚,开科取士,以"土三客一"、多取"土童"、少取"客童"为原则,鼓励"土童"入学,于是"土童"踊跃应试。"永顺虽新辟之地,而汉、土子弟读书应试无殊内地"。鹤峰州考试一场,应试文童 457 名,长乐(今五峰)县文童 285 名,与宜昌府童生名额相等。兴办学校,开科取士,土家族中出现具有文化知识的人数日渐增多。廪贡生员不乏其人,进士举人间而有之,来凤县"其成名者,土童十之八九,客童十或一二"。龙山县土家族青年中有"力学能文,院试列庠序者居其半,且有诗书相传,数世不绝者"。这批具有文化知识的人,在传播汉族文化,保存、整理与发展本民族文化方面起了一定的推动作用。②

土家族士人中的著述内容广泛。酉阳的冉广炳是乾隆壬辰年(公元 1772 年)进士,曾于山西屯留作知县。后辞官归里,授学洲海。"四方从游者数百人,登甲科者累累",所著《寓庸堂文稿》《二柳山房杂著》,刊行于世。永顺县颗砂的杨立程,好吟诗,著有《爱日山房集》。外塔卧官仓坪人张官曙,精于医术,辑有《伤寒补注》等书。工于绘画者更是人才辈出,覃光裕所画之梅菊,姚春堂之蝴蝶,罗金生之鱼等作品,"皆擅名一时"。周正南以画竹著称,并著有《啜竹谱》一书,有较高造诣,往来名人都为其书题跋作序。

反映土家族人民现实生活的诗作大量涌现,其中以竹枝词最为普遍,颇具特色。永顺县的彭施铎、彭勇行,鹤峰州的田峰南、田大选、田泰斗等都创作过大量的竹枝词,内容广泛深刻,语言洗练清晰,感情真挚动人,③格调鲜明,朗朗上口。

鹤峰州的田泰斗不仅擅长竹枝词,而且又工于其他格律。他仿古诗体所作《山农叹》,以其犀利的笔锋揭露受封建剥削和压迫的土民穷困的生活情景。

改土归流以后,随着土家族地区经济的不断发展,土家族地区的学校教育也迅速发展起来。清政府在土家族地区大力兴办学校,府设府学,县立县学,书院、学官也应时而起,一般土民子弟均可入学。在人口比较集中的地区,人们还筹集经费,私办义学。家庭富有的还另聘教师,设置私塾,教育族中子弟。学校的兴办,使土家族地区"文治日兴,人知向学",甚至"寒俭之家亦以子弟之诵读为重"。清政府还在各府、县设立考棚,开科取士,以"土三客一"、多取"土童"、少取"客童"为原则,鼓励土童入学。看来在录取少数民族考生方面,白清政府起甚至更早一些就有一系列照顾政策了。这样一来,"土童"便踊跃应试,

① 鹤峰县编写领导小组:《鹤峰教育志》,1990 年,第 38 页。
② 郑大发:《试论湘西土家族地区的"改土归流"》,《吉首大学学报(社会科学版)》,1982 年第 6 期。
③ 周兴茂:《土家族的学校教育与儒学传统》,《民族教育研究》,2003 年第 5 期。

使土家子弟入学习读成为风气。乾隆年间,永顺县前往应试者"不下千有余名","永顺虽新辟之地,而汉、土子弟读书应试无殊内地"。鹤峰州一场考试,应试者437名,长乐(今五峰)县文童285名,与宜昌府童生名额相等(同治《长乐县志》)。随着兴办学校、开科取士,土家族中具有文化知识的人数日益增多。廪贡生员不计其数,进士举人间而有之。

长阳彭秋潭,以善作诗著称,著有《秋潭诗集》《秋潭外集》等作品,所作竹枝词,脍炙人口,名震一时。来凤县向正斌,撰有《向氏历代功爵政治记》。永顺县杨立程,好吟诗,著有《爱日山房集》。酉阳冉崇文,著有《二酉纪闻》《小酉山房杂录》。五峰田泰斗,著有《望鹤楼诗抄》《柏一山房诗草》等。永顺县的彭勇行、彭施铎分别著有《笃庆堂古文辞》和《味懒山房骈体文》等,在我国少数民族文学史上占有重要的地位。

第二节　鸦片战争后至辛亥革命前的土家族文化教育

1840年,英国发动侵略中国的鸦片战争,是中国社会历史发展的分界线。鸦片战争以前,中国是一个封建社会的国家,在这以后,逐渐沦为半殖民地半封建社会。鸦片战争后,土家族地区的社会、经济受到很大影响,随着外国商品的大量倾销、对原料的大量掠夺、教会势力的侵入和扩大,土家族地区社会、经济发生剧烈变化,一步一步地沦为半殖民地半封建的社会。

一、社会概况

在中国历史上,封建社会的政治、经济、文化发展到相当的高度,到了明代已经有了资本主义萌芽。清朝的中后期,由于政治上的腐败,国力逐渐衰弱。这时,国外资本主义势力千方百计向中国输入商品,严重地影响和破坏了中国的经济。1840年,以英国为首的资本主义列强,悍然用武力进攻中国,爆发了鸦片战争,强迫清政府签订了一系列丧权辱国的不平等条约,使中国封建社会逐渐解体,沦为半殖民地半封建社会,给中国和中国各族人民带来了严重的影响和深重的灾难。

鸦片战争的直接后果是,清政府与外国侵略者签订了《南京条约》《天津条约》《北京条约》等一系列不平等条约,迫使中国向帝国主义列强割地、赔款、开放通商口岸,丧失了主权和领土的完整。外国侵略势力得以逐步深入中国内地,引起中国社会经济的剧烈变动。这种变动,无不影响到湘鄂川黔边的广大土家族地区,使土家族的社会、经济、文化等方面发生很大变化,主要表现在清政府对土家族人民的剥削大大加重、外国商品大量倾销、对原料的大量掠夺、鸦片的普遍种植等方面。

清政府因腐败无能,国库空虚,只好把战争巨额赔款和镇压各族人民起义的军费开支都转嫁到各族人民头上,不断增加赋税数额和税种。土家族地区本来就地瘠人贫,经济落后,这样一来,更是难以承担。1855年,湖南巡抚骆秉章在省内征收厘金,在重要商品集散地都设有厘金局,凡商品货物过境,均需征税,无一例外。有的商品从原料加工到制成成品,要征几次税。湘鄂川黔广大土家族地区,无论府、州、县,为解决经费之需,也任意设局抽厘,搜刮民财,增加财政收入。在湘鄂川黔土家族地区,盐既是生活必需品,又是当地大宗税源,由四川途经王村运过的盐,每篓征税 117 文,入境淮盐每篓征税 70 文。规定油一篓、碱一桶,各征税 40 文,在当时征税已是很高,这种高额征税的结果,造成商品价格上涨,而商人又将这部分金额负担转嫁到广大土家族人民身上。

其他各种苛捐杂税,更是名目繁多。鸦片战争以前,清政府在土家族地区只征收秋粮银一项,且数额较小。鸦片战争以后,各种杂税逐年增加。以秀山县为例,民间杂税田赋就有:"曰送新、曰夏麦、曰秋粮、曰芝麻、曰茶、曰笋、曰朝贡表笺、曰月会费、曰束修、曰助边镶、曰户税,近苛敛矣。"1901～1909 年的九年中,房契税正银 1 两征税由 2 分增加到 9 分,加重 4 倍多。在永顺县,田产房屋契税,原无定额,"解省之款殊觉寥寥"。但到光绪二十七年(公元 1901 年),湖南省以整顿税务为名,实行以卖价"实征三分"进行收取。到光绪三十二年(公元 1906 年),再加 2 分,人民负担不断加重。各级官吏利用王朝政府加赋增税之机,层层加码,中饱私囊,赋税压得人民喘不过气来。有的地方,利用采买"兵谷"之机,向农民索要粮食"出售",结果是只见农民"卖粮"而不见得到分文钱。沉重的负担再加上地主的地租、高利贷剥削,造成不少土家族农民倾家荡产,农村的阶级矛盾越来越尖锐,再加上天灾人祸,农民更是无法生存,只有铤而走险。

清王朝后期,政治越来越腐败,八旗兵日衰,绿营兵被裁减。在土家族地区散兵游勇流窜各地,为非作歹,有的与不法歹徒勾结成匪,四处抢劫财物,掠夺牲畜,进而发展为成伙结党,为害一方,名曰"拖队伍"。其抢劫方式颇多,有的掳人为质,勒索钱财,称为"捉肥猪";有的抢劫财物,放火焚烧房屋,称为"扯红旗";有的打劫、骚扰地方,称为"吃招待"。他们懂军事,会打仗,能攻城,善劫寨,当地团防新兵对他们无可奈何,严重破坏社会治安。

清代后期,由于中央王朝政府对人民的剥削加重,社会动荡,秩序混乱,各种社会矛盾日趋尖锐。清政府为了加强对土家族地区的管理和控制,在各府、州、县及军事重镇和关隘地方,设立协、营、汛、所,派兵直接防守。在农村基层,建立保甲制度,组织团练武装,加强对土家、苗、汉等族人民的控制。1905 年以后,清政府以推行"新政"为名,在部分土家族地区推行警察制度,各县设立警务公所,加强对各族人民的控驭。

鸦片战争期间,清政府与外国列强签订的不平等条约中规定,对外国实行"开放商埠"。在湘鄂川黔土家族聚居的周边有汉口、重庆、长沙、岳州、沙市、宜昌、万县等城市,外国商品接踵而至,通过开放的商埠将"洋货"源源不断地运往土家族地区倾销。[①] 东面由长沙经常德运入湘西各地及贵州铜仁、江口等地;北面由汉口、沙市、宜昌等地经清江运入鄂西;西北面由万县、重庆到涪陵,沿乌江运往川东、黔东北等地方。据记载,于清咸丰末年,外国商品就已经销售到来凤等土家族地区了。

鸦片战争以后至辛亥革命前,销往湘鄂川黔边地区的"洋货"有英国、美国、德国、日本等国的棉布、棉纱、呢绒、煤油、火柴、油漆、香烟、肥皂、染料、五金等商品。[②] 进口商品中,

---

① 原璐:《技术视野下的石柱土家族自治县碉楼形制研究》,重庆大学硕士学位论文,2014 年。
② 龙先琼:《近代湘西的开发与社会变迁研究》,湖南师范大学博士学位论文,2011 年。

棉纱占有一定的比例,其川东境内的里耶、石堤、秀山、龙潭等较大集镇 70％的棉纱都是由常德转到酉水而来。在东面运入湘西等地的商品以常德为贸易中心,是商品的重要集散市场。仍然以棉纱为例,由岳州关进口的洋纱,销售到沅江上游和常德附近各县。沅江上游指的是永顺的府城、王村,龙山县的洗车、里耶,保靖县的隆头,贵州的铜仁府城,江口县城、闵孝、石阡县,四川省酉阳的龙潭、溪口,秀山县的茶洞,湖北的施南府,来凤县的卯洞等地。1900 年前后,宜昌进口的洋纱成倍增长,其中英国纱从 1900 余磅[①]增至 2600 多磅,日本纱由 28 000 余磅增至 141 000 多磅。[②] 清光绪(1875～1908)末年,英国已开始在永顺县建立邮政支局,直接办理邮政业务。

随着外国侵略势力的不断深入,商品输入的逐年增多,销售量的加大,使土家族地区封建的自给自足自然经济受到排挤和破坏,[③]传统的手工生产遭到打击,渐渐地沦为半殖民地经济。外国棉纱没有输入以前,土家族人民普遍自种棉花,自纺、自织、自用,过的是传统的自然经济生活。自洋纱进入以后,土家族人民便开始使用洋纱作经线或纬线织布。永顺县的变化可为这一时期的典型代表,原来传统的自织土布销售周围各县,甚至远销省外。自英国、日本的洋纱、洋布输入销售后,土布的市场逐渐被洋纱、洋布占领,销售下降,纺织手工业者受到沉重的打击,一些家庭手工业和手工织布工场相继被迫停产、倒闭。由于日本、德国快靛的输入,使土家族地区过去为特产的土靛一下被快靛所替代,染坊由使用土靛改为使用快靛,土靛受到严重的排挤。再如黄蜡和白蜡,千百年来,一直是土家族地区的特产,历史悠久,享有盛名,曾作为向中央王朝进贡的贡品,自洋蜡输入后,很快抢占了市场,土蜡销售日减。还有香烟,时称"洋烟",输入也逐年增加,传统的土烟种植受到影响。

外国资本主义列强在输入大量商品的同时,还对土家族地区廉价的土特产品和原料进行大肆掠夺。湘鄂川黔广大土家族地区的生漆、药材、桐油、茶叶等土特产品历史悠久,久负盛名,成为外国资本主义掠夺的主要对象,尤以桐油、茶叶为甚。1885 年,汉口作为商埠对外国开放后,英国、美国等国立即在此设立炼油厂,大量收购桐油。外地商人云集土家族地区,如里耶、石堤、秀山等地收购桐油,转手出售,从中牟利。清光绪(1875～1908年)年间,仅湖北、江西两省商人,奔往秀山,收购久负盛名的"秀油",就在秀山县城开设有8 个资本比较雄厚的商号,专营桐油,时人称为"八大号"。例如,江西商开的"同仁和""岁太和""义太和"等,号称"江西帮";湖北商开的"万兴裕""万太和""正生晋""春晋"等,号称"黄帮"。他们把收购的大批桐油,运往汉口,交售给外国商人办的炼油厂加工提炼,将成品运往英国、美国。

贵州的德江、印江、沿河、思南,由开设商埠的重庆、万县到涪陵,溯乌江而上,沿乌江两

---

①　1 磅=453.59237 克。

②　章有义:《中国近代农业史资料》,第 1 辑,第 486 页。转引自《土家族简史》编写组,《土家族简史》,湖南人民出版社,1986 年,第 139 页。

③　原璐:《技术视野下的石柱土家族自治县碉楼形制研究》,重庆大学硕士学位论文,2014 年。

岸的诸多城镇,都成为外国资产者掠夺原料和土特产品的重要口岸。早在清嘉庆(1796～1820)时,就有上海人贺建成在沿河县城开设"祥发永"商号,道光元年(公元1821年)陕西人到沿河开设"天字号"商号,咸丰元年(公元1851年),熊承芝开设"恒永源"商号。据统计,到清末沿河县城有外来商人开设的字号、公司17家,本地商人开设商号、公司也不少,资本较大、较有影响是恒(恒丰永)、广(广源长)、久(久如茂)、永(永昌恒)四大家,他们分别在重庆、涪陵等地开设分号,并派人在外地蹲点坐庄,除了把"洋货"溯江运往乌江两岸各地外,还大肆收购土家族地区的桐油、茶叶、生漆、硫黄、药材等土特产品。

江口县的运输线主要从常德通过沅江、辰水运达,到清朝末年,江口县城已是"商贾云集,三年之间铺行不下五六百计,须称小盛"。[①] 江口的桐油、药材由外地商人收购掠夺,通过水道经常德运出。

1899年岳州等地开设商埠,1904年长沙开为商埠后,两个商埠很快成为湘西桐油出口的集散地。岳州、长沙两关出口桐油数量,竟占全国总出口数15%～20%,其中湘西土家族地区产的桐油占有相当大的比重。英国直接在常德设立安利英洋行,专业经营桐油。

1915年万县开设为商埠后,很快成为货物的集散中心。长江以南的恩施、宣恩、鹤峰、五峰、咸丰、石柱、巴东等县生产的桐油,都集中于宜昌、万县,再转运国外。[②] 沿河、德江、思南、印江、酉阳、秀山、黔江等县的桐油,通过乌江水运至涪陵,有2/3沿长江下运到万县,1/3沿长江上运到重庆。为了桐油等物品之利,美国还在万县设立美孚油行,专门收购桐油和销售煤油。

鸦片是外国资本主义列强侵略中国的特殊商品。清乾隆后期,英国殖民主义者为实现掠夺、奴役中国人民的罪恶目的,开始向中国大量输入鸦片。到嘉庆时期,鸦片的输入量逐渐加大,白银外流,吸食者日增,毒害中国人民日深,清政府曾下令禁止鸦片进口,但收效甚微,外商仍私自闯关运销。到1839年,清朝廷再次下令禁烟,由此爆发鸦片战争,外国列强因战争的胜利而在中国获取了更大更多的利益,鸦片在中国不仅未能禁止,反而更加泛滥。

湘鄂川黔边土家族地区,大约于清咸丰(1851～1861年)年间外国的鸦片开始进入。到同治、光绪时期(1862～1908年)已普遍种植鸦片,在川东酉阳、秀山、黔江等县,"因鸦片得价甚昂,故乡村篙落皆遍植之"。据《来凤县地方志》记载,在1862年以前就有了鸦片。1880年前后,就有云南、贵州的烟土及罂粟种子大量过县境,再运往湖南或湖北。清政府腐败无能,屈服于帝国主义的压力,对鸦片非但不能严格禁止,有的地方为了收取更多的税收,反而下令种植,巧立名目,设立厘卡,收取烟税,增加财政收入。在秀山收取鸦片烟税的名目就有:青苗税、印花税、内销税、出销税、起运税、过境税、红灯税。同治二年(公元1863年),清政府鉴于涪陵码头鸦片流通量较大有利可图,便设土厘局征收鸦片厘金。据统计,该厘金局枯年可收3.3万余两,旺年收入可达4.6万两,[③]成为涪陵码头一

① 熊承农:《江口县志》.贵州人民出版社,1994年,第441页。
② 原璐:《技术视野下的石柱土家族自治县碉楼形制研究》,重庆大学硕士学位论文,2014年。
③ 刘国厘:《半封建、半殖民地时期秀山社会经济概况》,《秀山文史资料》,内部出版,第1辑,1986年。

笔较大的收入。一些地主和富商也把经营鸦片作为致富发财的重要手段,在涪陵就开设有福大祥、合成、徐均福、祥丰厚等鸦片烟庄,收购酉阳、秀山、黔江、沿河、德江、思南、印江等县产的鸦片,委托外商运输,从中牟取暴利。各地方政府也把人民种植和吸食鸦片当作"摇钱树",作为地方的重要财源。

由此可见,自鸦片输入中国后,外国列强不仅通过输入鸦片毒害中国各族人民,而且还在各地栽种,在湘鄂川黔边广大土家族地区普遍种植,栽种鸦片和吸食鸦片的人越来越多。

总之,由于清政府的腐败和国力的衰弱,导致了鸦片战争的失败,使中国的社会经济发生了剧烈的变化,广大土家族地区也受到很大的影响。由于战争的赔款,加重了土家族人民的经济负担;外国商品的大量输入,传统的以手工加工为主的手工业遭到破坏;同时,土家族地区的原料、土特产品被大量掠夺。由于鸦片的大量输入和普遍栽种,严重地摧残了土家族人民的身体,破坏了农业生产,严重影响了粮食生产,造成白银外流。由于经济遭受破坏,人民的穷困,阶级矛盾激化,人民无法生存下去,必然铤而走险,起来革命。

二、文化教育状况

从 1840 年第一次鸦片战争到太平天国农民革命失败为止,这一时期的清政府推行的是尊孔读经的教育方针,同时,日益与外国资本主义文化侵略的奴化教育方针相勾结,采取"坚持一心,曲全邻好"的卖国投降政策。土家族新式教育就是在这一背景下兴起的。

土家族地区由于地理位置的关系,与中原地区联系较早、较多,因此,接受汉文化也较早。1840 年以后,湘鄂川黔广大土家族地区普遍办有书院、社学、义学、私塾等。在鄂西地区,除继续开设一些传统的学校,如官学、义学外,也逐渐兴办了一些新的书院,如咸丰的培英书院、广育义塾,宣恩的龙洞书院。在黔东北土家族地区的沿河县,在原有鸾塘书院的基础上,清同治十三年(公元 1874 年),在县城东又建鹤鸣书院,以后继建竹溪书院、培宗书室等。江口县建有卓山书院、双江书院。印江县创办有龙津书院、有才书院、正本书院。德江县原称安化县,附属思南府,清光绪八年(公元 1882 年),安化县移址大堡,即改称德江县。移址以前,"宫学无一,私塾寥寥",至同治七年(公元 1868 年),创办文思书院、凤鸣书院。思南府建立的书院较多,有凤仪书院、文思书院、果泉书屋。除县城外,乡间也开始创办书院,凌云书院、培风书院、许市书院等,其境内共有书院 14 个之多。在川东土家族地区各县城也普遍建立有书院,如酉阳县在辛亥革命前建有二酉、龙翔、经院、西西四大书院。湘西地区各县,普遍创办有书院。

以鹤峰为例,鹤峰设书院在乾隆十九年(公元 1754 年)。当时在五里坪、北佳、州城各设一书院。五里书院毁于咸丰五年(公元 1855 年)战乱之中,民国初年由王志礼领修,地址从金钟迁到龙珠寺旁,改名为"紫金书院"。九峰书院于道光(公元 1821～1851 年)年间被鹤鸣书院代替,清朝末年除上述三所官办书院外,还有设置于光绪二十三年(公元 1897 年)的"毛公义学"(后改名为凤翔书院)。鹤峰书院结束了州人必须在外郡他邑仕进的历史。乾隆乙卯(公元 1795 年)始贡,至光绪十一年(公元 1885 年),举三人,选拔、恩贡、岁贡文武杂进共 139 人。光绪十二年(公元 1886 年)以后举一人,其他贡生及文武杂进据调查约 70 人。清王朝学部颁有书院章程。鹤峰各书院记有"遵章办理"。书院设山长,类似校长。章程规定:"山长由品学兼优之人充任",以及"不实心教诲即当辞职"等。

鹤峰书院坐落在鹤峰城外八峰山麓,占地约五亩,房屋五栋十七间,成大四合院式,另有雨操房一间。门前书院有操场,院内正中建一六角形凉亭,亭的顶端矗立木雕的"魁星点斗"四个大字。院亭左边有泮,泮内有假山、游鱼;院亭右边有花台。院上方为正堂。讲堂、宿舍、厨房各房前有通廊连接。鹤鸣书院占有学田,额定租银二十五两三钱一分,租钱一十二千一百七十文,租谷二石五斗三升,丰年可实收七八成左右,学务经费尚需藩库请领和生员缴纳。此外,鼓励地方乐捐。

凤翔书院设置时,由土民在原义学遗址捐修新宇。校舍为八扇木屋,分前后两进,组合成四合大院。前面木扇三间,中间位敞门,两旁各一间教室;后面三间中间是礼堂,东西两旁各一间,分作师生寝室。两旁各有道房一间,师生分作厨房。校舍前面八级石梯与屋檐等长,落脚在与街心相连的小操场上。校舍西北面有八亩校田毗连。[①]

社学是在我国兴盛于元、明、清三代的地方学校。清初,令各县乡一级建一所社学。鸦片战争时期土家族还存在有社学,边远山区县多限于县城,规定社学老师必须是择"文义通晓,行谊谨厚"者充任,幼童 15 岁以下者入学,有的地方农闲时令子弟入学,教学内容包括御制大诰、清朝律令及冠、婚、丧、祭等礼节。

私塾为民间儿童初等教育机构,土家族地区的私塾在鸦片战争以后较为普及,县城及乡村都建有私塾,有的是富户请塾师到家教自家子弟,有的也兼及家族、亲友子弟;有的是宗族利用祠堂、庙宇设学堂,招收宗族子弟;有的是塾师自设学堂招生。塾师的待遇普遍不高,多为米、油等实物。私塾学堂一般不大,多为一师一校,学生数人,或十数人,多者为二三十人。据江口县统计,到清末全县有私塾 60 所,受教学童 3530 人左右,各县私塾中,有的还有学田,以其收入作塾师薪俸。

在鹤峰县,私塾以群众集资延师为主要形式。一家做东,邀约乡里数户或十数户轮流供东,这种形式称为"棚学"。在鹤峰任教的塾师外来者居多,他们审时度势,择地而教,也乐于棚学这种形式。少数富户文墨子弟在家设塾,也接纳少数相邻孩子,办学形式既是家塾,又属坐馆。祠堂或会馆以公共款产设塾,招收同宗族或同乡子弟。私塾修俸,钱物并计。实物以供东的形式缴纳,供私塾及家眷一个月的花销为一个"东"。大多数学生供一个"东",少数供半个。民国初年,一般学生每季交一元,宽裕之户往往自愿多交,有达二三元的,个别困难的免收学费。鹤峰私塾大多为蒙馆,启蒙读物有《三字经》《百家姓》《千家诗》《朱子家训》,女学生还读《女儿经》。启蒙两三年后,授以《大学》《论语》《诗经》及《古文观止》。个别私塾自编教材。

清光绪三十年(公元 1904 年),学部提出"改良私塾",次年制定了《私塾改良章程》,提倡教授采用新法。宣统二年(公元 1910 年)再次颁布《改良私塾章程》,规定初等私塾至少设修身、国文、读经、讲经四科。鹤峰有 15 所私塾改良称为"简易识字私塾"。[①]

进入清光绪(1875~1908 年)年间,戊戌变法后实行"新政",清政府颁布《癸卯学制》,

废除科举,兴办新学。土家族地区开始兴办新学堂,或将书院、儒学、义学改为学堂,教育又一次得到发展。光绪二十七年(公元1901年),卯洞桂林书院改为两等小学堂,次年来凤县城朝阳书院改为高等小学堂。[①] 沿河县将鹤鸣书院和万寿宫改建成两所官立高等小学堂,创建了符家寨、白石溪、谯家铺等小学堂。至1911年印江县有小学7所、学生239人、校长6人、教师14人。江口县将双江书院改为官立高初两等小学堂,还在桃映场、凯德场、德旺场等地建初等小学堂11所,值得提出的是还建立了官立女子初等小学堂,土家族地区女子学校的设立,使青年妇女开始获得了接受教育的机会,这对于两千年来的封建伦理道德观念是一个极大的冲击。湘西永顺、龙山、保靖、桑植4县,到清末共有高等小学堂5所,初级小学14所。永顺将灵溪书院改为官立中学堂,宣统元年(公元1909年)又改为永顺五属(指永顺、保靖、龙山、桑植、古丈5县)联合中学。同时,土家族地区的学子已有部分到省外读书,开始有到国外留学者。

但是,土家族地区的教育虽有发展,毕竟数量有限,受教育比例仍然很低,上学者基本限于富家子弟。学校分布仅限于县城和较大场镇,广大农村,特别是边远山区都没有学堂,土家族人民也就没有读书的机会。

随着汉文化在湘鄂川黔土家族地区的进一步传播,教育的发展,学校增多和逐渐普及,学习汉文化的人数增多,土家族地区书面文学已开始打破土司王族垄断的格局,出身经历不同的士人大量涌现。有田泰斗、温朝钟、彭勇行、冉崇文、陈景星,还有田金楠、陈汝燮等。

第三节　文化教育状况

一、歌舞乐剧教育

土家族是一个能歌善舞的民族,在千百年的生产和生活实践中,他们创造了丰富多彩的歌舞、音乐和戏剧。每到婚丧喜庆、逢年过节,土家族山寨一片欢腾,[②] 歌舞、乐剧融合在一起,使得土家族山寨热闹非凡。在特定的环境中和历史条件下形成的土家族摆手歌、摆手舞和打镏子、茅古斯等,成为土家族风俗仪式活动中不可缺少的重要组成部分。土家族的歌谣可分为传统古歌、仪式歌、劳动歌和生活歌。

(一)传统古歌

传统古歌是古代流传下来的民歌,大都是用古老的土家语歌唱的,是用较为自由的长短句和自然起讫的段落结构组成的长篇组诗,最为典型的是《摆手歌》和《梯玛神歌》。[③]《摆手歌》俗称"舍巴歌",是土家族人进行摆手活动时为摆手舞伴唱的一种古歌。边歌边

---

① 来凤县教育志编纂组:《来凤县教育志》,来凤县史志办公室,2008年。
② 熊晓辉:《明清时期土家族吐司花灯歌舞的表现形式》,《四川民族学院学报》,2015年第1期。
③ 谭志满:《文化变迁与语言传承》,中央民族大学博士学位论文,2005年。

舞,歌舞同步,歌词分为祭祀歌和伴舞歌两部分。祭祀歌有《长马辞》《梭尺卡》《短马辞》《嘎墨翁》《嘎墨清》等,主要是用于"排甲祭祖""闯驾进堂""纪念八部""送驾扫堂"等部分。由掌坛师领唱,有问有答,有领有合,委婉深沉,气氛肃穆,所请神为土家族的列祖列宗。摆手活动以农事舞为主,保持着古代战舞的浓厚色彩。在大摆手中,男性青壮年身披五彩斑斓的土家织锦,象征古代武士甲胄在身,[①]更显土家族尚武之余风。土家族摆手以祈丰年,所以农事舞所占比重较大,随舞伴唱的农事歌以生动朴素的语言,歌唱土家族人一年四季的农事活动,从下稻种到栽秧、踩秧、打谷、背谷、晒谷,从烧畲、撒小米、种苞谷、薅草、摘小米、背苞谷,还有纺纱、织布等手工业劳动,无所不歌,包罗万象。歌中详细地交代了各自的时令特点和生产特点。《摆手歌》想象丰富,情景逼真,语言朴实,节奏鲜明,既富有强烈的浪漫色彩,又富有浓郁的乡土气息和生活情趣,深受土家族人的喜爱。

"摆手"源于湘鄂川黔边祭祀土王而举行的一种礼仪活动。清代改土归流后,土司制度废除,逐渐演变为颂春调年歌舞。新中国成立后,趋向歌、舞分离,从宗教歌舞演变为"样子""摆手歌"娱乐性节目,或在舞台或在旅游区进行表演。"摆子歌"土家语叫"舍巴歌",其内容由神话传说和生产生活题材组成,掌坛师或土老司领唱,群众随后和声相应。以龙山县马蹄寨摆子堂流传下来的摆手歌为例,第一部分是《雍尼、不索尼兄妹相配创造人类》《雍泽雍米涅带领土家迁入龙山》等;第二部分是歌唱四季农活,如砍火畲、撒小米、种苞谷及纺纱织布等。摆手歌大都用土家语演唱,曲调为一个乐句、二乐句和四乐句的乐段结构,羽调式,旋律多级进,并且小三度下行反复出现。

唱词有五字句、九字句、长短句不等。排比句多,形象生动,如《纪念八部》(土家语,汉字谐音)。

> 拿洞杰了格拔也,
> 捏洞杰了克者也,
> 拿洞捏洞杰了哩,
> 业坡我坡巴莫喂至谢,
> 业路我路巴莫扎的谢。

意译。

> 列祖列宗啊,
> 我们请了一遍又一遍,
> 请你们看着挂着金斗银斗的地方走来,
> 看着放有金钱投钱的路上踩过来喵。

《梯玛神歌》是土老司做法事时所唱的一种土家语古歌,如散文诗,不失音韵。它风格独特,想象丰富,涉及人类起源、民族迁徙、天文地理、劳动生产、饮食起居、生儿育女、法术医道等广泛的内容,对土家族的发祥、远古的历史、天性劲勇的民族性格和原始质朴的伦理道德观念等等,都做了真实记录,具有强烈的浪漫色彩和较强的故事性,堪称土家族史诗。

---

① 戴岳:《摆手舞与土家族的民族情绪情感》,《民族艺术研究》,2004 年第 3 期。

（二）仪式歌

仪式歌主要在土家族的婚丧喜庆等仪式活动中歌唱，或祈求吉祥，或歌唱幸福，或表示庆贺，或寄托哀思，情景交融，种类繁多。在婚俗方面，有《拦门歌》《哭嫁歌》《闹房歌》等；在修建新屋时，有《上梁歌》《踩门坎歌》等；在丧俗方面，有《跳丧歌》等；生小孩时，有《十朝歌》等。《哭嫁歌》是土家族妇女长期的集体创作，经过一代代的不断加工，逐渐丰富和定型。其起源与发展，是与土家族妇女在封建社会中的包办婚姻联系在一起的。"父母之命""媒妁之言"的婚姻制度，给土家族姑娘们带来了莫大的痛苦，久而久之便形成了"哭嫁歌"。其主要内容有"哭爹娘""哭公婆""哭姐妹""哭哥嫂""哭骂媒人""哭离娘席""哭辞祖宗""哭上轿"等，歌声委婉动人。在土家族地区，姑娘们从小就开始学习《哭嫁歌》，待成人出嫁时，便能歌善哭了。《上梁歌》是土家族修新居时，待新屋屋架立起后，择定良辰举行上梁的仪式歌。仪式开始，从屋架上放下绳，把画梁徐徐拉上去合榫，这时，由掌墨师与请来的贺梁人，你一句我一句地唱起《上梁歌》来。《丧歌》是在土家族丧事中唱的一种歌谣。流传至今的主要有《跳丧歌》和《丧堂孝歌》两种。《跳丧歌》是一种吊唁式的挽歌，其歌古老粗犷，音乐原始。《丧堂孝歌》分坐堂歌、行歌两种，有单唱、联唱、对唱等形式，歌手自唱自打鼓，不绕棺，不做动作，除请神、接亡人和唱亡人生平、送亡人等固定的程式外，还可以根据亡人性别，唱《徐母骂曹》《岳母刺字》《孟母三迁》《李陵碑》等故事内容。

哭嫁歌。旧时土家族姑娘出嫁前边哭边唱的歌。早在清代改土归流后就有哭嫁习俗，当时土家族的封建婚姻制度，给妇女带来痛苦，于是用歌来倾诉怨恨和离别之情。通常姑娘结婚前两天甚至一月前就开始哭嫁，每到黄昏，亲邻都聚会于出嫁姑娘家，抱首痛哭，哭到深夜始散。其内容有辞祖宗、哭父母、哭姊妹、哭哥嫂、哭吃爷娘饭、哭百客、哭上轿和骂媒人等。曲调只有一个较长的乐句，反复哭唱。一人哭者，由新娘独唱；两人哭者，多为两姊妹，亦称"姊姊哭"。新娘先唱，陪哭人从句尾插入，一起一落，有诉有泣，自然形成两个声部的复调歌曲，这是土家哭嫁的特点。歌词结构以七言两句和长短句为主。

> 我的爹，我的娘，
> 你下贱的女儿，
> 像香炉脚下一堆纸钱灰，
> 狂风一来纷纷飞。
> 象山上的小鸟，
> 长大离娘飞。
> 一无歇枝二无窝归，
> 今朝飞去何日回？

（三）劳动歌

劳动歌是在土家族生产劳动中形成的歌谣。《挖土锣鼓歌》是土家族地区普遍流行的劳动歌之一。《挖土锣鼓歌》的唱法是两人对唱，每人两句，夹以锣鼓，一韵到底，一天三歇，一口气要唱三个钟头左右，其内容主要有歌头、请神、扬歌、送神四个部分。在劳动歌中,还有长工歌、采茶歌、栽花歌、织布歌、抬轿歌、伐木歌,以及船工号子、放排号子、抬石号子等等。

《挖土锣鼓歌》,又称"薅草锣鼓",土家语叫"锣鼓哈",流传于龙山、永顺、保靖、古丈等土家族聚居县。土家族大都居住在偏僻的大山区,野兽猖獗,为避其害,便聚居成寨,集体生产,击鼓鸣锣,驱赶野兽,后来逐渐加进了歌唱,以鼓舞劳动。清同治《来凤县志》载:"四、五月芸草,数家共趋一家,多至三、四十人,一家芸毕,复趋一家。一人击鼓,以作力气;一人鸣镇,以节劳逸,随芸随歌,自叶音节,谓之'薅草鼓'"。其结构各县略有区别,龙山、古丈一带,一般由"歌头""扬歌""歌尾"三者组成;永顺、保靖一带则有"引子""请神""扬歌""送神"等四个部分。引子内容有唱古,有唱早晨的风光;请神先唱歌娘、歌爷,再请五方五位神灵;扬歌是主体,内容也很广泛,有批评,有表扬,或唱《三国》《水浒》《白果花》《恶鸡婆》《东三郎与西三妹》等传说故事,或"见子打子",随编随唱;[1]送神包括结束语,唱词与请神歌相呼应,哪里请来哪里送去,送完神,劳动结束。唱腔结构约分三类:一是流传保靖和永顺部分地方的两段歌曲,它以两个音调、节奏不同的乐段构成,第一段由锣鼓引出紧打慢唱的歌腔,曲调高亢悠扬,节奏自由,旋律富于装饰性,进入扬歌部分后,节奏明快有力;二是流传永顺、龙山的乐段式唱腔,以一基本曲调,反复演唱多段歌词,七言一句,二、四句一段,马蹄寨有三句一段式;三是用多首民歌连缀成套曲,通常由数首至二十首歌曲组成,桑植县五道水一带的醋草锣鼓套曲长达二十四首,如《路边黄花开》《青布衫子好看》《赞字歌》《黄罗伞》《一树花儿鲜》《太阳当顶上》《小媳妇歌》等。[1]以《路边黄花开》为例,开头是打击乐,谓之"起板锣鼓",唱腔中有领有相,一段词唱完后,又是打击乐,谓之"中板锣鼓"。打击乐器与打镏子相同,没有鼓,仅用大小锣和两副钹。

(四) 生活歌

生活歌是土家族在长时期的社会生活中喜怒哀乐的真情表露,是反映时代的镜子。在生活歌中,《土家族情歌》更是脍炙人口,它所表现的内容涉及了男女青年爱情生活中的各个方面,包括挑逗、试探、追求、相慕、赞美、约会、离别、相思等,有《相思歌》《求恋歌》《送郎歌》等,情歌内容丰富,十分感人,是土家族人思想、感情、智慧及爱情的艺术结晶。

土家族在长期的社会生活和生产实践中,创造了反映土家族历史和表现生产、生活特点的舞蹈。主要有"摆手舞""铜铃舞"和"跳丧舞""梅嫦舞"等。摆手舞是土家族的一种大型舞蹈。按其活动规模分为"大摆手""小摆手"两种;按其舞蹈形式分为"单摆""双摆""回旋摆";按其举行的时间,各地又有"正月堂""二月堂""三月堂"等之分。"大摆手"以祭"八部大神"为主,活动规模庞大,表演人类起源、民族迁徙、抵御外患和农事活动等。"小摆手"以祭彭公爵主、向老官人、田好汉和各地土王为主,[2]活动规模较小,表演部分农事活动。[3] 大摆手活动非常热闹,以湖南龙山马蹄寨为例,这里的大摆手历史悠久,规模庞

---

① 潘存奎:《浅析湘西土家族民歌及艺术特征》,《美与时代(下)》,2010 年第 6 期。
② 赵翔宇:《从娱神到娱人:土家族摆手舞的功能变迁研究》,《民族艺术研究》,2012 年第 4 期。
③ 何智勇:《浅析土家族摆手舞的体育文化特征及社会功能》,《科技信息》,2011 年第 8 期。

大,远近驰名,上至鄂西、川东,下至永、保、庸、桑,热衷于摆手活动的土家族人,以及客商小贩、杂技艺人等届时纷至沓来,多达数万,成为湘鄂川黔边境文化、经济交流的民族盛会。大摆手是在摆手堂中举行的,摆手堂正中央,供着八部大王及其夫人"帕帕"的神像。摆手堂大坪中间一根高24米的旗杆上两面龙凤旗迎风招展,旗杆顶端立着一只白鹤,振翅欲飞。大摆手活动按三年两摆的传统习俗,于正月初九至十一举行。届时,各寨依姓氏或族房组成摆手"排",每"排"为一支摆手队伍,各"排"人数不等,均设有摆手队、祭祀队、旗队、乐队、披甲队、炮仗队。各摆手排先在各自寨上列队整装,待令出发。在大摆手队伍中,还规定游手好闲者、行盗为娼者、不忠不孝者均无权参加。列队完毕,听到炮令后,便依序向摆手堂进发。将至摆手堂时,则停止前进,由甲乙两队白龙旗手进行"闯驾"后方能"进堂"。其做法是:双方各选一彪悍后生,各持白龙旗相互绞裹,如乙方被甲方裹住,且挣脱不开,则输于甲方,得让甲方先进堂。进堂时,鼓手击过"三十六滩"的鼓点,鼓声由慢而快、由轻到重,用音响效果陪衬出急湍的水声、河鹰拍翅声、众人过河上滩时的水声,生动形象地表现了土家族人民在人生之路上艰难创业的历程。进堂后先扫邪,后安神。祭事完毕,礼炮三响,装满火药的三眼铳、鸟铳、火炮如万炮齐轰,继而一阵"吾—呼—也—喂"的吆喝声,"点咚—点咚"的摆手锣鼓撼天动地,催人起舞,全场沸腾。人们在掌堂师的指挥下,整齐地变换着舞蹈动作,时而单摆,时而双摆,时而旋回摆,舞姿优美,动作逼真,刚柔相济,粗犷雄浑。随着摆手舞的内容,展现出民族迁徙、狩猎征战、农桑绩织等一幅幅有民族特色和生活气息的艺术画卷。最后,以大团摆的形式,组成象征吉祥、团结的太极图图案。牛角呜呜,炮仗齐鸣,紧锣密鼓,显得庄严古朴。

"小摆手"是土家族居住区普遍盛行的一种文化习俗活动。过去,凡百产之乡,皆建有土王祠,又称摆手堂,堂前有宽敞的土坪,有的还建有牌楼、戏台等,以祭土王、祈丰年为目的。举行"小摆手"活动时,男女齐集神堂,击鼓鸣锣摆手。各地的小摆手活动,土家族称"社巴日",内容以狩猎,农事舞为主,兼演"茅古斯",并有游戏活动。"小摆手"的主要舞蹈动作有"叶冬起也",摆手人将肩膀左右扭动,节奏很快;"查查起也",即打蚊子的意思,动作是双手在胸前拍打三下后,再接摆手舞的单摆或双摆动作;"物打哈",又称"物打挤",即牛打架,其动作是两人面对面摆手,一进一退,均抱腕,相斗成趣;"气聋嘎",即吃豆渣豆豉,左手叉腰,右手作吃豆渣往嘴里喂的动作,摆三下,喂三下,再复原到单摆或双摆的动作;"撒尺克挽",即挽麻团,双手作握拳状,在胸前互相绕着转动,每转动几下,又进入正常摆手;"里立克斯",即抖跳蚤,摆手人手牵着手,臀部往下沉,快抖快摇,边抖边摇,向外抖了后又向内抖,越抖越快。除以上比较原始的动作外,还有大量的农事动作和日常生活动作。土家族人从小便在有意无意之间,学会了这些动作,然后随时参加类似的活动。

在乐器方面,土家族主要有打击乐、吹奏乐、口弦乐等,它以其民间文化传统的思维方式,摄取大自然所赋予的万籁精华,用独特的音响和丰富纯真的感情,表达了土家族人的审美情操和精神风貌。土家族的打击乐,主要是鼓、锣、钹,而最令土家族人喜闻乐见的是"打镏子"。打镏子是流传在土家族聚居区的一种古老而优美的打击曲牌音乐,用于结婚、年节等喜庆场合,是土家族人最喜爱的器乐合奏,也是土家族特有的一种文艺形式,故有"土家三大乐:摆手、哭嫁、打挤钹"之说。土家族男孩从五六岁起,便跟着老艺人学打镏子,耳濡目染,世世代代相沿成习。每逢婚娶、年节、喜庆之际,他们便相邀为伍,打起镏子,串乡走寨,热闹非凡。一支镏子队伍由四人组成,所用的乐器有头钹、二钹、马锣、大锣四件乐器,①如另加一土唢呐,便组成了土家族吹打乐——五子家伙。钹、锣均系民间手工铜匠用熟铜精工制作而成,钹碗略大,钹面平,薄且宽大,钹边不像苏钹那样翘得高。头钹直径 23 厘米,击来呈中音状;二钹直径为 20 厘米,边微翘,呈中音,比头钹稍亮。打钹有亮打、闷打、侧打、揉打、挤钹、磕边等打法,给人以热烈、雄壮之感。马锣比大锣稍小,直径为 19 厘米,边高 2.5 厘米,重八两②左右,锣面薄而音脆,有单锣、花锣等打法,给人以喜悦、欢快之感,富有一种诙谐、调皮的意味。在演奏时,各操一种乐器,配合默契,节奏紧密,互相照应,相得益彰。其中以二钹担任主奏,与马锣同行,点子多落在弱拍或后半拍。如此四步组成一律,起落有韵,延滞有节。因其声部的关系,土家族民间素有"会玩龙灯玩脑壳,会打镏子打马锣"和"会打镏子打二钹"③之说。土家族"打镏子"与其他音乐形式一样,有它自己独特的乐汇、乐句、乐段和曲牌。曲牌大体由头子、镏子两大部分组成。头子部分,千变万化,是主要的描写部分,也是曲牌的主体所在。

土家族的镏子曲牌,有 300 余种,可分为绘声、绘神、绘意三大类。绘声类即以自然界动物的叫声或行动声为乐曲的曲牌,如"蛤蟆闹塘""喜鹊闹梅""八哥洗澡"等。这些曲牌,通过对鸟兽虫角的叫声和行动声的模拟性描写,栩栩如生地展现出自然界生机勃勃的景象。绘神类以反映日常生活为主,如"小纺车""闹年关""大妹怀胎""瞎子闹街"等,它采取拟人拟事的手法,把日常生活中一些事物绘声绘神地反映出来。绘意类曲牌则以抒发人们美好、吉祥的感情为其创作动机,如象征如意的"野鹿含花""观音坐莲""鲤鱼跳龙门"等,以美好的愿望,朴实的手法,绘出了一幅幅古色古香的图案。

"冬冬奎"是土家族姑娘们特有的一种古老的竹管乐,是用一节毛笔杆粗细,9 厘米见长的小竹子凿孔削簧制作而成。管壁一般开三孔,也有开四孔的。秋后或冬春农闲季节,土家族山寨到处可以听到"冬冬奎"的吹奏声,它以一个三音腔或音程的不断变化而构成其独特的旋律,具有发音清脆、打音、颤音兼备的特点。④ 吹牛角本是古代用于战争时发出的信号,后来演变为土家族祭祀音乐中的主奏乐,继而发展为土家族民俗歌舞活动中不可缺少的民族音乐部分。《摆手舞》等歌舞,都要吹牛角。吹牛角通常吹奏的曲牌有"高音吾哩""低音吾哩"等,一曲分两口气吹完,要有一定长气和吹奏技能者才能吹得深沉雄壮,⑤造成一种古老、肃穆的气氛。土家族民族文化活动中还有配合吹牛角或代之吹牛角而吹奏的一种自制的土乐器,俗称"土号"的野喇叭,它是生长在荒地里的一种野生植物,长约两米至三米,头粗尾细,内空外圆,口径约五至六厘米。秋后,表皮呈黄褐色即可采制,其音昂扬激越,有军号之势。吹木叶也是土家山区常见的一种口弦乐器,取材方便,树叶、竹叶、苞谷叶均可,其音脆亮、悠扬,宜吹奏山歌风格的曲调。土家族人在劳累之余,常

① 刘勋、刘皆志:《捞车河 土家人的"民俗博物馆"》,《旅游》,2009 年第 12 期。
② 1 两=50 克。
③ 王跃辉:《论土家族"打挤钹"的音乐特征》,《中央民族大学学报》,2002 年第 2 期。
④ 阳赛玉:《泸溪县苗族音乐的艺术特征和文化内涵》,《黄河之声》,2015 年第 1 期。
⑤ 第四章:《文学艺术》,《吉首大学学报(社会科学版)》,1981 年第 3 期。

以吹木叶来消除疲劳,抒发情感。

　　土家族还有一种爱戏剧的癖好,土家族戏剧是伴随着它的生产活动产生的,其最原始的戏剧是"茅古斯"。"茅古斯"是土家族摆手活动中在摆手舞间隙进行的一种具有故事情节的表演活动。其形式是:演员十多人至二三十人不等,一人饰老茅古斯,代表土家族祖先,其余为小茅古斯,代表子孙后代。他们全身都捆着稻草,头上扎有棕树叶子拧成的五根辫子。化好妆后,事先在草树下候场。摆手舞跳到一定的时候,他们便轰然入场,摆手者必须立即停止,纷纷让路,说是祖先爷爷来了。观众对演员不能妄自评论,不能指名通姓,否则,被认为不吉利。[①] 茅古斯每夜表演一场,内容以反映生产生活内容为主。摆手舞是以定型的舞蹈动作来体现,茅古斯则通过一定情节和人物对话等戏剧手法再现生活。[②] 情节简单,动作原始,基本上是照搬生活。土家族戏剧除茅古斯外,还有古老的"傩愿戏",据有关地方志记载,"傩戏"很早以前即在土家族地区流传,是以面具、歌、舞、道白等手段,在装鬼扮神的戏剧因素基础上,加入世俗的人物、情节和娱人成分而形成的一种民间祭祀性戏剧,剧目分为《傩坛正戏》和《傩坛外戏》。这些剧目,唱词通俗,道白风趣,具有强烈的地方色彩。唱腔简单朴实,有平调,悲调、神仙调等,用锣鼓伴奏,道具用牛角、司刀、开山刀等。

　　除了以上的歌舞乐剧外,土家族地区还有玩花灯、唱小调和打三棒鼓等文化活动。特别是曲艺型的花灯小调,更是声情并茂,脍炙人口,其中像《孟姜女》《四季相思》《绣花鞋》《五更望郎》,以及"十爱""十想"之类的风流小调,在土家族山寨几乎家喻户晓,许多人都会唱。其内容除反映土家族男女间的爱情与表达土家族人民渴望自由和善良愿望外,还有反映土家族风土人情的作品。

　　通过上述简单的介绍,可以看到,在土家族地区,歌、舞、乐、剧,广泛存在于人们的生活中,几乎每个人,从小就受到它们的熏陶,并且有不少人还掌握了其中一种乃至几种艺术形式。对于歌、舞、乐、剧的学习,大多是潜移默化、自然而然地进行的。但也有专门从事这些艺术门类的教育的人,当然也就使得不少人有了系统学习的机会。从古至今,土家族地区产生了数不清的民间艺术家,他们精通、熟练于歌舞乐剧的创作或表演,这些人大多经历过系统的学习,并且通过他们,将歌、舞、乐、剧的创作、表演水平推向一个又一个高峰。至今,许多土家族的艺术精品,便得益于那些世世代代传承下来的优秀的歌舞乐剧。

二、故事谜谚教育

　　土家族人在认识和改造自然与社会的过程中,创造了许多富有想象力和爱憎感情的传说故事,总结了许多具有知识性、趣味性的谜语和谚语。因为土家族没有文字,所以,这些优美的民间故事、谜语、谚语,只能用口头世代传承。

---

①　唐荣沛:《土家族原始舞蹈——茅古斯》,《西部时报》,2004 年 3 月 3 日。
②　陈庭茂、彭世贵:《茅古斯舞,中国古代戏剧舞蹈的活化石》,《民族论坛》,2012 年第 4 期。

（一）故事题材

在土家山寨,不论是茶余饭后、工余时间,还是生产劳动、数人同行或夜间闲谈等场合,均可听到有人讲故事。土家族人讲故事的题材很多,一般情况下,有习俗根古、有勇有谋、爱憎分明、夫妻恩爱、机智勇敢、讥讽笑话等方面内容。

1. 习俗根古

土家族有独特的风俗习惯,而每种习俗,都有其来源传说。土家族人在讲述故事时,往往以见景生情、借题发挥的手法,把习俗根古讲述一番。比如在接亲嫁女场合,有人看到新娘的装扮时,就会问及:新娘为什么要戴蒙面丝帕,为什么要捆红色头发绳、挽粑粑髻,为什么要穿耳环、戴戒指、戴手圈,为什么要哭嫁,等等。这时,知道这习俗根古的人,就争先恐后地讲述起一个《兄妹成亲》的故事来,说明新娘的首饰等习俗来源。

2. 有勇有谋

土家族人的故事中,有关英雄人物的传说很多。但在讲述英雄人物的事迹时,总是教育人们不但要勇敢,而且要有谋,要吸取历史上英雄人物有勇无谋而失败的教训。这类故事中,流传较广的有《鲁里嘎巴》。鲁里嘎巴是土家族民间传说中的英雄人物之一,他性情耿直,诚实寡言,个子高大,力大无穷,家境贫苦,与瞎子老母相依为命,靠打柴为生。由于家里贫穷买不起砍柴的刀、斧,全凭手臂力拔树折枝作薪。这位土家族的英雄,在战场上,敌人的刀、枪、箭、戟未曾伤他一根毫毛,却在练武时受人蛊惑丧了性命,真是令人惋惜!土家族用这个故事教育人们,有勇更要有谋,遇事谨慎,三思而行,不要凭意气用事,不能盲目行动。

3. 爱憎分明

土家族的故事中,教育人们爱憎分明的题材很多,通过讲述这类故事,培养人们憎恶崇善的美德。例如《磨亮卡铁》的故事,说的是古时候,有位名叫磨亮卡铁的土家族英雄,身有九牛般的神力,但从来不倚仗自己的大力气欺侮乡邻百姓,处处为乡邻百姓谋利益,后来被土司王活活毒死。死后化为白鹤,杀死了土司王。土家族百姓一直珍爱白鹤,与这个故事有着直接的关系。

4. 夫妻恩爱

土家族的爱情故事中,多以夫妻恩爱的题材来教化青年一代。例如《婆婆树》的故事,说的是一个美丽的土家族姑娘,名叫阿打,自嫁给一位土家族小伙子阿可以后,夫妻俩相亲相爱、夫唱妇随、男耕女织,生活美满幸福。后来阿打被龙王抢到龙宫,阿打竭力反抗,被龙王勒死丢在河边,结果尸体变成了一株婆婆树,屹立河边,望着河对岸的丈夫阿可。阿可发现后,抱哭三天三夜,之后,阿可也变成了婆婆树,两树枝丫交叉,盘根相缠,任凭风吹雨打,两株树都紧紧地抱在一起,表示着夫妻恩爱永不分离之情。

土家族故事中,表示机智勇敢的不少,还有一些讥讽笑话,在土家族地区流传甚广。许多儿童都能讲几则,成年人则更不用说了。这些故事,是自然而然地深入人心的,也有系统的传教,但这种传教只在以讲故事为业的人中进行。这种以讲故事为业的人在土家族地区虽亦存在,但可谓凤毛麟角。土家族的民间故事内容非常丰富,而每则故事,都寓意着一定的教益,尤其是土家族传说中的英雄人物,如八部大王、务相廪君、向王天子、科洞茅人,以及向老倌人、田老汉等形象,不仅在土家族人心目中成为崇敬习俗方面的神话人物,而且在土家族人讲故事时,言必提及,因而在土家族地区世代流传,永兴不衰。

(二) 神话传说

神话反映出古代土家先民对自然事物的看法,描写人类与自然界做斗争的情景。流传至今,比较著名的有《张果老与李果老》《洪水故事与兄妹结婚》《鹰氏公公佘氏婆婆》《梅山打虎》《鲁班修佛潭》等。

湘鄂西土家族中都流传着张果老、李果老造天地的神话,其情节并不一致,但主要内容基本相同。张果老在造天的时候,看见地上的水太多了,就造了 24 个太阳,不分日夜地晒。不久,地干了。可是太阳的光辉太强烈了,晒得草枯地裂,只有一棵马桑树长得齐天高。一只青蛙为了逃避太阳的暴晒,就沿着树干爬上去,青蛙恨透了太阳,它张开血盆大口,一连吞食了 22 个太阳。当它将要去吃剩下的两个太阳时,不料观音菩萨发现了,愤怒地挥舞棍棒打弯了马桑树。青蛙再也吃不到太阳,从此地上有了草木,只是马桑树再也伸不直腰。剩下的两个太阳,观音菩萨让它们中的一个照白昼,一个照黑夜;照白天的叫太阳,照黑夜的叫月亮。太阳是个姑娘,白天出来害羞,就放出五彩神针刺人眼睛,不让人们看它。这个神话反映人们征服自然的信念、力量和智慧。

《洪水登天》这类创世纪神话在中南、西南的少数民族中都普遍流传,在湘鄂川黔边土家、苗、侗地区也极为盛行。土家族称之为《雍尼·不索尼》,也称《东山老人与南山小妹》《罗氏兄妹》《伏羲兄妹》,其结构则大同小异。说从前有七兄弟,把雷公捉下天来,准备煮烹吃掉,后来雷公用计逃回天宫,怒降七天滂沱大雨,把世上的人全都淹死,唯独兄妹二人躲在葫芦瓜里保全了性命。洪水退过之后,兄妹经过一番周折,终成婚配,生下一个大肉球,天上降下一把大剪刀,剪开了它,散之四方,都变成了人类。其中值得研究的是这类神话详略不一、穿插不一、结尾不一的部分,往往都反映出其民族特点和地区特色。例如龙山、永顺的结尾部分说肉块掺泥巴撒出去变成了"土家",肉块掺苗苗撒出去变成了"苗家",肉块掺沙子撒出去变成了"客家",用以说明相邻民族的来源。又如来凤、鹤峰、秀山等地的结尾部分说肉球裂开了,落在土里的变成了"土家",落在田里的变成姓田的祖先,既说明本民族的来历,又说明本民族的强宗大姓的渊源。

《廪君化白虎》是说东村(今长阳渔峡口)有座古庙,后来,一个白头发、白胡子老头逃到庙里与和尚一起生活,这个老头过去很善战,不久在庙里死了。当地人们把他埋在灯芯岭,埋的时候,这个老头化成一只白虎升了天,从此人们就叫这个地方为"白虎垴"(今渔峡口白虎陇)。[①] 后来覃氏将祠堂从蛮家垮搬到东村,建在白虎陇。因白胡子老人是覃姓人家埋的,为了纪念这位老人,于是将覃氏祠堂也命名为"白虎陇堂"。

民间传说多以历史事件、历史人物为题材并加以渲染夸张、美化而成。还有一些有关

---

① 刘阳:《浅谈图腾崇拜对湘西舞蹈文化的影响》,《大舞台》,2011 年第 1 期。

土家风俗、地名、节日来历的传说,如《关王大战土王》《向老倌人》《田老汉》《覃重王》《白鼻子土王》《覃二哈》《白鹤井》《锦鸡和巴西》《落印潭》《九节牛角》《八耳锅》等。不少传说把人物、事物刻画得惟妙惟肖,《向老倌人》的传说流行最广。说土王派向老倌人到朝廷去拜见客王,客王问他住在哪里? 他说:"千根柱头落地,风扫地,月点灯。"客王又问他手下有好多人? 他说:"七十人背柴,八十人做饭,三只盐船下水,磨鹰滩上打烂一只,三天没得盐吃。"客王听了心里害怕,以为他地广兵多,就想害死他。他回家时,客王赐他一瓶毒酒,要他拿回去大伙一起喝,谁知他在路上吃了,马上被毒死,但尸首不倒,夹在马背上驮回家乡水扒洞才倒下去。其实,他回答客王的是他住茅草房子,只有三只鸭子,被打死一只鸭,鸭蛋少了,不能拿去换盐吃。后来土家后裔都立祠供奉他。①

《白鼻子土王》主要控诉溪州土王的暴虐无道。说白鼻子土王荒淫无耻,一共讨了48个老婆。他鼻子时常发痒,一发痒就要杀人,把杀死的人的血涂在鼻子上,他才觉得舒服。他杀来杀去,把他的部下都快杀光了。但他又惧怕土家百姓起来造反,就下了一道命令,把百姓的瓦屋拆光,盖上木房。木房盖好了,白鼻子土王跑到高山上,叫人在下面放火,要把民房全部烧掉。一霎时火光冲天,喊声震天,他反而哈哈大笑,真是无耻到了极点。

《卡尼昭昭》讲一个童养媳的悲惨遭遇。当这个小姑娘被迫自杀而死后,变成了一个叫"卡尼昭昭"的小鸟,它每天傍晚凄惨啼鸣,表达对不幸婚姻经历的控诉。

《岩头坡》描写一个草医喜欢给穷人看病,不取分文,地主给一半家产请他看病,因他严词拒绝,活活被地主折磨而死,变成了岩头。人民永远崇敬和瞻仰他。

(三)民间故事

土家族的民间故事有幻想故事、生活故事、机智人物故事、童话、寓言等。这些故事构思精巧,情节曲折,极富魅力。② 幻想故事事的代表作有《咚咚奎的故事》《守猪郎和龙女》《张开嘴吃布》。生活故事的代表作有《土司背新娘》《没主见的人》《戒酒》。机智人物故事的代表作有《智为穷人娶娇妻》《波七卡的故事》《车方生的故事》《冉广盘的故事》。笑话的代表作有《听说过的,我们都晓得》《糊涂虫》等。

《咚咚奎的故事》讲的是兄弟俩学艺,哥哥啥都没学会,只学得几句花言巧语。弟弟认真学艺,学得一手好咚咚奎。春天,弟弟吹起咚咚奎,感动了鸟神,鸟神请他去吹了三天三夜,临走,送了一支铜咚咚奎给他。他又练了三年,他吹的咚咚奎感动了地神,地神请他去吹了二天三夜,临走,送了一支银咚咚奎给他。他又练了三年,他吹的咚咚奎感动了天神,天神请他去吹了三天二夜,临走,送了一支金咚咚奎给他。他又练了三年,吹风就来风,吹雨就来雨。哥哥用花言巧语借去金咚咚奎,一吹,像鹰叫,鹰来叼走了他家的鸡鸭;又一吹,像狼叫,狼来叼走了他家的猪羊;再一吹,像火声,火一起,把他家烧得精光。哥哥从此

---

① 据中南民族事务委员会 1956 年龙山土家族调查报告,此传说为彭士愁接受客王赐爵赐谱传说。首段为客王会见彭士愁;中间对话完全与上说相同,末段以授爵授谱结尾。

② 彭林绪、杨明.《试析重庆土家族文化的资源和利用》,《历史科学与城市发展——重庆城市史研讨会论文集》,1999 年。

接受教训,认真学艺。学好后,兄弟俩分头到 48 峒去传艺,48 峒的土家人都学会了吹咚咚奎。

《土司背新娘》是一则打抱不平的故事。写彭不平遇一妇女抱住女儿痛哭,一问,知是土司王要她将女儿送进王府。彭不平安慰了母女俩,又充当她女儿表哥,去向土司王要300 两银子。他还说,表妹八字大,要克夫,成亲时,一见不得生人火光,二听不得鞭炮唢呐,三坐不得花轿,四住不得高楼大厦,要由土司本人背去一小院入洞房才行,土司满口答应。成亲那天,彭不平将 300 两银子交给母女俩去远方谋生,自己穿上露水衣,搭上露水帕。等土司把他当新娘背起穿过树林时,他假装撒娇说:"要得夫妻常聚月常圆,丈夫背上引三拳;要得百年夫妻和,丈夫胸前踢三脚。"土司果真叫他打,叫他踢。彭不平打得土司口吐鲜血,又踢断了土司的两根肋骨,然后将土司掀进沟里,大笑着走了。[1]

《没主见的人》为讽刺故事。写一没主见的人出门卖马,遇一卖羊人要以羊换马,他不干。卖羊人反复唱:"马儿换成羊,包你喜洋洋,羊儿只吃草,马儿要吃粮。"唱得他动了心,用马换了羊。又遇一卖鸡人,要用鸡换羊,他不干。卖鸡人反复唱:"羊儿咩咩咩,不及金鸡啼,鸡啼催人起,不必再迟疑。"唱得他动了心,用羊换了鸡。又遇一卖黄瓜的,要用瓜换鸡,他不干。卖瓜人反复唱:"公鸡闹喳喳,不如嫩黄瓜,黄瓜香又脆,人人吃了夸。"唱得他动了心,用鸡换了瓜。回家途中,他又累又渴,就把黄瓜吃了。他突然想起妻子正等他拿钱回去,这才后悔了。故事采用夸张的手法,催人立志。

《智为穷人娶娇妻》为机智人物故事。写刘光贵为给守牛娃张德宝娶妻,给他十颗戒指,让他设法换得小姐亲手做的带子和荷包,又借算八字为名,使德宝讨得了小姐的喜欢,并讨得了小姐的生辰八字。接着,他叫德宝送上订婚礼,并喊王员外亲爹。王员外去官府告德宝骗婚,刘光贵叫德宝去大堂时,带上戒指、荷包和一颗小针,紧接小姐跪下。县官问案时,刘光贵巧言对付,德宝不时用针扎一下小姐,小姐一回头,德宝就说:"小姐,你不要着急,大老爷会公断的。"县官便以为他二人情投意合。刘光贵又说,二人早交换了信物和生辰八字,信物是带子、荷包和戒指,王员外也是早就答应了的,只是现在又悔婚。县官信以为真,就命二人当堂成了亲。故事构思精巧,情节离奇,极富魅力。

《听说过的,我们都晓得》为笑话。写一土王每天要听一个故事,他听完天下的故事后,下了一道诏书说,谁能讲出他没听过的三个故事,就将女儿嫁给他。一土民前去给土王讲故事。第一天,他讲:"我家的吊脚楼高,站在梁上可摘星星。"土王只好说没听说过。第二天,他讲:"我家房大,骑马跑一圈要三年。"土王又说没听说过。土王下来一想,明天是第三天了,便召集文武官员说:"明天他讲完,你们就说:听说过的,我们都晓得!"第三天,那土民说,土王借了他 300 两银子。文武官员一起说:"听说过的,我们都晓得。"土王没办法,只好拿 300 两银子给那土民用以还账。

《猴子和团鱼》为童话。写团鱼问猴子为啥那样聪明,猴子说是吃了山中的果子,团鱼要它带些果子来。团鱼母亲说它受了骗,要聪明就得吃猴子那颗心。猴子给团鱼送来了

---

① 王芳:《湘西土家族文化德育资源的开发研究》,西南大学硕士学位论文,2010 年。

果子,团鱼说,它要吃猴子那颗心。猴子说:"好,只是今天我把心留在家里了,等我回去给你取吧!"团鱼把猴子送回了森林,一直等到天黑,猴子都没来。团鱼自言自语地说:"猴子的心究竟放在哪里了呢?"

（四）谜语

在土家族民间,普遍有着猜谜语活动的习惯,土家山寨,无论男女老少,都能用隐喻、形似、暗示某一事物特征的方法造成诗句、俗语等短句的几个谜面,供人猜测,以此开化智力,增强人们的思维能力,深得土家人民的喜爱。土家族民间流传谜语的形式,主要有盘歌谜语、直释谜语和故事谜语三类。

盘歌谜语的内容有盘花、盘物、盘人、盘事等谜题。活动时,一般以二人对唱,一问一答,也有一人盘唱,众人抢答的。盘歌谜语,除了一些固定成型的谜歌以外,多以即兴拟题,出口成章,随问随答的手法,表现歌手们的聪明才智。盘花时,根据土家族山寨的农作物和自然花木为题进行盘唱。盘物则以土家族生产、生活中的器具为题,盘唱各种各样器具什物。盘动物时,按照土家族地区有关动物的特征,绘声绘色地盘唱各种动物。盘人物时,结合土家族有关风俗习惯方面的人物活动情形,盘唱各种人物。这些盘歌谜语,一句描述一事,四句成一首诗歌,唱者出口成章,听者悦耳入神,为土家族人喜闻乐见。

土家族的直释谜语比盘歌谜语隐喻深奥,经过一番深思熟虑才能猜准。直释谜语的谜面,有一句一事,二句一事,也有三句、四句一事的,但一个谜底的谜面最多不超过四句,而在四句谜面中,也有四件事物连成一首诗歌似的谜面。直释谜语的题材,根据土家族人的生产、生活及社会实践,有物谜、人谜、事谜、行为谜和文字谜等等,包罗万象,无所不有。

故事谜语,有故事中产生谜语和谜语中产生故事两种形式,用讲故事猜谜语,是土家族人开展谜语活动的特点之一。其内容,常以讥讽达官贵人、赞扬劳动人民的题材来抒发情感,获得乐趣。

（五）谚语

土家族人在长期的生产、生活和社会活动的实践中总结了许多经验,并把这些经验用简练的语言概括为具有知识性、哲理性的民间谚语,以指导人们的行动。在土家族地区流传的谚语,具有语言精练、句式整齐、音韵和谐、通俗易懂等特征,深受土家族人的喜爱。常用谚语大体可分为生产谚语和生活谚语两大类。流传在土家族人中的生产谚语又以农谚为主,而农谚中的条目,从预测天气、年成到一系列农事活动,面面俱到。人们常以农谚中点明的自然规律安排生产活动,常见的有预测气候谚、观察晴雨谚、生产技术谚等。至于生活谚语,有日常生活习俗谚语和社会生活谚语两方面。这些谚语,给人们提示了处世为人的必要准则。

土家族的格言谚语十分丰富,其内容可分为时政类、事理类、修养类、社交类、生活类、生产类和自然类。这些格言谚语具有鲜明的民族性和时代性,它是土家族人经验的总结和智慧的结晶。其中,除土家族人自己创作的以外,也有借用的和将其他民族的格言谚语加工改造而成的。现将各类代表作介绍如下。

1. 时政类

有国才有家,有根才有花。家好不如寨好,寨好不如国好。一个潭坐不得两条龙,一座山藏不得两只虎。

2. 事理类

有谷必有稗,有利必有害。事从根上起,莲从根上发。一枝不动,百枝不摇。草鞋不打脚,脚要打草鞋。

3. 修养类

鸟靠翅膀,人靠理想。菜无心死,人无志忘。人凭良心树靠根。路直有人走,人直有人从。穷得硬扎,富得正大。会看水的看三家,不会看水的是冤家。

4. 社交类

山深草药多,人众主意多。人多讲得出理来,稻多打得出米来。一只野鸡一座山,一条蛟龙一个潭。一根黄毛草,一颗露水养。一根稻草搓不成索,一丝篾条织不成箩。一盘散沙难打墙,一根柱头难顶梁。搞铁还要泥水浆,没有泥水打不成。

5. 生活类

亲三代,族万年。人大不如字辈大。贤女不嫌后家,快刀不砍后山。亲戚巴不得亲戚好,弟兄巴不得把米讨。有了几层人,隔了几厅门。水是家乡水好,人是故乡人好。水流千里归大海,人行千里思家乡。哪有男儿不思乡,哪有女子不想娘。

6. 生产类

要吃平年饭,隔年做一半。赶季节种宝,过季节种草。呆人莫听乖人哄,桐子开花快下种。八月无闲人,闲的是苕人。半夜落雨半夜耙,牛角上头绑火把。高垫结口深关水,哪怕七月不下雨。

7. 民俗类

撑肉赴山,敬奉梅隙。起屋莫跨新梁,草鞋莫踩产房。烤火莫踩二脚,做客莫入上坐。二十初一,女不入店。正月十六吃龙肉,惊蛰画箭射白虎。

8. 自然类

太阳送山,明日打砖。日落西北一点红,半夜起来搭雨棚。月亮戴箍,苞谷晒枯。

故事也好,谜谚也好,土家族人从小就能接触,谁都能讲它几个,说它几个。每一个家庭,便是一个课堂,长辈教晚辈,循序渐进。田间地头,人们劳累了,坐下来休息,便有人讲故事、说笑话,众人听着,兴奋异常,之后,你传给我,我传给你,慢慢在土家族山寨传开了,这就是故事谜谚在土家族地区的教育方式。

土家族的口头文学十分丰富,神话传说、故事也是其中的重要组成部分。有的寓于诗歌,有的口耳相传,委婉动听,极其优美。

第六章

辛亥革命至新中国成立前的土家族教育(1911～1949年)

第一节　辛亥革命后至抗日战争前的土家族教育

一、社会概况

　　随着帝国主义侵略步步加深,清政府对各族人民的压榨也越来越残酷。从 1842 年第一次鸦片战争战败签订《南京条约》开始,陆续签订了一个又一个不平等条约,不仅丧失主权,还向侵略者赔偿巨额赔款。清政府将这些巨额赔款摊派到各省,实际上全部转嫁到各族人民头上,极大地加重了人民的负担。[①] 例如 1901 年,清政府就将《辛丑条约》中的四亿五千万两白银巨数摊到各省,并责令"如期汇解,不得短少延期"。对于湘鄂川黔地区的土家族,绝大多数生活十分困难,原有的捐税就已经压得喘不过气来,再加上这些额外的负担,无异于雪上加霜。以贵州为例,《辛丑条约》赔款摊派给贵州省 20 万两白银,全省年财政收入不过 60 万至 70 万两,"每年尚需依赖 80 万至 100 万两'协款'银,才能勉强度日",[②]贵州人民(包括土家族人民在内)负担之重是可以想象的。

　　到清朝的中后期,国内矛盾日益尖锐,咸丰元年(1851 年)爆发了洪秀全领导的太平天国起义,席卷全国,土家族人民积极响应和支持。为了防止土家族人民的反抗,清政府在各府、州、县和重要军事要地增加绿营兵驻防,进一步完善保甲制度,举办团练,组织地主武装,由当地地主充任团总,制定团练章程,按自然村寨组织团练,无论贫富,户出一丁,团总负责清查户口,训练团丁。清政府还实行连坐法,"责成团清其团,族清其族。如一家有犯,九家同坐",以加强对地方的统治。光绪三十一年(1905 年),清政府在推行"新政"中,裁革绿营兵,改为编练新军。在土家族地区建立警察机构,各县设立警务公所,并利用各地方政权机构和汉族地主豪绅及土家族上层,对境内各族人民进行残酷统治,实行民族

---

　　① 陈国安:《试论土家族人民对辛亥革命的贡献》,《贵州民族研究》,2001 年第 6 期。
　　② 范同寿:《贵州简史》,贵州人民出版社,1991 年,第 154 页。

压迫和歧视,推行民族同化政策,制定种种禁令,以达到"诛离异类"的目的,致使土家族地区的各种社会矛盾越来越尖锐。

为了解决对外国侵略者的巨额赔款,镇压各族人民的反抗而耗费巨大军费开支的问题,清政府不断增加税收,湖南省在各重要商品集散地普遍设立了厘金局,几乎所有过境商品全部征税,有的商品从原料到制成品先后要交数次税。各府、州、县为了解决财政的困难,捞取更多的钱财,也随便设局抽厘,敲吸土家族人民的骨髓。各种苛捐杂税,名目越来越多,据秀山县民间的统计,有送新、夏麦、秋粮、芝麻、茶、笋、朝贡表笺、月会费、束修、助边镶、户税等十多种,还有不时委派的各种差役。不仅如此,还要交纳不断增加的夫谷夫钱,"夫谷夫钱,有由一而累百累千者,小民不知不识,岁苦其供"。黔东北土家族地区的人民要负担的苛捐杂税也很多,点灯有灯捐,修路征路税,还有房捐、肥猪捐、油榨捐、火笼捐、地税、牛税、人头税等,不一而足。土家族人民"精华已竭,膏血俱尽",苦不堪言,过着"菜当三分粮,辣子当衣裳,火塘是暖房"的极端困苦的生活,只得铤而走险,起来革命。

清王朝后期,政治腐朽,社会混乱,吏治腐败,对各族人民实行最残酷的政治统治和最沉重的经济剥削,使国内矛盾日趋尖锐,外国帝国主义的侵入也加速了清王朝的覆灭。辛亥革命前夕,抗粮抗税抗捐的斗争此伏彼起,席卷全国。土家族地区的反抗斗争如火如荼,汹涌澎湃,预示着一场大规模的革命斗争即将来临。[①]

辛亥革命前夕,以同盟会为主的革命力量正积极活动,同盟会会员遍布全国各地,组织和发动群众,准备起义,推翻清王朝的反动统治。全国各地风起云涌,不断爆发起义。土家族地区以 1911 年爆发的"黔江庚戌、辛亥武装起义"为主要代表。

黔江庚戌、辛亥武装起义的主要领导人是温朝钟、黄玉山。温朝钟,咸丰人,善医药,有一手好医术,人称"钟神仙"。光绪三十年(1904 年)考中清末最后一科秀才,当亲友为他祝贺时,他却认为这是君主的"牢笼术"。光绪三十三年(1907 年),在重庆川东师校,经从日本归来在校执教的同乡程艺轩、杨霖介绍,加入同盟会。随即返回家乡,同黔江、咸丰两县的同盟会会员一起进行革命宣传鼓动,发动和组织革命力量,翻印《灭清八策》,演讲"扬州十日""嘉定三屠",揭露清王朝丧权辱国的史实,发动民众,倡建"风俗改良会",提倡"练习武术,团结救国,妇女放足,发挥力量,不当洋奴,发奋自强。"在发动群众的基础上,以黔江志士王克明、裴从之、王云笠、向美田、徐国佐、温梦久等及咸丰县黄玉山、黄海山等18 人为骨干,被人们称作"十八家反王",他们取"以铁与血来抵抗敌人,洗雪国耻"之意,组织武装团体"铁血英雄会",设址于黔江小南海中的朝阳寺岛上。印制《革命军》万余册,散发至川鄂边区邻近各县,并建立了大路坝、李家营等秘密联络点。以"铁血英雄会"为核心,还组织了人民团体——"社会",参加者称"社友"。不到几个月时间,黔江、咸丰、利川、彭水、酉阳等地群众积极参加,发展成员一万多人。

宣统二年(1910 年),将"铁血英雄会"更名为"川鄂湘黔铁血联英会",制订了会章,提出"义联英俊,协和万帮,推翻清廷,打倒列强,复兴中华,实行共和"的政治纲领。宣统二年(1910 年)春,外地社友在全国革命形势的鼓舞下,纷纷要求起义。温朝钟化名孔保华,

---

① 陈国安:《试论土家族人民对辛亥革命的贡献》,《贵州民族研究》,2001 年第 6 期。

到重庆、江津、永川等地，串联各方人士。是年冬，温朝钟、黄玉山、王克明等在彭水凤池山秘定于宣统三年（1911年）8月23日起义。不料走漏风声，被人告密，黔江县令王炽昌立即组织武装前往镇压。温朝钟等面对突发变化，遂决定立即举行武装起义。宣统三年（1911年）1月3日，革命军在凤池山誓师，发布反清檄文，举起义旗，各地联英会积极响应。5日，革命军由200多人增加到1000多人，编成两个师，辖8个大队，以温朝钟为司令总长，王克明为次长，黄玉山为后勤总长，张巧功为总指挥，谭茂林为军需部长，王裴然为参谋长。革命军一律剪去辫子，佩戴白布臂章，外衣前后粉书"革命军"三个字，手持长矛、马刀、斧头、梭标、牛角叉、火枪及青冈炮等武器，举着"奉天承命扫清灭洋"的"温"字大旗挺进黔江县城。1月7日，革命军一举成功，占领县城。

革命军入城后，捣毁了百货厘金局和天主教堂，打开监狱，释放无辜群众。温朝钟等革命军安抚城内居民，宣传革命主张，起义队伍增到七八千人。川督王人文在通电湖广总督瑞澂中惊呼："有黔江逆首温朝钟，与同邑增生王克明等倡言革命，潜通革党，啸聚千人，攻陷县殆"。1月9日，革命军主动撤离县城驻大路坝、后坝一带，补充器械，准备攻打彭水，再克涪陵，沿长江发展，配合全国起义。由于彭水联络人员未回，情况不明作罢，决定再次攻占黔江。

1月12日，起义军分两路进攻黔江县城，遭到从酉阳调来的协防军的伏击，义军伤亡惨重，双方激战至夜二三更时分，温朝钟身边只剩下数十人，遂向咸丰破水坪撤退，以图据险固守，组织队伍再战。此时，清王朝迅即调集四川、贵州、湖南、湖北四省官军，对革命军进行重重合围，跟踪追击。17日深夜，官军追至破水坪，将温朝钟等暂驻的飞龙寺团团围住，在这关键时刻，有人建议温朝钟躲藏起来，但他毅然焚毁了身边的会员名单及所有文件，挺身站在楼门上，大声陈词："我就是温朝钟，一切皆我所为，不与他人相干！"痛斥官军后说，"要杀就杀！"温朝钟及部下冲向敌阵，终因寡不敌众，温朝钟及向美团、施云山、谢马客、杨松柏等数十名土家、苗、汉各族英雄壮烈牺牲。清军残忍地将温朝钟的遗体肢解，川军得其头，湘、鄂、黔军分其手足。另一领导人王克明，隐匿于白鹤乡，被团总王明堂捕获，遭其剖腹挖心示众。清军四处搜捕，疯狂屠杀义军和群众，黄玉山不忍诛连乡民，挺身而出，英勇就义于黔江城郊。义军中的幸存者，藏匿于他乡或者深山。

宣统三年（1911年）5月，四川保路运动兴起，波及全川。7月，运动进入高潮，保路同志会号召开展罢市、罢课、抗税抗捐斗争。9月，四川总督赵尔丰对保路运动进行血腥镇压，枪杀请愿群众，激起全省各地保路同志会纷纷举行武装起义，成为武昌起义的前奏。10月，酉阳保路同志会会长刘扬和在成都参加保路同志会的彭藻，得知各路同志军围攻成都的消息，联合会员白锦桢、彭安国等，又秘密结集民团、哥老会众数百人，在后溪举行起义，公推白锦桢为统领，彭藻、彭灿为副统领，兵分两路进军酉阳、秀山。白锦桢率一部义军进攻秀山，于酉阳、秀山交界之石堤与清军发生激战，白氏父子战死，17名同志会会员惨遭杀害。彭灿率主力向龙潭、酉阳进发，攻占龙潭后，酉城居民群起响应，士绅陈燕士逼知州交出大印，出城投降，刘扬、彭灿率义军入城，于11月中旬宣布酉阳独立。秀山在辛亥革命洪流的冲击下，知县宾凤阳不得不剪去辫子，交出县署大印给革命军，于12月初秀山宣布独立。彭水县在全川保路运动影响下，县人徐良伟（苗族）等人酝酿反正，并到境内江口请来李铭煊主持其事,于 10 月初宣布独立,迫使县令交出大印,脱离清政府统治。黔江在武昌首义后,因起义失败避于江楚的王建邦、谈国材等驰返黔江,准备再举义旗。原义军首领王克明之妻杨氏,首先在新建组织了 100 多人的武装队伍,一举将团总王可臣诛灭,与王建邦、谈国材聚集温朝钟余部再举义旗,响应武昌起义,又有县人程昌矩、田兴序、陈炳昭等相继响应,一举攻占黔江县城,赶走清政府委派的县知事王良鼎。于 1911 年 11 月 13 日宣布黔江独立,并成立军政府,推举曾任过贵州石阡县知事的彭皋成出任黔江军政府司令。石柱县在此间宣布独立,结束了封建王朝的统治。当重庆宣布起义,蜀军政府成立,酉阳、秀山、黔江、彭水、石柱几县军政府即与蜀军政府取得联系,承认蜀军政府的领导,蜀军政府即派人到各县协助工作,如黔江县就派来陶洁斋等。民国元年（1912 年）3 月,蜀军政府与大汉四川军政府合并,改称四川军政府,酉阳、秀山等县直隶四川军政府管辖。

贵州省在全国革命形势的推动下,有以张百麟等组织的"自治学社",积极在新军和陆军小学中开展组织联络工作,陆军小学成立了"历史研究会"和会党组织"皇汉公",1911 年 11 月 3 日举行起义,5 日,"大汉贵州军政府"在省城贵阳成立,土家族杨荩诚被推为都督,赵德全为副都督,张百麟任枢密院长。在"短短的一个月中,全省所有的府、厅、州、县都宣告独立",[①]沿河、印江、德江、思南、江口、铜仁等县随之独立,拥护贵州军政府,结束了封建王朝的统治。

鄂西地区,在温朝钟领导的起义失败后,武昌首义前夕,鄂西在武汉的知识青年,大多数都参加了革命活动,邓玉麟、牟鸿勋、吕大森、向炳琨、田飞凤等都是辛亥革命的骨干分子。邓玉麟,巴东人,共进会骨干,在武昌做秘密联络工作,首义后任军政府调查部长。牟鸿勋,利川人,共进会骨干,任武昌小朝街军事指挥部联络,首义后任实业部副部长。从武昌被派回鄂西的革命党人吕大森、向炳琨等,武昌起义前在鄂西设立秘密机关,接纳会党,运动军队,发展组织。武昌起义后,恩施驻军在革命党人活动下,于 1911 年 10 月 20 日举行反正,脱离清政府,结束了封建王朝的统治。

辛亥革命前,湘西土家族留学日本的彭施涤、向乃棋、瞿苏楼等,先后参加了孙中山组织领导的同盟会,积极开展革命活动。辛亥革命爆发,湖南省宣布独立,革命浪潮波及全省。同盟会员田应全在湘西积极开展革命活动,在同盟会和进步会党首领的积极发动和组织下,很快组建了一支有土家、苗、汉各族人民参加的革命武装力量。经过斗争,在革命形势的威逼下,湘西北地区的清朝官员交出政权,结束了封建王朝在湘西北土家族地区的统治,拥护湖南省军政府。[②]

1911 年 10 月,辛亥革命在武昌爆发,一些在武汉的土家族革命者对促成武昌起义及以后的革命斗争起了积极的作用。[③] 巴东县的邓玉麟,利川县的牟鸿勋,沿河县的席正铭,石门县的李执中,建始县的朱和中,印江县的徐龙骧等都为辛亥革命的成功及革命政

① 范同寿:《贵州简史》.贵州人民出版社,1991 年,第 160 页。
② 陈国安:《试论土家族人民对辛亥革命的贡献》,《贵州民族研究》,2001 年第 6 期。
③ 陈国安:《土家族民族精神试探》,《贵州民族研究》,2000 年第 3 期。

权的巩固做出了贡献,成为辛亥革命的功臣,是土家族人民的杰出代表。

二、教育状况

(一)学制

民国初期,土家族地区的学制也和全国一样,不断地得到改进和完善。

清光绪二十四年(1898年),清政府令各省、府、州、县改书院为学堂,土家族地区均做相应改动,并设经理所专管学堂经费,宣统元年(1909年)改经理所为劝学所,设劝学总董。民国元年(1912年)再改劝学所为教育公所,劝学总董改称劝学所长,民国二年(1913年)仍改为劝学所。清末学堂兴起后,官立高等小学堂堂长由县署委任,地方学堂由地方绅士公推校董,以校董为首组成校董会进行管理。民国改元后,取消了明代以来县署所设的教谕和训导,劝学所具体负责学校人事、经费的管理。宣统二年(1910年),土家族各县均有省委派来的视学,巡视县内学务,民国初年,视学改为督学。

民国元年(1912年),国民政府教育部对"癸卯学制",略加改动,进一步系统化,称为"壬子癸丑学制"。小学仍分为初等小学校和高等小学校,初等小学校的入学年龄由7岁降为6岁,修业年限改为4年,毕业后可升入高等小学校或乙种实业学校;高等小学校修业年限改为3年,毕业后可以升入中学校或师范学校或甲种实业学校;中学修业年限为4年,毕业后可升入大学或专门学校或高等师范学校的预科。民国四年(1915年),教育部颁布《国民学校令》,将初级小学校改称国民学校,并明确为是实施4年义务教育的场所。至民国十一年(1922年),当时由全国教育联合会提出一个改革学制的方案,教育部采纳并予以颁布,称为"壬戌学制",将高级小学校修业年限由3年改为2年,整个小学阶段的修业年限为6年;中学分为初级和高级两段,修业年限各为3年,整个中学阶段的修业年限为6年,即时人称的"六三三制"。这个学制以后无大变动。

(二)教材

土家族地区的学校教育,都使用汉文教材。民国初年,初等小学校的教学科目有修身、国文、图画、唱歌、算术、手工、体育等。高等小学校的教学科目有修身、国文、中国历史、地理、算术、理科、图画、唱歌、手工、体育等。当时的小学教育很重视对学生品德修养的教育,在民国元年(1912年)颁布的《小学校教则及课程表》中明确规定:"修身要旨在涵养儿童之德性,导以实践。初等小学校宜就孝悌、亲爱、信实、义勇、恭敬、勤俭、清洁诸德,择其切易行者授之;渐及于对社会对国家之责任,以激发进取之志气,养成爱群爱国之精神。高等小学校宜就前项扩充之。对于女生尤须注意于贞淑之德,并使知自立之道。"又要求:"教授修身,宜以嘉言懿行及谚辞等指导儿童,使知戒勉,兼演习礼仪,又宜授以民国法制大意,俾具有国家观念。"[1]其修身课的教育具有十分浓厚的封建礼教色彩,如孝悌、贞淑等。同时也贯穿着我国优良的传统道德思想和近代进步思想,如亲爱、信实、义勇、恭敬、勤俭、清洁和爱国、进取、国家观念等。民国元年(1912年),来凤县小学堂贯彻教育部

---

① 于春松:《近代教育改革和儒家传播体系的崩溃》,《学术界》,2003年第3期。

公布的"注重道德教育,以实利主义教育、军国民教育辅之,更以美感教育完成其道德"的教育方针,[①]以"爱国、尚武、崇实、法孔孟"为目标培养学生。[②]民国三年(1914年),在教育部颁发的《整理教育方案草案》中提出:"中小各学校修身、国文教科书,采取经训,以保存固有之道德","各学校宜注重训育,以孔子为模范人物"。民国四年(1915年),窃国大盗袁世凯出于妄想当皇帝的野心,为在中国恢复帝制做了一系列准备,是年12月,由袁世凯亲自主持制定的《特种教育纲要》,公然提出:"中小学校均加读经一科,按照经书及学校程度分别讲读",规定初等小学校三、四年级讲读《孟子》,高等小学校讲读《论语》,中学校选读《左传》等。民国十一年(1922年),颁布《新学制》后,将"修身"改为"公民"。1927年,废除"公民"科,改为"三民主义",后改称"党义"。抗日战争爆发后,在各方压力下,国民政府又将"党义"改为"公民"科,直到新中国成立。其余国文、算术、历史、地理等均有课本为教材。

(三)各级各类学校

土家族地区的小学始于清末,进入民国小学有所发展。民国二年(1913年),国家教育部颁布《普通教育暂行办法》,要求各地改学堂为学校。民国五年(1916年)推行4年义务教育,各地学校又有增加,贵州沿河县到民国七年(1918年)有高等小学1所,初等小学12所,在校学生达1036人,已有高小毕业生20人,初小毕业生13人,教职员37人。次年又增加3所,初等小学达15所。

辛亥革命前一年,印江县有小学7所,9个班,在校学生239人,校长6人,教师14人,学校数量不多,规模也不大。至民国十年(1921年),全县有两等小学4所,高小1所,初小7所,全县小学发展到12所,在校学生605人,32个班,校长11人,教师45人。

江口县至民国十一年(1922年),将清末创办的初等小学堂改为初等小学,全县共有小学10所。酉阳县民国初期,小学数量有所增加,全县共7所。至民国十三年(1924年)秋季,全县有高等、初等小学达10所。

湖北恩施地区,1905年建有湖北省立恩施初中1所,内设简易师范、乡村师范各1个班,每年只招收60多名男生。

民国初年,鹤峰县初等小学有23所,高等小学2所。第二高等小学于民国二年(1913年)开办于走马镇回龙阁,招生一班50人。原白果镇设的高等小学成为初级。回龙阁高等小学又称为"南关小学"。民国七年(1918年),由于战争原因,南关高小第一届学生毕业后被迫停办三年,五里坪由于军阀纵火,导致十多年没有校舍。民国十七年(1928年),鹤峰仅存小学5所,官立小学在校人数170人,教师10人。民国二十二年(1933年),鹤峰未设普通小学。民国二十四年(1935年)鹤峰县立小学9所。民国二十五年(1936年),鹤峰有完小2所,初小19所,短期小学7所;共有教学班47个,教职员工41人,普通小学34人,女教师8人;学生1501人,其中女生165人。民国二十六年(1937年),实行中心小学制,第一小学改为县中心小学,第三小学改为县立南关小学。民国二十八年(1939年),

---

①　元青:《北洋政府统治时期的留学派遣政策》,《广东社会科学》,2005年第6期。
②　来凤县教育志编纂组:《来凤县教育志》,来凤县史志办公室,2008年,第2页。

县立小学5所,学生250人,区立小学14所,学生360人。民国三十年(1941年)4月,全省49所省立小学都因设置分散,督导不易而交给所在县政府统一管理。1950年,鹤峰县改区为乡,全县10所乡中心小学稳定下来。民国三十五年(1946年),全县有6～12岁学龄儿童约11261人,乡保两级学校共3309人,其中13岁以上学生不详。这年入学率四个乡(下坪乡、容美乡、南藩乡、五里乡)做了统计,平均入学率45.4%,全县能与之相比的只有白果和走马。①

民国二十八年(1939年),省立各中等学校组成"湖北省联合中学",迁往鄂西西北各县,在22处设分校。汉阳中学与江陵中学设在宣恩县的分校,民国三十一年(1942年)改为"宣恩鹤峰联立中学",简称"宣鹤联中",学生78名。民国三十二(1943年)年7月,鹤峰县长请求设立分校解决上学困难,当年秋季,鹤峰单独设立普通中学一所,学生总数达到180人,共四个班。②

民国二十五年(1936年),鹤峰开展以扫除文盲为目的的民众教育。在这之前,曾开设三所中山民众学校进行"特种教育"。第一中山民众学校设在城关百斯庵,第二民众学校设在白果坪,第三中山民众学校设在走马镇国军营棚内。民国二十七年(1938年),在小学附设成人班,这年办补习的小学有:南关小学一班58人,太平镇初小一班20人,北佳、下坪、阳河三所初小各设一班,分别有民众49人、35人和27人。第三短期小学设一班23人,第五短期小学设一班66人,第六短期小学设一班41人。走马坪联小设一班30人。另外其他地方单设民众小学人数108人。民国三十年(1941年)后,各乡中心小学设民教部,据统计,中心小学上学期共设班24个,有补习民众757人,下学期设班17个,有补习民众647人,保国民小学这年设班17个,有补习民众647人。鹤峰于国民二十九年(1940年)设立民众教育馆。③

利川县在辛亥革命前夕有高等小学堂1所,初等小学堂48所,女子学堂1所。另有简易识字学塾11处,全县共有学堂61所(处),教职员82人,在校学生1511人。到民国五年(1916年),全县已有国民学校72所,高等小学1所,乙种实业学校1所,共有学校74所,在校学生2376人,教职员177人。花梨岭天主教堂开办的"利川公教高等学堂"还附设1个初中班。

土家族地区废除科举以后,学宫、书院废止,小学堂兴起,这时,私塾日渐衰颓。民国时期,政府在普遍设立国民学校时,大力提倡私塾改良,由于尊孔读经的传统根深蒂固,改良速度极为缓慢。私塾教学按教材深浅有经馆、蒙馆之分,同时按承办人和经济来源,有专馆、家学和约学、族学之别,它们的共同特点是学习年限不受限制,年龄不受限制。

民国初期,由于军阀混战,土匪骚乱,社会动荡不安,秩序混乱,造成学校发展缓慢,有的甚至被迫停办。据贵州省沿河县民国九年(1920年)的统计,全县15所小学,除淇滩小学外,其余14所均因兵匪骚乱而被迫停办。到民国十九年(1930年),全县学校才相继得

① 鹤峰县教育志编纂组:《鹤峰县教育志》,鹤峰县史志办公室,1990年,第64～68页。
② 鹤峰县教育志编纂组:《鹤峰县教育志》,鹤峰县史志办公室,1990年,第113～114页。
③ 鹤峰县教育志编纂组:《鹤峰县教育志》,鹤峰县史志办公室,1990年,第151～152页。

到恢复。民国二十四年(1935 年),全县有小学 14 所,17 个班,在校学生 457 人,其中女生 72 人。民国十七年(1928 年),全县仅有完小 1 所,初小 1 所,教师 21 人,在校学生 373 人,在校学生占全县总人口的 0.3％。[①] 印江县于民国二十四年(1935 年)推行义务教育,有小学 30 所,班级 67 个,在校学生达 2190 人,教师 94 人。江口县至民国二十六年(1937 年),全县有两级小学校 5 所,初级小学 17 所,在校学生达 1198 人。湖北恩施地区所属 8 县,至 1937 年,每县都设有 1 所中心小学,在较大的区乡集镇有区立和乡立小学,而众多乡镇都以私塾充代,全地区文盲率高达 80％以上。湘西土家族地区的教育情况与鄂黔情况相似。

民国初期,土家族地区的女子教育开始起步,但十分艰难。早在清光绪三十三年(1907 年),清政府就颁布了《女学学堂章程》,实行男女分校就读,但全国各地兴办女校甚少。至民国五年(1916 年),酉阳县创办了女子小学 1 所,有学生 20 多人,两年后因老师辞职而停办。民国十年(1921 年)又在劝学所内创立女子两等小学校,聘北京大学毕业生为教师,有学生二三十人,合班上课,至民国十三年(1924 年)因军阀混战,校长、教师避乱而去,学校停办。民国十五年(1926 年),教育局创办女子初级小学。民国十七年(1928 年)在县的第一小学内设立女子小学高级班。以后实行男女同校,不再有单独的女子小学。

在黔东北土家族地区,江口县的女子学校创办较早,官立女子初等小学于清末创立,民国十年(1921 年)改为“江口县立第一女子两等小学校”,该校兴办 17 年,注重对女童的培养。民国二十四年(1935 年)段彩媚任校长期间,募捐集资增修女校校舍,并立碑纪念:“……专制锢习牢不可破,社会风气黑暗异常。泊乎文明日进,教育渐新,邑中君子刘秀夫、陈睿夫等,应潮流之趋向,创办斯校,几费经营,我女校同胞,卒能打破环境,所学所问,粗识礼义,何莫非前辈诸公之所赐也!”并“兹望于后起之秀者,在乎精研学问,激发志气,勿拘井臼之事,而共跻于男女平等之域”。是年,又在太平创办 1 所私立女子小学。[②] 民国二十三年(1934 年)闵孝镇创办“江口县第二女子两等小学校”。民国二十六年(1937 年)凯德创办女子初级小学,至此,江口县共有女子小学 4 所,学生 310 人。[③] 德江县于民国十六年(1927 年)在县城昭武宫创办女子小学 1 所,3 个班,学生 70 人。印江县于民国十八年(1929 年)创办县立懿德女子小学,有学生 72 人,女教师 5 人。据沿河县统计,民国二十四年(1935 年)有女学生 72 人。可见,民国初期,广大土家族地区的女子教育只是起步,以江口县、酉阳县较好,但总的情况是数量很少,影响不大。

在土家族女子教育中,涌现了一批从事女子教育的杰出女性,如向警予、田祚兰就是其中的代表。向警予是中国共产党著名的妇女运动早期领袖之一,1912 年进入湖南省立第一女子师范学校,后转入周南女子中学,1915 年当袁世凯与日本帝国主义签订《二十一条》卖国条约时,她带领同学上街游行抗议,次年毕业,以“教育救国”解放妇女为己任,回

①　来凤县教育志编纂组:《来凤县教育志》,来凤县史志办公室,2008 年,第 2 页。
②　黄自新:《江口县民族志》,内部出版,1990 年,第 126 页。
③　熊承农:《江口县志》,贵州人民出版社,1994 年,第 518 页。

乡创办了新型溆浦女校,坚持改革,冲破传统,培养国家和民族的有用人才。新开设了缝纫和家政课,以"自治心、公共心"为校训,女校由 1 个班增至 8 个班,学生由 10 多名发展到 300 多名,社会影响较大。

田祚兰(1895～1928 年)自幼请塾师到家教读,领悟到"学贵有恒""修身、齐家、治国、平天下"的道理,要求外出继续读书,经过力争,考入澧州女子师范,毕业时以成绩优秀留校任教。后感家乡文化落后,辞职回乡办学,在得不到理解和支持的情况下,先在田家祠堂办族学。教学方法新式而收效好,入学者日多。学生考入县立高小,受到家族赞誉,主动为其修建校舍,增聘 1 名教师为助手。1921 年,赴南京考入东南大学文科学习深造,1925 年毕业,成为大庸第一位女大学生,先后到武汉、长沙、慈利中学教国文课。1928 年,任九澧女师校长,1931 年改任长沙民本女子职业学校校长,同时还帮助、鼓励家乡子弟到长沙读书,为湘西、大庸地区培养造就了一批人才。田祚兰终身从事教育事业,还擅长文、画、书法,被赞为有理想、有志气、才华横溢的新女性。

民国初期,土家族地区为了教育事业的发展,开始创办师范学校,培养小学教师。民国元年(1912 年),酉阳县开办师范讲习所,招 2 个班,毕业后分派到各乡镇去开办初等小学。民国十七年(1928 年),王潜天在龚滩以盐税附加为经费创办师范速成班,后因经费不济而停办。民国十八年(1929 年),由县开办初级师范学校 1 所。民国二十一年(1932 年),县成立女子师范学校,两年后改称"简易乡村师范学校"。

贵州省沿河县,民国七年(1918 年)由劝学所创办了"沿河县立师范传习所",开贵州土家族地区师范教育之先河。民国二十四年(1935 年),县教育科创办了"乡镇师范传习所","招收明白事理的人或私塾教员入所学习,毕业后充任乡镇初级小学教员"。[1] 民国十五年(1926 年),思南县在凤仪小学创立了思南简易师范,学制 2 年。民国十九年(1930年)二月,又创办了女子师范讲习所,有教职工 10 人,学生 13 人。德江县于民国二十四年(1935 年),用城区小学校舍,创办德江县义务教育师资训练所,学制 2 年,招收学生50 人。

民国初期,广大土家族地区开始出现了中学。贵州省黔东北的思南、沿河、后坪、印江、德江、务川、石阡、凤冈 8 县,于民国十五年(1926 年)秋协商筹建 8 县联立中学,经费由 8 县分摊。经过多次反复努力,民国二十一年(1932 年)春,联立中学在思南建成开学,招收初中新生 100 人,分甲、乙两班。鄂西地区早在 1905 年就建立了"湖北省立恩施初级中学"。利川县于民国五年(1916 年),在利川公教高等学堂附设初中班。酉阳县早在清宣统二年(1910 年)就创办了"酉阳州中学堂",召集酉阳、秀山、黔江、彭水 4 县人士,共同协商在酉阳设立中学,命名为"酉属中学校"。到民国十三年(1924 年),4 县人士又议复校,改校名为"酉秀黔彭联立中学校",经费由 4 县筹措,面向 4 县招收学生。民国十四年(1925 年),黔军何壁辉师驻龙潭,何师长会同地方创建"四川省第五中学校",次年 4 县联合中学停办,将学生全部转入五中。民国二十三年(1934 年),将学校更名为"四川省立龙潭中学"。可见,当时土家族地区只有极少的中学,仅为初中而无高中。

---

① 杨通福:《沿河土家族自治县志》.贵州人民出版社,1993 年,第 673 页。

民国初期是土家族社会、经济急剧变化的时期,同时,这一时期的土家族文化也拥有极其丰富的内容和浓厚的时代特征,主要是传统文化仍然得到充分的保留和传承,同时吸收了其他民族的优秀文化。

土家族传统文化有极为丰富的内容和丰厚的积淀。在民间文学方面,反映男女爱情的情歌和山歌仍是土家族人民喜欢传唱的内容,"土家人民爱唱歌,山歌越唱越快活",男女青年上山劳动,互相唱歌抒情,表达心声。歌颂历史上反抗斗争中的英雄人物,记叙自然灾害给土家族人民造成严重灾难的时政歌也为人民所喜爱,如《民国世界乱纷纷》《嘉庆十八年》等。民国初期,由于鸦片烟大量种植,毒害人民,吸毒者家破人亡,倾家荡产,土家族唱的《鸦片苦歌》生动地描述了鸦片烟的毒害,歌词曰:

> 鸦片烟开五色花,劝你哥哥莫吃它,
>
> 不是为妻责怪你,又败身子又败家。
>
> 鸦片烟火唆唆唆,先唆田地后唆窝,
>
> 田园屋场唆尽了,再唆脚边热和和(指妻子)。
>
> 烟瘾一发难得看,鼻涕流得尺把长,
>
> 呵欠扯到耳朵边,眼泪不断像死娘。
>
> 脸上起了冬瓜灰,浑身无力瘦如柴。
>
> 好人变成鸦片鬼,硬是死了没得埋。

辛亥革命及民国初期,土家族人民中涌现了一批献身革命的优秀儿女,以席正铭、牟鸿勋、庹悲亚等为杰出代表。

席正铭早年参加同盟会,追随孙中山,参加武昌首义,讨袁护法,任黔军总司令,成为辛亥革命的元勋之一。席正铭早就具有"抱定三民主义,不磨爱国精神。赫赫声威震寰瀛,方尽男儿本分"的爱国思想。席的著作颇丰,现存《冷冷山人集》中收集了他的8副挽联和诗词、散文,充分表现了他的革命思想。

牟鸿勋早年参加共进会,积极参加筹备武昌起义,后任黎元洪总督府的总稽查,创办了《中华民国公报》并任社长。在他的主持下,多方面宣传革命思想,对巩固辛亥革命成果起到了较大的积极作用。

庹悲亚一生致力于诗词创作和教育事业,1928年参加柳亚子组织的南社诗社。嗣后,在大庸创办天门诗社,从事诗歌创作。他著述颇丰,在国内有一定的影响,还著有《新注千家姓》,被誉为"一家新作"。[①]

第二节　抗日战争前后的土家族文化教育

一、社会概况

1919年五四运动爆发后,工人阶级登上了政治舞台。1921年,中国共产党诞生了,从

---

① 田荆贵:《中国土家族历史人物》.民族出版社,1993年,第290～291页。

此,我国各族人民的革命斗争进入了新民主主义时期。土家族人民在政治、经济等方面都
有了一个新的起点。

1931年,日本帝国主义制造九一八事变,发动侵华战争。给中国各族人民带来了深
重的灾难。随着日本军国主义侵略铁蹄踏遍大半个中国,湘鄂川黔的广大土家族地区便
成为祖国的大后方。由于战争所致,农民负担加重,土地兼并加剧;祖国大部河山沦陷,湖
南、湖北两省的机关、学校、工厂、商店大都迁入湘西、鄂西广大土家族地区,黔东北、黔江
地区也有工厂、商店、学校迁入,沦陷区人民大批涌入,使土家族地区经济得到暂时的畸形
发展。随着抗战的胜利,迁入机关、学校、工厂、商店撤离迁回原地,土家族地区经济又恢
复到往日的落后状况。

抗日战争全面爆发后,祖国大片土地沦陷。但在广大土家族地区并没有因为日本帝
国主义侵略的民族矛盾而缓和农村的阶级矛盾。在这一时期,地主阶级往往利用国难,大
肆兼并土地,良田沃土都被大地主占有。据黔江县民国三十三年(1944年)调查,全县占
有田土100亩以上的大户有64户,占总人口6.58%的地主,却占有总耕地的37.4%;占
总人口4.3%的富农,却占有总耕地的9.2%。在原酉阳属境,占总人口的5.73%的地
主,却占有总耕地的24.5%;占总人口1.11%的富农,却占有总耕地的2.52%。[1] 在湖南
湘西土家族地区,占总人口5%左右的地主,占据了全部土地的70%~80%,而占人口
80%以上贫苦农民只占20%~30%的土地。"地主阶级还占有大量的土地、山林和其他
生产资料,残酷地剥削农民。"[2]又据1946年10月,来凤县政府对全县土地进行调查表
明:全县有地主2729户,13 001人,占总户数的19.82%,占总人口的15.62%,占有耕地
158 048亩,占总面积的64.76%,地主人均占有耕地12.16亩,而全县农民人均仅占有耕
地1.22亩,地主人均占有耕地是农民人均占有耕地的近10倍,并且地主占有的耕地多为
良田沃土,而农民占有的耕地多为贫瘠瘦地。[3] 印江县有地主、富农2700余户,占总户数
的8%,占总耕地的79%,而中农、贫农、雇农31 000余户,占有耕地只有总耕地面积的
21%。[4] 在抗日战争时期,土家族地区的土地受到地主阶级的大肆兼并,地主、富农占有
的土地是广大贫苦农民的七八倍,甚至十多倍,进行地租、高利贷等多种残酷剥削,广大土
家族贫苦农民生活在水深火热之中。在此期间,有的大地主田连阡陌,跨县连州。恩施县
白果的大地主邓濂溪有田土4000余亩,地跨恩施、利川两县。宣恩县大地主冯玉犀占有
土地横跨恩施、宣恩、鹤峰3县,有庄户60多处。建始县城关地区大地主刘福田拥有
3000多亩的土地。来凤县大地主晖号"黄铁脑壳者",占有良田1万亩,跨越湖南龙山、湖
北来凤两省地界。印江县甲山寨黄子清占有土地在1000亩以上,成为该县最大的
地主。[5]

地主阶级在兼并土地的过程中,往往利用权势,不择手段,巧取豪夺,逼得贫苦农民家

---

① 冉景福:《黔江民族经济史略》,《黔江文史》(第5辑),1990年。
② 《湘西土家族》编写组:《湘西土家族》,《吉首大学学报》,1981年第2期。
③ 李干:《土家族经济史》.陕西人民教育出版社,1996年,第156页。
④ 肖忠民:《印江土家族苗族自治县志》,贵州人民出版社,1992年,第30页。
⑤ 肖忠民:《印江土家族苗族自治县志》,贵州人民出版社,1992年,第375页。

破人亡,无立锥之地。鄂西宣恩县大地主朱世贵为清朝末期的"捐班老爷",儿子朱友美为当地团总,朱氏父子依仗权势,勾结土匪,残杀人民,霸占产业,先后杀害了当地吴、彭两个和尚,霸占庙田300余挑(注:一挑田大约为0.23亩)。当韩正应的40挑谷的水田典当给覃发奎时,而朱友美见田眼红,利用团总权势,硬要从覃发奎手中买下而覃发奎又不肯时,世人彭大年路见不平,准备向官府告发,朱友美借故将彭大年抓来关押致死,同时又将彭大年的35挑田占为己有。黔江县最大的地主罗炳然,家有14口人,占有耕地3000多亩,人均200亩以上,为当地农民占有土地的200倍,拥有佃户100多户,每年收租谷数十万斤。罗炳然霸占农民的土地,"手段狡猾,心狠手毒,名目繁多。除了凭借他所掌握的权力和武力派款霸地外,还有借事夺地,害命谋地,包账开估霸地,放高利贷夺地等等。"[①]

抗战时期,国民政府曾颁布《减租实施办法》,规定"农民减租定为正产物总收获量的千分之三百七十五",即由总收获量内先提二成五归佃户,余下七成五主佃对分。实际上,广大土家族农民是很难兑现政府减租规定的,生活极为艰苦。但面对有权有势而又有政治斗争经验的地主阶级,没有组织起来的贫苦农民很难取胜,经常受到夺佃的威胁和蒙骗,甚至利用。湖北省政府在给各地的训令中称:"查鄂西各县佃农生活,困苦异常,其主要原因实由于租率过高,缴租至五成六七成者皆有之,佃农终年勤劳所得,尽为地主所剥削。"[②]鉴于农民的贫困状况,政府还规定:"正产物收获量不足三成者,概免纳租。"[③]掠夺土地,剥削农民是地主阶级的阶级本性,对于政府规定的减租减息总是千方百计地逃避,使其掠夺农民的租额不受"损失"。例如来凤县的地主刑臣忠,让17户佃农出具证明他已实行了"减租"。因为农民要求地主实行减租而被地主夺佃的事件时有发生,《减租实施办法》在不少地方只是一纸空文。1945年,日本侵略者被中国人民打败,宣布无条件投降,全国人民一片欢腾,国民政府宣布:"四川、西康、贵州、陕西、甘肃、宁夏、青海、云南、福建的田赋,分别先后豁免一年,以示休养生息。"但到年底,又以"财政极度艰窘","为挽救经济危机"为由,将原定减免赋一年的办法改为分两年平均减免。实际上,国民政府在抗日战争胜利结束不久,又发动了内战,广大农民的负担不仅没有减轻,反而一年比一年更重了。

田赋本为有业者向政府缴的土地税。在这一时期里,农民负担的田赋正税和附税逐年增加。据秀山县统计,民国二十四年(1935年)起,四川实行"川政统一",将各项杂派附加合称为地方附加税,税率按正税的10倍征收,又按正税的10%加征省保安经费。1937年,又按正税8倍附征保甲经费,连同原征的附加税,共为正税的18倍,[④]可见当时农民负担之重。同时,赋税负担极不合理,地主霸占大量田土却很少或者没有负担,贫穷少地或失去了土地的农民反而还要负担赋税,有"田去粮存者甚多,故粮额少者反多富户,粮额大者反多贫民"的奇怪现象。加上赋税巧立名目,随意苛征,无休止地向农民勒索,竭泽而

①　《黔江土家族苗族自治县概况》编写组:《黔江土家族苗族自治县志》,四川民族出版社,1990年,第55～56页。
②　莫代山:《民国时期土家族地区土匪活动与社会控制》,中南民族大学博士学位论文,2012年。
③　李干:《土家族经济史》,陕西人民教育出版社,1996年,第157页。
④　滕树今:《民国时期秀山的田赋征收》,《秀山文史资料》(第3辑),秀山土家族苗族自治县政协文史资料委员会,1986年。

渔,更有乡保趁机大捞乱派,追逼强要,广大土家族贫苦农民苦不堪言,轻则具保限期追缴,重则拘押勒索,甚至被逼的家破人亡。

1937年,全面抗战爆发后,由于洋货输入减少,内地各省先后沦陷,国内工业品难于流通,民用商品不得不依赖于本地自给。抗战期间,沦陷区的民族工商业者和一些有生产技术的人源源不断地来到土家族地区办工厂、开商店,土家族地区经济得到短暂的发展。

随着湖北、湖南两省政府机关迁入鄂西、湘西地区,沦陷区的工厂、商店也迁入鄂西、湘西地区,沦陷区人民也大量拥入土家族地区。在鄂西,抗战时期先后迁入的省办工厂有:利川的硫酸厂,恩施的造纸厂、纺织厂,巴东的炼油厂、机械厂,宣恩的陶瓷厂,咸丰的汉口修车总厂、中国煤气机厂、湖北公路处咸丰修车总厂、省建设厅第一化工厂等,共有职工3000多人。在这些迁入工厂中,以恩施纺织厂规模较大,有纺纱机101部,拖纱机21部,打包机5部,弹花机5部,手拉布机19部,制毛巾机12部,制袜机11部。年产土布6384匹,棉纱13440并,袜子672打,毛巾3024打。鄂西所属8个县,每县都办有一个民生厂,从事纺织、印刷、砖瓦、碾米等生产。还有民族工商业者也办有6个工厂,从事纸张、皂烛、陶瓷、雨伞、茶叶、油类的生产。在迁入工厂的同时,鄂西各县也新办了一批工厂。在恩施,汉阳帮的昌松琴、吕万丰办起了"大丰电灯机器厂",从此,恩施城里商店、市民开始了以电灯为照明的历史。另外,有李海清创办了"荣芳照相馆"、钟表店、"聊园"露天茶馆,馆内放映无声电影。在宣恩,创办了化工厂和湖北省晓关大岩坝陶瓷工厂(省建设厅筹建)。陶瓷厂有职工200多人,生产花瓶、花盆、茶壶、茶缸、碗、盘、碟、钵、汤匙、杯盏等瓷器及军用电讯瓷件等数十种,月产3万余件产品,销往本省及邻省各地。在此期间,还创办了一批民办工厂,沙道沟有棉花加工厂、米厂、面粉厂。椒园的唯美皂烛厂,该厂有蜡烛浇模机7台,皂模箱3台,有主任技师、技士、技工和实习工人等各类人员,生产肥皂和蜡烛。其产品均为"战时紧俏物资,产品无须运出,便可就地销售,从无积压。"在咸丰的燕朝土溪河建有炼生水高炉、铸锅红炉、炒铁炉各一座,生产熟毛铁和生水锅。忠堡有界坪铜厂和生基岭等地的铜厂,采炼紫铜。咸丰织布厂以生产土布为主,次产袜子。据统计,抗日战争期间,鄂西民间纺织、印染、纸张、烛皂、陶瓷、雨伞、制革、油漆等手工业达7000余家。① 随着抗日战争的胜利,土家族地区的许多工厂又迁回原地方,手工业生产也随之停滞,大都恢复原样。由于内战爆发,广大土家族地区手工业生产日渐萎缩,濒临破产。

在湘西,工商户和大批居民涌入大庸,同时也带来资金和技术。为了适应战时军、民需用,大庸的织布、织袜、印染、榨油、榨糖、酿酒、造纸加工等手工业蓬勃发展,食盐、棉花、布匹、饮食等经营商号如雨后春笋般涌现。县城里已有了压面机、石印机、织袜机、缝纫机、脚踏车等半机械化的工具。县城手工作坊林立,仅西中街就有土织机千架以上,全县年产土布10万匹以上。大庸人田伯腴办的民生工厂,招收本县女青年学习纺织、洗涤技术。据1946年对永定镇的统计,全镇有手工行业22个之多,从业人员达450户810人。古丈县的龙鼻嘴场,1936年,农闲时每场交易量多达1000多匹,成数倍地增长。乾城和所里(今吉首)是湘西著名的土布中心,所属各地土布大都汇集于此,再转销到常德、湘潭、

---

① 刘孝瑜:《湖北省志·民族》,湖北人民出版社,1997年,第25页。

衡阳等地,甚至远销当时的临时首都重庆。

随着沦陷区人民的大量拥入,秀山、黔江等地区的人口大增,消费也随之增长,工业产品日渐短缺,许多服务性行业便应运而生。在反经济封锁中,秀山与邻近的印江、沿河、德江、松桃、酉阳、黔江、来凤、龙山、凤凰、花垣等县逐渐形成新的以秀山为中心的区域经济,秀山成为投资的重点。1939 年,秀山成立"中央赈济委员会四川省秀山难民分配转运站",先后接待来秀难民 600 多人。建立"四川省赈济委员会第一难民纺织工厂",有新制织布机 40 部,32 筒纺纱木机 100 部,招收难民少壮妇女 100 多人。[①] 此外,还在平凯镇创办有难民纺织厂、建国纺织厂、日伦纺织厂,其设备有织布机 50 台、纺织机 100 台、织袜机 12 台,年产值达 31 万元法币,同时还带动了当地私营小型工厂 30 多家的发展。该镇简瑞昌创办织布厂,其扯梭机 18 台,日产布 20 多匹。还组织难民开展生产自救,集股开设"合胜昌""集成"两卷烟厂,生产的"新秀山""飞环""瓜童""抗敌"等品牌产品,批量远销湘鄂川黔 4 省边区 20 多个县。抗日战争期间,由于军火生产原料的需要,销往美国的水银大增,秀山汞矿得到发展,国民政府经济部资源委员会汞业管理局设立酉秀办事处,由政府按官价统一收购酉秀两县的朱砂水银,并规定不准私人交易。其间(1930～1940 年)我国著名地质学家李四光先后两次到酉秀考察,并明确指出:秀山汞矿极有开采价值。到1945 年,秀山手工业的发展达到当时的最高水平,年产土纱 1 万担,土白布 40 万丈,土花布40 万丈,土蓝布 70 万丈,香烟 15 800 箱,土酒 5 万担,煤炭 20 万担,产值达 69.64 万法币。

黔江的情况与秀山大致相似。抗战期间,从外地来的工商业者及本地工商业者,纷纷办起了炼油、纺织、印刷、肥皂、卷烟等小型工厂,形成了火纸、皮纸、粗纸、土布四大产业。火纸的年产量达 50 万公斤,总值 8 万法币;皮纸年产量 10 万公斤,总值 8 万法币;粗纸年产量 50 万公斤,总值 3 万法币;土布年产量 10 万公斤(约68 900匹),总值 60 万法币,土布的产值占 4 大产业总值 79 万法币的 75.9%。在阿蓬江一带的正谊、正阳、濯水等乡,80%的住户都投入到了土布的生产或运输行列。阿蓬江两岸村寨,纺纱车至少在万架以上,织布机在 2000 架以上,弹花铺及染房也在 100～200 户之间。他们每年从湖北来凤、酉阳、龙潭等地购进皮棉在 40 万公斤以上,购进机纱在 32 万斤以上。[②] 1943 年,创办了"黔江县川东烟厂",投股者达 20 多户,集资 45 万元,从业人员 32 人,临杂工 20 多人,有铁木制卷烟具 20 多台,产品有"抗敌""建设""川东""航空""风景"等十多种,日产卷烟 8条(每条 50 包,即 500 支)。

黔东北地区的工业在抗战期间也得到一定的发展,其中以土布的生产尤其突出。在印江县的朗溪地区,农民几乎都弃粮而种棉,几乎每户都有一两台织布机和若干架纺车。由于纺织业的普及和发展,出现了以从事纺织业为生的专业户,称为"机户",同时也出现了经营纺织业,购买棉花和纱线,发放给机户纺织,机户又将织好的土布回交给发放者,再

---

① 鲁先同:《抗日战争时期国民党政府在秀山成立赈济机构情况》,《秀山文史资料》(第 2 辑),秀山土家族苗族自治县政协文史资料委员会,1985 年。
② 龙正明:《黔江的土布业》,《黔江文史》,第 5 辑,1990 年。

运到各地进行销售的"大户",当地称为"开机房"者。[①] 在朗溪地区当时有名的开机房大户有:陆、田、王、张四大家。据1943年江口县政府调查,"全县有木织机500多架,年产窄箔土布5500匹。"[②]1939年,江口成立"贵州梵净山金矿",设工务、冶炼、矿警各60余人,雇用民工数百人,耗资近10万元法币,当年产金价值12万元法币。印江县的木黄、江口县的金盏坪以产金而闻名一时。印江县合水地区的手工造纸在此期间也得到发展,沿木黄河两岸村寨有80%~90%农户都从事手工舀纸业,其产品除销邻县外,还远销重庆市。

抗战期间,由于人口的骤增,工业的发展,促进了百货、饮食、服务等众多行业的发展和新产业的诞生。在鄂西地区,恩施是湖北省政府的临时省会和第六战区的司令部所在地,成了全省临时的政治、经济、文化中心。恩施城里,机关、学校、医院、部队云集,人口骤增,工商户也大批迁入,恩施城内的工商户一下增至480多家。由恩施商人组成了纱布、百货、生漆、杂货、医药、饮食、旅栈、文具、印刷、粮食、屠宰、缝纫、理发、香烟、骡运、木瓦等16个基层行业同业公会。处于湘鄂川黔相邻的各县物资交流中心地的来凤县,各地云集的商号就更多了。据统计,迁入来凤的汉阳商号有22家,湖南商号有25家,四川商号有9家,江西商号有10多家,而肩挑背负的小商贩就更多了,600~700人。此时,四川的食盐,湖南的棉花,汉口、沙市的日杂,湖广洋货,以及边远山区各县的毛皮山货,均以来凤为集散地。抗战初期,据该县民国二十七年(1938年)统计,年输入食盐3000担,棉花1000担,布匹1000担,南货900担,输出桐油5000担。到民国二十九年(1940年)实行计口售盐,年销盐增到12 000担。沙市、宜昌沦陷后,鹤峰成为川东、湘西北的商务要道。不少机关、学校、工商户迁到鹤峰,人口激增,境内的白果坪镇成为食盐、棉花、布匹、山货的重要集散地,商户由原来的10多家猛增到300多家,以盐行、棉花行、山货行、杂货铺、栈房、餐馆为主,时有"小汉口"之美称。

湘西的重镇所里(今吉首),是邻县秀山、松桃、凤凰、永绥、保靖、古丈等县土特产的集散重地和商品的中转站。随着湖南省政府机关向湘西的迁移,学校、工商业者和难民也搬迁到湘西,使这里人口骤然增加1万多人,省属的金融机构和金城银行、老天宝金店都迁到所里,新修建的新生路、车站等地方,新开设有大小商号百余家。由外地运来汽车8辆,往来于重庆和所里之间。峒河航运比过去繁忙,当地运货的筒船少则四五十只,多则八九十只,峒河两岸的小兴寨、阳光、坪滩、坪朗、矮板、茶油坪等地从事船运的农民达100多户。旅馆业也随之大增,有湘岳、蜀华、湘川等旅店30多家。在此期间,有山东人来此开设的"台儿庄",广东人来此开设的"新广东"等酒楼及一些小吃店。

另有泸溪县的浦市也是兴盛一时的集镇,此间由沦陷区迁来了国民党中央陆军军人监狱、省立高等农业学校、战时第九中学、江苏失学青年工读服务团、国民党通信兵第一团、陆军二二医院、四三后方医院等机关、学校、医院和军队,成为浦市历史上最繁荣的时期,邮政代办所则因此而升为三等邮政局,新增茶馆酒楼40多家,各类作坊增加60多家,

---

① 贵州县志(工业):http://blog.sina.com.cn/s/blog_470384b90100o690.html[2011-1-31]。

② 熊承农:《江口县志》,贵州人民出版社,1994年,第393页。

戏院、澡堂、旅社、客栈也增到 30 多家,时有"小南京"之美称。

抗战时的川东土家族地区,其初期生产萎缩,商业萧条。由于祖国大部领土沦陷,大批省外人口因战争流入秀山、黔江、酉阳等地,使这里的工商业、饮食服务业有所新增和发展。秀山县城的商店门面多达 165 家,行业包括饮食、旅社、各类修理(如镶牙、照相、眼镜、钟表)、图书、人力车等新兴行业,仅饮食、旅社就有 30 多家,有河北人开的常山水饺店、天津面馆、大东饭店,有湖南人开的湖南旅社等。[①] 新建有卷烟厂 4 家,纺织厂 3 家,制革、缝纫、针织厂数十家。全城有工商业计 330 家,固定从业人员 1300 多人,比过去增加 3 倍。至民国二十二年(1933 年),县城商业建有油脂、盐业、花纱、匹头、百货、烟酒、屠宰、山货、药材、染料等 11 个行会;服务业有理发、美术(摄影)、旅馆、人力车 4 个行会;手工业有纺织、针织、缝纫、制革、五金、刀剪、泥、木、石工 9 个行会,共计有行会 24 个,使秀山县城出现了战时(暂时)的繁荣景象。[②] 秀山县的平凯镇此时也逐渐兴盛,成为该县第二大集镇。

酉阳县的龚滩地处乌江岸边,是四川与贵州东北部物资交流的咽喉要道,由于这片地区的食盐仰求于从涪陵口岸经乌江运入,加之当时的整治,航道渐通。抗战时期,湘鄂川黔人口骤增,食盐量也增加。是时,每月食盐有由涪陵运往龚滩,经过"盘滩",再换船运至黔东北的沿河、德江、印江、思南、石阡等地的 7 载;又有由涪陵运至龚滩起岸再运往酉阳、秀山销售的 6 载;还有由涪陵运至龚滩,再转运至龙潭入湘西的 8 载,3 项共 21 载,计有308 880 担,再运出这片地区的粮食和土特产品。如此大量的物资流通,势必促使有关行业,如钱庄、饭店、旅馆、码头搬运等行业的发展。德江县的经济在抗战期间得到了发展,德江县城,"相继成立了 25 个同业公会,各种工匠商人达 25 种"之多。

抗日战争以中国人民取得胜利,日本帝国主义宣布无条件投降、彻底失败而告终。迁入土家族地区的各级政府机关、学校、医院、军队及逃难者,纷纷在庆祝胜利的欢腾声中迁回原地。随着战争的结束,美国、英国等资本主义国家又恢复了向中国的商品输入,把我国作为他们倾销商品的市场,这在一定程度上打击了我国在抗战时期发展起来的民族工业。同时,国民党政府又发动了内战,致使广大土家族地区"社会不安,匪患四起,造成生产不振,流通不畅。"[①]货币贬值,金圆券、银圆券失去对市场的控制,早已被禁用的银圆、铜板在土家族地区又流通起来,造成生产急剧下滑。据统计,秀山县 1946 年的商品总销量与抗战时期的 1941 年相比较,下降了 50% 以上,各种行业也减至 90 户。至 1949 年,秀山的香烟日销量比民国三十年(1941 年)下降了 74%,花纱布匹下降 58%,袜子下降 20%。由于货币失控,通货膨胀,上午卖出物品所得的货币下午就不能购入同样多的物品,卖出一箩稻谷只能买 0.5 公斤盐,人民只能淡食,商家提心吊胆,人心惶惶。当时的贫苦土家族人民有"四怕":一怕拉丁抓夫;二怕派捐派款;三怕票子水(货币贬值,钱不值

---

① 李印堂:《清乾隆至民国时期秀山商业流通领域面貌》,《秀山文史资料》(第 4 辑),秀山土家族苗族自治县政协文史资料委员会,1988 年。

② 刘国厚:《民国时期秀山商业行会组织发展概况》,《秀山文史资料》(第 4 辑),秀山土家族苗族自治县政协文史资料委员会,1988 年。

钱);四怕生意上当。社会一片混乱,经济濒于崩溃。

由于抗日战争的需要,作为大后方的广大土家族地区的交通也得到了一个短暂发展的时期。抗战前夕,修筑了西起綦江县境内接川黔公路上的雷神店,经南川、武隆、彭水、黔江、酉阳、秀山、松桃、花垣、吉首、泸溪等十余个县,抵达沅陵县的三角坪,全长 885 公里的川湘公路。虽然修建这条公路的目的是为了加强对川黔湘的控制,但所经过的地方大都是土家族地区,客观上使这片地区的经济联系得到了加强。土家族和这里的其他民族一道在极其艰苦的条件下,不分昼夜地劳作,挨饿受累,为修筑公路做出了贡献。民国二十五年(1936 年)完成的巴石公路,由巴东至咸丰石门坎,全长 343 公里,公路贯穿鄂西境内的巴东、建始、宣恩、恩施、咸丰 5 县。黔东北境内,修筑了思铜公路,由思南,经印江、江口,抵达铜仁,全长 190 公里,1942 年动工,1948 年才基本完成。还有德江煎茶至沿河县城的煎沿公路,于 1943 年动工,直至中华人民共和国成立后的 1957 年才完成通车。

由于抗击日本帝国主义侵略的需要,思南、印江、岑巩、石阡 4 县民工 5.9 万余人,参加了思南塘头战时飞机场的修建,机场长 1200 米,宽 500 米,占地 72 万平方米,总用工142.8 万多个,1940 年 8 月竣工,土家族人民与当地其他民族一起为飞机场的修建做出了贡献。

在这期间,土家族人民的反抗斗争从未停止。既有以反对苛捐杂税为主的自发斗争,又有在中国共产党直接领导下的反帝反封建斗争。抗日战争爆发后,土家族人民积极参加抗日战争,还坚持反抗国民党反动统治的斗争,为推翻旧中国建立新中国立下了汗马功劳。

二、教育状况

(一)革命根据地的教育状况

湘鄂川黔革命根据地时期,教育和文化事业得到重视,并创造了根据地自己的教育和革命文化。在湘鄂西特委时期,各级苏维埃政府都很重视教育工作。湘鄂西第二次工农兵代表大会通过了《关于文化教育决议案》,作为特区内教育工作的指导文件。决议案中指出:"文化教育工作,在目前苏维埃区域日益扩大的情况下,已成了苏维埃主要任务之一。"决议中明确提出苏维埃教育中心任务是:厉行全部的义务教育,发展广泛的社会教育,努力扫除文盲,培养大批的革命干部。因此,必须在根据地内创办各种新型的学校,创造出一套崭新的教育制度。要求各级苏维埃政府加强对文教事业的领导,健全各级文化委员会,建立起与各学校的直接联系,培养文化教育工作人员,加强对各学校的巡视工作。[①] 根据地各级苏维埃政府认真贯彻落实《关于文化教育决议案》的精神后,兴办了一大批学校,整个苏区教育呈现出多规格、多层次、多渠道、多形式的生动活泼的局面,有效地培养了一代新人。在小学教育方面,在根据地比较稳定的地区内,县、区苏维埃政府都

---

① 曹固强,刘仲良:《试论土地革命战争时期革命根据地人权建设的特点》,《益阳师专学报》,1997 年第 4 期。

办起了小学,有的称"苏维埃小学",有的称"工农小学",没有校舍的地方则利用没收的庙宇、祠堂作校舍,政府还拿出一定的教育经费,实行义务教育,红军及烈属子弟免费优先入学。学校坚持把教育与苏维埃运动结合起来,把德育的教育放在首位,培养自己的接班人。《决议》中明确指出:"文化教育工作,不是狭隘的识字运动",而是要"争取广大工农群众特别是青年群众的生死存亡的决心来拥护苏维埃","培养大批的革命干部。"贺龙在桑植县曾兼任一所工农小学校长。一般县、区两级苏维埃小学的学生免费入学,教师工资由政府发给,取缔反动教科书,开设共产主义、国文、算术、音乐、体育等课程。为了保证学校正常的教学秩序不受干扰,红军还发出安民告示:"不侵犯所有学校"。红二军团攻下长阳资丘时,二军团政治部主任陈协平发给每位教师一张名片,贴在寝室门上,以示保护。贺龙多次亲自到学校巡视,并要求严禁体罚学生,维护正常的教学秩序。学校数量也不断增加,据鹤峰县统计,1928年前,全县仅有小学5所,私塾69所,学生1500多人,且时办时停。革命根据地时期,兴办小学93所,加上各小学网点达151所之多,学生达3300多人。建始县官店地区,恢复改造私塾17所,兴办苏维埃小学6所。

在创建革命根据地时期,对红军的教育十分重视。红军教育包括政治、军事、文化几个方面。红军政治教育的目的是:"要使每个战士都有彻底明确的自己的阶级意识,知道共产党中央及中央分局是我们唯一的领导者……使红军成为土地革命的组织者和保卫者","成为共产主义的学校"。其内容主要是党的决议和指示,反对游击主义倾向和军阀制度残余,提高遵守纪律的自觉性。采用召集各种形式的会议,做报告,上政治课等多种形式进行。军事教育主要是提高指挥员、战斗员的战略战术水平,以及新技术的学习和新武器的使用。

对干部的教育主要是党的路线、政策的教育,提高政治理论水平和军事指挥能力,主要采取培训班的形式。湘鄂西特委和各县、区及青年团、妇委会在各地先后开办了干部培训班。1931年,湘鄂西特委在五里坪举办了边区军政干部培训班,有县以上苏维埃干部和红军团营干部50余人,学习两个月,讲授十月社会主义革命、共产国际运动史、太平天国和辛亥革命的失败、国共合作和蒋汪叛变、南昌起义、工农武装斗争和党的秘密工作方法等。五峰县苏维埃于1931年5~8月,在湾潭先后举办了3期干部培训班,每期30人,学习20天,由县苏维埃主席、副主席任教,讲授内容有党的政策、《军事法》《土地法》等。长阳县、桑植县的苏维埃政府也举办过干部培训班。

在黔东特区革命根据地,枫香溪会议后,红三军军直机关抽调100多名干部和53名群众积极分子,举办了短期培训班,进行党的土改政策、建立苏维埃政权的教育,然后派往沿河、德江、印江、松桃、酉阳、秀山等县发动群众,组织革命武装,打土豪分田地,积极筹建苏维埃政权。

湘鄂川黔省委、省军区于1934年年底在永顺塔卧创办了"中国工农红军第四分校",简称"红四分校"或"红校"。校长王震,副校长谭家述,政治部主任张平化,教员有省军区宣传部长李信,留学苏联的李扑等。学校设有高级班,培养红军团、营级干部和师级干部;普通班,培养连、排干部;还设有地方武装干部训练大队,主要培养区、县武装干部和游击队长;此外,还有指导员训练班、党员训练班和一个特科队。党员训练班主要培训做地方工作的党员干部和群众运动积极分子,由王恩茂、谭天哲负责。政治课主要讲"社会发展史""中国革命和中国共产党"等。军事课主要讲"战术概则""军事问答一百条"等。学校还创办了兵工厂。1935年4月红校迁至桑植县,校长由萧克担任。红校在近一年的时间里,为红军和地方培养了一大批干部,有力地推动了湘鄂川黔地区的革命运动和根据地的巩固、发展。

在湘鄂川黔革命根据地,还建有红军"学生队"、童子团学校学生队,对十七八岁者进行文化、政治、军事训练,主要是为地方苏维埃政府和红军输送干部。在根据地各地,还创办有妇女夜校、童子团夜校、妇女识字班等。

湘鄂川黔革命根据地建立后,随着红军的建立,打土豪,分田地,打倒了地主阶级的统治,人民翻身做主人,不管是动员群众起来革命还是保卫苏维埃政权,都是以一种全新的思想和精神面貌出现在群众面前。在这样一个伟大的变革时代,红军和土家族等各族人民创造了自己的革命文化。在湘鄂西根据地的第二次工农兵代表大会上,通过了《关于宣传鼓动工作决议案》,规定:宣传鼓动工作的方针是"依靠党的政治主张配合当地实际情况,进行宣传鼓动工作。"要"把宣传鼓动工作用作争取群众的武器,"还要配备各级文化委员,负责管理乡村的教育、娱乐体育等文化事项。

根据地配备齐全各级文化委员后,对革命文化事业有很大的组织、推动作用,不仅与宣传工作联系在一起,而且还以崭新的面貌,多种多样的组织形式,革命、健康、朝气蓬勃的内容,反映了红军和土家族、苗族、汉族等各族人民的精神风貌。

根据地革命文化内容丰富而广泛,各地组织宣传队、俱乐部、剧团开展歌咏活动。早在1928年,红四军开始建立宣传队,汪毅夫任队长,之后红四军下属连队的士兵委员会也成立了自己的宣传队。红三军,红二、六军团中,都有宣传队组织。红军行军途中,每到一地,宣传队就以写标语、画漫画、演讲、唱歌演出等多种形式宣传革命主张。演讲内容主要有党和苏维埃政府及红军的政治主张、执行的政策、革命的形势、打土豪分田地等,一般是演讲之后安排文艺节目,有时还举行军民联欢。通过写标语、演讲、唱歌的宣传,鼓舞红军的革命斗志,提高战斗力;发动群众,提高群众的革命热情,积极参加革命政权的建设,踊跃参军参战,保卫根据地和已经取得的革命成果;同时,还可以使敌人闻之丧胆,见之寒颤,灭敌人的威风。

俱乐部是根据地人民文娱活动的重要场地,在俱乐部里组织演出"文明戏"的活动,如话剧《从军乐》就是当时经常演出的剧目,有以打土豪、分田地为内容编排的活报剧,还有表演传统的、土家族人民喜闻乐见的莲香舞、三棒鼓、双簧等节目,深受群众欢迎。

剧团,多为当地民间戏剧艺人邀约组成,如傩戏、南戏、柳子戏等,大多演出传统剧目,有柳子戏的《围花楼》,傩戏的《八仙庆寿》《苦送寒媳》,南戏的《杨家将》等。贺龙、周逸群、萧克、王震、廖汉生、卢冬生等红军领导,积极倡导演"文明戏",使土家族传统的民族民间文艺在形式上得到创新,内容上注入了新的活力、革命的精神,剧团创造了小话剧、活报剧、双簧滑稽剧等形式和以革命斗争为内容的新剧目。

歌咏活动,这是湘鄂川黔革命根据地一种影响最广泛、最为土家、苗、汉各族群众所接受的文化活动。湘鄂川黔边地区素以山歌民歌著称,土家族人民无论男女老幼,人人会编会唱,触景生情,即兴发挥,儿童唱儿歌,青年人唱情歌,普遍唱山歌,生产劳动中有传统的薅草锣鼓。从红军的创建开始,就用革命的歌声来教育群众、组织群众、鼓舞群众的革命斗志。各级苏维埃政府组织了大量的唱歌、赛歌活动。油印歌本,发给区、乡农会、妇女会、儿童团、贫农团等,组织群众学唱,如《国际歌》《工农歌》等十多首革命歌曲。有的地区还组织唱歌比赛,给优胜单位和个人发奖。

湘鄂川黔苏区原来没有报纸,红军和苏维埃时期还创办了报纸、杂志,如鹤峰县苏维埃创办了一份油印的《简报》,中共长阳县委创办了党内刊物《杂览》。湘鄂西中央分局创办有《红旗日报》《布尔什维克周刊》,苏维埃省委创办有《工农日报》等。

在革命歌谣和文艺作品的创作中,主要有两个方面,一方面是红军和苏维埃政府为了宣传、动员、组织土家族等各族人民而创作的革命作品,另一方面是各族人民为歌颂红军、歌颂革命领导人、歌颂苏维埃政权、歌颂新生活而创作的革命作品。

贺龙等领导人在创建湘鄂川黔革命根据地的过程中,十分重视发挥革命文化的积极作用。早在贺龙从上海到湘鄂西的途中,就要贺锦斋负责组织编写革命歌谣,并指出:"让群众去唱,对革命所发挥的作用是了不起的。"周逸群在湘鄂西时创作长诗《工农,世界主人翁》,根据地人民还将他的长诗的前两节谱以曲,成为《工农歌》《妇女歌》,为根据地人民广为传唱。根据地的文艺工作者还利用土家族传统民歌调填以革命内容新词的办法,创作了大量的新民歌,如五句子山歌、燕江班、船工号子、苏武牧羊曲、姜女寻夫曲、花鼓灯调等。其内容有控诉旧社会罪恶,激励工农积极参加革命斗争,歌颂贺龙等红军将领,妇女解放,消灭敌人等。其中有一首歌颂红军纪律严明的歌谣,曰。

> 睡到半夜深,门口在过兵,
>
> 婆婆坐起床,顺着耳朵听。
>
> 不要茶水喝,不惊老百姓,
>
> 只听脚板响,不听人作声,
>
> 娃们不要怕,这是贺龙军,
>
> 媳妇你起来,门口点个灯,
>
> 照在大路上,同志好行军。[①]

土家族人民还创作有歌颂共产党、歌颂贺龙的诗和歌谣,有《红军是天兵天将》《莫忘红军恩情多》等,如《土家跟着共产党》,曰。

> 苋菜红来苋菜青,
>
> 扯扯搭搭到如今,
>
> 土家跟着共产党,
>
> 变日变天不变心。

在根据地的革命文化事业中,红军、游击队、苏维埃政府的标语口号占有重要的地位,起到了积极的宣传鼓动作用。据统计,红四军在湘鄂西根据地时期留下来,至今还清晰可见的不下 300 条。标语有。

---

① 伍玉池、赵虹光:《恩施地区革命斗争史》,湖北人民出版社,1996 年,第 199 页。

工农联合起来，拥护苏维埃政府！

工农联合起来，拥护中国共产党！拥护工农革命，推翻国民党！

红军是工人、农民的军队！

保护来往行商！

打倒土豪劣绅，铲除贪官污吏！打倒资本主义，打倒税卡！

取消一切苛捐杂税！

实行土地革命，取消剥削！

实行土地革命，焚毁一切旧契债券，取消佃租制度！

打土豪，给穷人分衣服、分粮食、分田地！

穷人不还富人钱，佃户不工地主课！

农民革命军万岁！

苏维埃政府万岁！

中国共产党万岁！

从以上所列的部分标语中，内容有宣传党的政策、红军的政治主张，推翻国民党的统治，建立农民武装，打土豪、分田地，动员农民参加土地革命，具有十分鲜明的政治立场，符合土家族农民对土地的要求。标语的宣传，在土家族等各族人民中产生巨大的革命动力，有助于革命根据地的巩固和发展。

（二）国民政府的教育状况

民国十二年（1923 年），土家族地区管理学校的劝学所被改为教育局，由省教育厅委任局长。民国二十二年（1933 年），各县政府内设教育科，教育局并于教育科。裁局改科以后，负责学校督辅工作的督学的职权受到县长、科长的限制，督学一直延续到新中国建立初期。民国二十九年（1940 年），土家族地区各县按乡建立中心国民学校，乡长兼校长，按保建立保国民学校，保长兼保小校长，实行乡保行政管理。同时，县政府为加强乡保小学的管理，实行督学制，县政府教育科设督学若干名，每学期派往各地查学，主要检查教育内容、教学进度、教师水平及校风校纪等。民国时期对教员管理实行检定制，小学教员由小学校长聘任，报县检定叙级；中学教员由中学校长聘任，报省检定叙级，合格者由省、县发给叙级任命证书。

由于长期军阀混战，土家族地区的教育受到了严重摧残，抗战前后，学校大多停办，在校学生人数急剧下降。以古丈县为例，到 1935 年，全县仅剩下一所县立模范小学，在校学生只有 120 余人，至于乡立小学，最多不过 20 所，不但无固定资金，且无固定校址。过去开办的 50 所乡村小学，几乎全部被迫停办，无法恢复。其他各县情况大体相似。

1931 年，抗日战争爆发后，由于国民党政府消极抗战，致使祖国大部领土沦陷，成为日本帝国主义的殖民地。武汉失陷后，随着湖北省政府机关西迁恩施，学校也随之而徙。湖北省教育学院、武汉大学工学院、湖北省农学院、湖北省立医学院等高等院校相继迁入，同时,有计划地将中等学校向鄂西、鄂北进行战略转移,成立"联合中等学校"。① 23所湖北省立联合中学及其分校均先后迁入鄂西8县,其中有10所联中或联中的分校校址曾建在恩施县境。全省教师云集鄂西,促进了鄂西广大土家族地区文化、教育的发展。在利川,1938年冬,以原省立实验中学为主要基础的普通中学迁到利川,校名为"湖北省立联合中等以上学校利川初中分校",有教职工32人,12个班,学生598人。有湖北省立第七师范学校迁到利川,时有教职员30人,7个班,学生249人。又于1946年迁往恩施舞阳,改称"湖北省立恩施师范学校"。1939年秋,省级小学又迁入两所,即"省立利川第一区小学"和"省立利川第二区小学",各有学生212人和115人。1941年,省立农学院附设初级农业职业学校(以下简称初农)由四川石柱迁入利川凉雾山两汇塘,有6个班,学生203人。1942年,该校并入县立初中。省立第一高级商业职业学校(以下简称高商),也与初农同时迁入利川,有12个班,学生555人。总之,在抗战期间是利川县历史上教育发展的极盛时期,有省立小学2所,县立小学7所,省立附设义务班1个,县立联保小学22所,公立联保小学68所,县立民众学校4所,共有小学104所,另有省立师范、高商、初农、普通中学各1所。② 抗战期间,在鄂西的4所高等院校求学的恩施籍学生有200多人。1946年,在湖北省立联合恩施初中分校毕业、肄业的恩施籍学生有622人,该校历年毕业的恩施籍学生有800多人,是恩施教育发展史上的鼎盛时期。

在川东地区,抗战期间也迁入了部分学校,如石柱县于1940年湖北省立联合中学武汉农职分校从巴东迁来,有教职员工30余人,6个班,学生320人,以后每学期还到重庆、万县、恩施等地去招生。该校于1942年春又迁至湖北省利川县。在整个川东地区,由于沦陷区人民流亡到秀山、黔江、酉阳、龙潭等地,人口增加,学生也相应增多,当地教育也得到较大发展。流亡人口的迁入,使龙潭中学的学生猛增到500多人,达13个班,教职员近40人。该校从1939年秋起,开始兴办高中,招收1个班。至1946年该校女生部也招收高中学生。此时,川东地区有酉阳县立初级中学、省立龙潭中学、县立西东中学和县立初级中学龙潭分班4所。小学也有发展,到1939年,酉阳全县的41个乡镇,每个乡镇都有1所中心小学,每保设有保国民学校1所,全县各乡所设保国民学校272所。秀山的教育也得到发展,据1939年统计,"全县39个乡镇,都有了完全小学,乡以下逐步建立了初级小学"。③ 其他如师范教育、女子教育也得到发展。

抗战期间,沦陷区人民有部分也迁入黔东北土家族地区,使这里已有一定基础的教育事业得到了短暂而迅猛的发展。民国三十年(1941年),来凤县推行国民教育制度,每乡设1所中心国民学校,每保设1所国民学校(全县共11乡155保)。各乡长、保长兼任学校校长,以行政手段筹措教育经费,开办学校。④ 沿河县到民国三十一年(1942年)在校学生达3241人,入学率达7.9%。次年,县政府实施义务教育,对中心国民学校一律不收学

　　① 来凤县教育志编纂组:《来凤县教育志》,来凤县史志办公室2008年,第2页。
　　② 潘顺福:《利川市民族志》,四川民族出版社,1991年,第64页。
　　③ 李万霖:《民国时期秀山小学教育概况》,《秀山文史资料》(第1辑),秀山土家族苗族自治县政协文史资料委员会,1986年。
　　④ 来凤县教育志编纂组:《来凤县教育志》,来凤县史志办公室,2008年,第3页。

杂费,对私立小学给予经费补助或改为县立国民学校。民国三十三年(1944 年)全县有小学 134 所,是抗战前 14 所的 9 倍多,在校学生达 9526 人,是抗战前 457 人的 20 倍还多,入学率达 23%,达到历史的最高水平。印江县到民国三十三年(1944 年)全县小学教育迅猛发展,有小学 119 所,是抗战前 30 所的 4 倍,学生人数也大幅度增加。德江县在民国三十二年(1943 年),全县各乡、玉溪镇和联保所在地先后办起中心小学校和保国民学校 188 所,是 1919 年 8 所的 23 倍多,达历史最高水平。江口县于民国三十一年(1942 年)遵照国民政府普及国民教育的要求,全县有中心国民学校 3 所,国民学校 11 所。至民国三十四年(1945 年),全县中心小学校发展到 13 所,保国民学校 57 所,共 70 所。

抗日战争期间,黔东北地区的中学教育也得到发展,思南中学于民国三十年(1941 年)春开始招收高中班。民国二十九年(1940 年),沿河县以鹤鸣书院旧址创建沿河中学,政府拨款 38.6 万元,次年春招生 114 人,秋招生 100 人,分为 4 个班。是年,印江县以依仁书院旧址创办印江初级中学,当年招生 32 人,教师 4 人。至民国三十四年(1945 年),有在校学生 251 人,其中女生 65 人,教职工 30 人,时有浙江大学、西南联大等校的毕业生应聘任教。民国二十九年(1940 年),德江县创建初级中学,招生 50 人,教职工 16 人。江口县于民国二十八年(1939 年)设铜仁国立三中分校,有初中、实验班、农业职业科 3 部,后迁回铜仁。民国三十一年(1942 年)筹建江口县立初中,筹募法币 20 万元。

同时,为了适应小学教育的发展,师范教育也得到发展。民国三十一年(1942 年)沿河中学附设了一年制简易师范班,招收高小毕业生,学习 1 年后充实教师队伍。是年,德江县创办简易师范班,由德江中学统一管理,招收 50 人。次年,创办德江县简易师范学校,学制 3 年,从民国三十三年至三十五年(1944~1946 年)间,招生 125 人,毕业 110 人,充实了县内小学教师队伍。印江县于民国三十三年(1944 年)开办印江简易师范 1 个班,附设于印江中学,招收学员 80 人,毕业后分配到县属小学任教。在此期间,印江、沿河、思南、江口等县还创办蚕桑学校等进行职业教育。

抗日战争期间,由于国民政府滥发纸币,造成通货膨胀,教师所得薪金实值大减,于是从 1940 年后,公教人员每月改发食米 8 斗,加少量的生活补助费(纸币)。由于教育经费严重缺乏,致使生活补助费不能按时发给,待年底结算,仍不能兑现,只能给欠条。教师食米,又往往安排到一二百里远处领取,只好在领取地低价出售,再回家购买,无形中又少得许多,教师生活十分困难,苦不堪言。有一位教师这样写道。

> 一年辛苦一年金,
>
> 不及樵夫半束薪,
>
> 饥寒驱人情不已,
>
> 放弃舌耕用手耕。

抗日战争胜利后,迁入鄂西、湘西、川东、黔东北土家族地区的机关、学校等相继迁回原地,沦陷区人民也都逐渐迁走,使这片地区失去了战时的繁荣,恢复到抗战前的状况,加上国民党发动内战,社会动荡,土匪横行,秩序混乱,官、匪、霸相互勾结,沆瀣一气,使土家族地区的教育事业受到严重摧残。到中华人民共和国成立前,鄂西地区只有恩施有 2 所中专,1 所高中,区内 8 县共有高中 2 所,小学 223 所,在校学生 22 475 人,而广大土家族农村几乎没有一所中学,文盲率高达80％以上。各学校受战争影响,陷于极度混乱的绝境,学校数量不断减少,不少学校被迫停办。沿河县到1949年只有小学24所,比1944年的134所减少了110所,德江县由抗战时的188所减为78所。

土家族地区抗战前后的教育,时断时续,时好时坏,只有彻底摆脱了反动统治者的干扰破坏,彻底摆脱动荡的社会和连绵的战火,土家族教育才能进入良性循环。

第三节 教育群团组织

日本军国主义发动九一八事变后,激起了我国各族人民的无比愤怒,抗日救亡运动逐渐形成高潮,"把日本侵略者赶出中国去""不做亡国奴"已成为中华儿女的共同心声,以动员民众、抗日救亡为核心的文化运动也随之兴起。广大土家族人民纷纷行动起来,组织各种抗日团体、宣传队、演唱队,创办各类报刊,利用各种文化形式,投入到抗日救亡的革命洪流之中。

1932年,秀山中学的学生自发组织起"抗日义勇军",排演了话剧《黑籍冤魂》。石柱县成立了"抗日救国会",进行大量宣传活动,以激发抗日斗志。湘鄂川黔地区群众纷纷行动起来,机关、学校、街道、村寨都张贴了抗日宣传标语,内容有"抗日救国是全体民众的神圣职责""抗日则兴国,不抗日则国亡!""打倒日本帝国主义!""复兴中华民族!"等。1938年,石柱县成立了"七七剧社",先后演出了《卢沟桥》《战斗》《前夜》等20余部话剧。石柱县女校在中共地下党的组织领导下,组织了"儿童生活团",利用逢场赶集日到场坝进行唱歌、跳舞、快板、活报剧等形式的宣传演出。台儿庄大捷后,还及时编排了花环舞进行演出。酉阳、黔江、彭水等县也组织了宣传队、歌咏队,演出话剧、花灯、金钱板、莲花落等多种形式的文艺演出。秀山进步人士还创办了《晨曦》报。酉阳龙潭修建了"抗战救国阵亡将士纪念碑"。

鄂西地区,随着省政府机关的迁入,大批革命文人云集,利用革命文艺,宣传动员和激励土家族等各族人民团结抗日,同时揭露汪精卫的卖国汉奸行径,国民党消极抗日积极反共的阴谋。利川土家族牟伦扬先后担任《抗敌报》《救国报》《新长城》的主编、编辑和记者,写下大量战地通讯、杂文和诗歌。中共地下党组织了抗战剧社、社教工作团、师生宣传队,以墙报、读书会、演讲会和夜校等形式的文化活动宣传抗日。

黔东北土家族地区,思南县成立了"抗日救亡宣传队",向民众公演话剧、教唱抗日歌曲等,进行抗日文化宣传。1939年7月7日,许家坝小学在万寿宫公演戏剧《悔不当初》《请缨杀敌》。1940年,中共思南地下县委召开会议部署,利用各种文艺形式向群众积极宣传抗日文化,在思南、沿河、印江、德江等县的机关、学校、街头巷尾张贴下抗日救亡的各种标语。当时主要有抗日歌曲演唱、演讲、戏剧、话剧、舞剧等形式,演唱的抗日歌曲有《抗日总动员歌》《百万勇士上战场》《救国要奋斗》《军人要雪耻》《工农兵学商一齐来救亡》《保卫大西南》等。印江县创办了《印江旬刊》进行抗战宣传。思南县修建了"抗日阵亡将士纪念碑"。

民国三十二年(1943年),各县立中学开始建立三民主义青年团区队,区队以下按教学班设有分队、区队、分队协助学校组织管理学生,通过办刊、讲座宣传三民主义,宣传抗日斗争。抗战胜利以后,国民党掀起反共反人民的内战,三青团追随国民党进行了反共反人民的宣传活动。民国三十七年(1948年)国民党为拼凑力量实行"党团合并",部分三青团员加入了国民党。

民国三十二年(1943年),各县立中学推行童子军管理制度,由全体学生组成童子军团。童子军团开设童子军课程,由童子军教官组织授课和带领活动。各乡中心国民学校也有童子军组织。

在湘西,土家族人民积极行动,机关、学校、街道都张贴着抗日救国的各种标语,有"打倒日本帝国主义!""中华儿女团结起来!""把日本强盗赶出中国去!"等内容。各县纷纷成立了"抗日救国会"、"救亡宣传队"、歌咏队、剧团等,通过演出话剧、歌曲等文化活动,动员民众积极参加抗日斗争,支援前线抗日救国。

第七章

新中国成立后至社会主义市场经济改革前的土家族教育(1949~1993年)

第一节 教育概况

新中国成立后的土家族教育,以一种前所未有的速度向前发展,但是,也经历了许多的曲折。新中国成立初期,改造土家族各地区旧学校,初步建立了社会主义教育秩序。1953年前后,各地整顿小学,取消了私塾。同时,各学校建立了社会主义群团组织,即团支部、少先队、教育工会、教职员联合会等。土家族地区的人民对文化的渴求十分强烈,为了让更多的青少年有读书的机会,各地纷纷办起民办小学。同时,中学、托儿所、幼儿园等也陆续成立。

1957年反右斗争扩大化,土家族地区也受到了冲击,30%左右的教师被错划为"右派分子",教育出现了滑坡。1958年的"大跃进",更是让教育陷入了混乱之中。各级学校"大办农场""大炼钢铁""大搞勤工俭学",教学秩序受到严重影响,教育质量急剧下降。许多小学被合并,大部分小学实现了"吃饭、睡觉、学习、劳动、娱乐"等"五集中",严重脱离实际。各地中学、师范有所发展,但教育质量不高。20世纪60年代初,各地对教育进行整顿,全面贯彻《全日制中小学暂行工作条例》,恢复了教育秩序,教育质量逐步回升。

"文化大革命"爆发以后,国家取消高考,中学停止三年招生,在校学生留校参加运动,小学多数时间处于无人管状态,[①]教育陷入一段时期的停顿状态中。1966年下半年,各地区开始学习贯彻《中共中央关于无产阶级文化大革命的决定》,狠批狠打"三家村"和"黑帮"分子。同年9月,各地政府根据上级部署,在中小学选派"红卫兵"代表赴北京接受中央检阅。各地成立"红卫兵"组织,大造"资产阶级反动路线"的反,彻底否定新中国成立后17年的教育。从1968年开始,由贫下中农管理学校,贫宣队进驻学校,大部分教师下放到农村"接受贫下中农再教育"。1968~1974年,许多城市的初高中毕业生到土家族地区

---

① 来凤县教育志编纂组:《来凤县教育志》,来凤县史志办公室,2008年,第4页。

插队落户。学校只抓生产,不抓教学。"文化大革命"十年,教育呈畸形发展,许多小学戴上了初中的帽子,初中戴高中帽子,提出"公社有多大,学校就有多大"的口号,导致许多高中毕业生的文化水平还不如小学毕业生,教育质量令人担忧。

粉碎"四人帮"之后,土家族教育进入了新的发展时期。学校重新确立了实事求是,按教育规律办事的科学准则。教育发展走入正轨,质量开始稳步提高。各地区大力压缩中学,各县确立几所重点高中,各公社相应设立重点初中,部分普通高中改为学校职业高中。普及初等教育得到巩固和加强。1978年开始,各县、各公社均设立重点小学。1981年初,各地区纷纷贯彻国务院下发的《关于普及小学教育若干问题的决定》。同时,各地成人教育有了新发展,广播电视大学、职工业余学校、成人文化技术学校等,纷纷建立。

随着教育秩序的恢复和教育质量的提高,教师的社会地位也有了显著提高。在土家族地区,教师普遍受到尊重,教师待遇逐渐有所改善。

1985年,各地开始全面贯彻《中共中央关于教育体制改革的决定》,各县成立了教委,各级各类学校实行分级办学、分级负责、分级管理,县、区(镇)、乡(镇)、村四级办学,使土家族教育以前所未有的速度飞快地向前发展。各地创办了一批民族中学,许多普通中学里开设了民族班。每年都有一批土家族青年跨进高等学府。土家族聚居区先后建立了吉首大学、湖北民族学院、恩施医学专科学校,以及教师进修学院、广播电视大学等高校和中等专业学校。据1990年统计,湘西土家族苗族自治州有各级各类学校2869所,其中高校3所,普通中专7所,职业中专4所,农业中专3所,进修学校8所,普通中学135所,小学2709所,另有90个教学点。在校土家族高中生8305人、初中生28 673人,小学生121 408人,土家族适龄儿童入学率达到96.67%。鄂西土家族苗族自治州有各级各类学校3755所,其中普通高校2所,成人高校2所,普通中专11所,成人中专18所,农民文化技术学校243所,技校4所,普通中学341所,农业职业中学41所,小学3093所,另外还有466个教学点和107所幼儿园。各类学校在校生596 324人,其中普通高校2246人,成人高校3853人,普通中专8019人,成人中专5042人,成人初等学校13 281人;技校1240人,普通中学101 882人,农业职业中学9094人,小学423 182人,幼儿园28 485人,全州适龄儿童入学率为96.66%。据《长阳土家族自治县教育志》记载,1985年全县共有小学658所1645班,入学儿童35 229人,入学率为99.55%。全县共有高中9所,其中重点高中1所,普通高中4所,农职业高中4所,共有学生2007人;初中37所,学生9048人。1977年至1985年,初中毕业生35 051人,占新中国成立以来初中毕业生总数的52.98%;高中毕业生11 204人,占62.9%,升入中专1169人,占新中国成立以来的67.11%,升入大学492人,占新中国成立以来的58.36%。该年全县40万人中,大学毕业生占2.07%,中专毕业生4.2%,初中毕业生27.5%,基本扫除了青壮年中的文盲。其他土家族地区情况大致与所列地区相当。

土家族教育已经取得了很大的成绩,当地的人民尤其是每一位教师,正在辛勤耕耘,努力奋斗,他们有信心在短时期内缩小与发达地区教育的差距,有的地区甚至已经追上或超过了某些经济发达的汉族地区。千百万土家族儿女期待着本民族教育的发展并已付诸行动!

第二节　新中国成立后至"文化大革命"前的土家族教育

新中国成立后,和平的国内环境促进了教育秩序的恢复,土家族教育事业也进入新的发展时期。从整体上看,这一时期的土家族各项教育事业以前所未有的速度向前迅猛发展。

一、幼儿教育

新中国成立以后,党和政府十分重视幼儿教育事业,土家族地区的幼儿教育得到迅速发展。

1954年以后,广大土家族地区陆续开办托儿所。1957年,来凤县在县城东门外的煤炭堡办起全县第一所幼儿园。1959年,土家族地区尤其是城镇,纷纷兴办托儿所、幼儿园,入托儿童达幼儿总数的50%以上。1960年,来凤县商业局在县城邱家岗开办一所"商业幼儿园",招收商业系统职工子女。入园幼儿15人,有教职工3人,幼儿园负责人为李凤云。农村幼儿园集中由管理区办,均为全托。① 三年困难时期,大多数幼儿园停办。"文化大革命"期间,幼儿园也受冲击,大都停课停办。1970年后,有所恢复,出现了幼儿班、托儿所、学前班等,大都办办停停。党的十一届三中全会以后,土家族地区的幼教事业得到稳步发展。有条件的地方,均办起了幼儿园,很多学校还附设了学前班。

1958年,鹤峰县立幼儿园开办,园址在城西门外。1958年10月,鹤峰县委号召每个人民公社办一所幼儿园,不出一个月,农村办了40所幼儿园。鹤峰县直机关团体也办起了一所幼儿园。1959～1960年幼托事业大发展,全鹤峰县三至六岁儿童10 282人有3828人入园,有1109名入学。鹤峰县直幼儿园发展到六个班,园址迁到原鹤峰县医院病房,全部实行寄宿制。②

二、小学教育

新中国成立初期,土家族地区的各级政府根据上级有关指示精神,采取了逐步改造私塾、大力发动贫雇农子女入学、实行学期制和招收超龄生等措施,公立小学得到迅速发展。土家族地区的小学实行六年四、二分段学制,沿用学期制,春秋两季均有起始年级。后改学期制为学年制,秋季始业。有些地区曾试行过小学五年一贯制,但很快又恢复了原制。

1950年春,鹤峰县人民政府认真执行"积极恢复,初步整顿"的方针,不到三个月便恢复原十所中心小学,共有29个班,学生770人;年底发展到35个班,学生998人。1950年私塾共有63所,学生1542人,人民政府通过两年努力将私塾全部改造为乡村小学。

---

① 来凤县教育志编纂组:《来凤县教育志》,来凤县史志办公室,2008年,第36页。
② 鹤峰县教育志编纂组:《鹤峰县教育志》,鹤峰县史志办公室,1990年,第58～62页。

1952 年年底,又着手发展民办普通小学。1953 年全县普通小学 123 所,237 个班,学生 7903 人。1954 年,根据中央的指示,小学发展较快,进入第一个发展高峰期。1956 年后,小学建设进入第二个时期,这一年小学校数、班数和学生数分别上涨 17%,33% 和 43%。1957 年 2 月,合作化带来小学的大发展,教师待遇也得到改善,民办小学也加快发展,形成鹤峰县民办小学的第一个发展高潮。1958 年,鹤峰增加民办班 35 个,公办小学两个月招收了 5560 名新生。全县 7~12 岁适龄儿童 14 375 人,符合入学条件的 14 164 人,已入学 13 083 人,入学率从上年的 60.8% 上升到 92.35%。1960 年采取春秋两季招生。春季有 55 所公办小学各招新生一班,学生 1833 人,其他各年级也招收插班生。全县小学生总数达到 19 536 人,其中 14 岁以上的超龄生约 3000 人,与 1956 年比,公办小学增加了 17.1%,民办小学增加 4.85 倍。1958 年,公社管理小学,公立、民办合校,学制一样,课程设置、业务和行政管理、学生所交学杂费等,都是一样。1960 年下半年开始,由于粮食问题,726 名 16 岁以上的超龄生回到农业生产一线。1961 年,鹤峰 208 所学校 572 个班合并为 192 所学校 486 个班,学龄儿童入学率下降到 88%。1963 年继续调整设点布局,小学入学率下降到 71.1%,小学三年都没有完成招生计划。在校学生从 1961 年到 1964 年春,三年共流失 8487 人。1964 年秋,学龄儿童入学率回升到 80.7%。1965 年秋,入学率上升到 92%,简易小学学生达 4353 人,占小学总数的 20.3%。[①]

1951 年 9 月,来凤县在县城北门杨家祠堂创办城关镇初级小学。10 月,全县小学提前放寒假,教师全部参加农村土地改革运动。次年春,来凤县完成土地改革后,民办小学增加,发展到 77 所,入校学生 3296 人。民办小学全为初小,学生入学不受年龄限制。1952 年年底,所有民办小学转为公办小学。[②]

1953 年,为提高教育质量对所有小学实行整顿,效果较好。随着国民经济的恢复和发展,在发展中心小学的同时,试办了一些民办小学,至 1957 年,各地在校学生比 1949 年增长了 4 倍多。1958 年始,土家族地区的教育在"大跃进"的浪潮中,受到了巨大的冲击,各地小学纷纷合并。合并后,管理混乱,最后只好分开。这样来回折腾,无论是人力、物力,还是财力,都造成了难以弥补的损失。1958 年,成立公社后,来凤县小学增加到 85 所。下半年农村有 185 所小学实行"大集中",其做法是以生产大队为单位实行"五集中"(吃饭、睡觉、学习、劳动、娱乐),吃饭不要钱,粮食由生产大队供给。集中之后的小学,有的还办起初中班。[③]

从 1959 年下半年开始,各学校开始重视教学质量的提高。20 世纪 60 年代初,各地对教育进行整顿,全面贯彻《全日制中小学暂行工作条例》,建立以教学为主的正常工作秩序,恢复了教育秩序,小学教育得到有效管理,教学质量逐步回升。1964 年,各地贯彻"两种教育制度",适合山区居住分散特点的耕读小学应运而生。至年底,土家族地区的适龄儿童入学率达到 70% 以上。

---

① 鹤峰县教育志编纂组:《鹤峰县教育志》,鹤峰县史志办公室,1990 年,第 58~68 页。
② 来凤县教育志编纂组:《来凤县教育志》,来凤县史志办公室,2008 年,第 53 页。
③ 来凤县教育志编纂组:《来凤县教育志》,来凤县史志办公室,2008 年,第 54 页。

新中国成立后,土家族地区的各级小学均采用国家统编教材,有些地区还补充自编了一些乡土教材,小学的课程设置,根据学生程度分高、中、低三个学段开设课程。低年级设语文、数学、唱歌、图画、体育等科,而语文科含阅读、说话、写字。三四年级为中年级,从三年级起增设常识课,将语文科的说话课改为作文以培养学生的写作能力。五六年级为高年级,高年级取消常识课,增设历史、地理、自然课,"文化大革命"期间以学毛主席语录为主,并将体育课改成军体,为了对学生进行劳动教育,中高年级增设劳动课。

新中国成立初期,学校内部管理十分强调民主,1949 年接收了部分原有国民学校,民主选举校长,建立校务委员会,学校重大事宜均由校务委员会讨论决定,校长具体执行。在学生中设有学生会、班委会,选举学生干部管理各项活动和组织纪律。20 世纪 50 年代初,各地政府开始对完小校长、主任实行任命,设教务处统一管理教学和学生思想教育、组织纪律,较大的学校设事务室,管理财务、生产劳动、基建维修和师生生活。"文化大革命"时,校长、主任和校务委员会的职权全由"革命领导小组"取代,实行"贫下中农管理学校",校内工作全由"贫管组"管理。"文化大革命"以后,规模较大的学校恢复了党支部领导下的校长分工负责制,恢复了校务委员会,教育工会协助学校加强民主管理。学校在学生中恢复了学生会、班委会、少先队等组织,制定学习、生活公约,使学生自己管理自己。

这一时期的土家族小学教育虽有较快的发展,但是在发展的过程中也遇到了不少困难和障碍。一个最大的困难就是经费严重缺乏,导致无钱修建校舍、更新教学设备等。尽管各级政府都很重视,但因大多数土家族地区自然条件差,经济落后,许多小学在物质条件上并无多大改善。单从校舍而言,无论湘西鄂西,还是黔江印江,不但面积不够,而且都有不少危房存在。

三、中学教育

新中国成立初期,土家族地区各级政府即着手接收原来的公立中学。1949 年年底,土家族各县均成立了文教科,各县中学由文教科直接领导,学校各种会议,文教科派人指导。学校重大事宜均须书面报告,经文教科批复后施行。各县中学内部实行校长负责制,第一任校长由中学筹委会选举,以后由县人民政府任命。在校长领导下建立由师生员工代表组成的校务委员会,学校重大事宜均须由校委会讨论通过,实行民主管理。学校设有教务处、总务处,教务处管理思想政治工作、学生组织纪律和教学工作,总务处负责为教学和师生生活做好服务工作。教学班实行班主任负责制。1950 年,各县中学建立了共产主义青年团支部,1952 年,建立教育工会,协助学校做好思想政治工作、教学工作和生活福利工作。1952 年,土地改革胜利结束,各地中学发展较快。1956 年,农业合作化快速发展,农民送子女上中学的需求越来越迫切,各地增加了不少中学,大都发展到了区一级,中学行政方面由当地区公所领导,业务上由地、州、县领导。

新中国成立后,鹤峰县人民政府恢复中学,1950 年春季学生 72 人,4 个班,三年级一班只有学生 3 人。暑假时候老师进行劝学,直到 1955 年秋季学生才达到 272 人,开设 5

个教学班,恢复到民国时期最高水平。1956 年 9 月,县政府决定在走马创办第二中学,招收 168 名学生,设 3 个教学班。这年,全县普通中学分一、二中,共有学生 526 人,10 个教学班,千人比为 5.2 人,高于全州水平。

1958 年,各地中学教育在"大跃进"浪潮中迅猛发展,数量急剧增加。1958 年,鹤峰县一中发展为完全中学,另设 4 所戴帽中学。普通初中学生总数达到 948 人。1959 年,将南藩小学附设初中班、中营小学附设初中班、下坪小学附设初中班、燕子小学附设初中班分别改为鹤峰县立第三、第四、第五和第六中学,并逐渐走向独立。调整后,全县普通中学规模稳定在 20 个左右的教学班,学生在 900 人上下。1966 年 11 月,下坪耕(工)读中学改为鹤峰第五中。1969 年,全县 45 所小学设立附设初中班,一次招收三届学生,教学班由上年的 26 个猛增到 96 个,学生从 1770 人,增加到 2806 人。[①]

咸丰县丁寨区于 1958 年创建初中,是年,丁寨小学附设初中,招收 4 个班,共计 180 人;简师 1 个班,计 40 人。教师 29 人,党员 3 人,占 10.3%;团员 4 人,占 13%;师范 7 人,占 24%;高中 15 人,占 50%;简师 3 人,占 10%;女教师 9 人,占 31%;外区 15 人,占 50%。1961 年,初中并入甲马池,简师停办。1965 年,丁寨小学附设农中一班,计 40 人,该班于 1968 年停办,同年,丁寨小学第二次附设初中班,招收两个班,计 90 人。1969～1976 年,常年保持 240～300 人。

新中国成立之初,土家族地区的初中学制仍沿用三年制,为减少学生留级,一度试行学期制,春秋两季始业,到 1952 年,改为学年制,秋季始业。1966 年,强调"学制要缩短",中学改为四年制,二二分段。中学分初、高两个阶段,课程根据年级和学段而设置。初中阶段,一年级:语文、数学(代数)、外语、政治、动植物、音乐、体育、历史、地理。二年级:政治、语文、数学(代数、几何)、外语、历史、地理、物理、音乐、体育。三年级:政治、语文、数学(代数、几何)、外语、物理、化学、生理卫生、音乐、体育。高中阶段,一年级:政治、语文、数学(代数、几何)、外语、物理、化学、体育。二年级分文理两科设课。文科:政治、语文、数学(代数、几何)、外语、历史、地理、体育。理科:政治、语文、数学(代数、几何)、物理、化学、体育。农业中学除设理科所学课程外,增设生物、农技专业课。20 世纪 50 年代,中学文学、汉语分开教授,"文化大革命"期间使用省编试用教材。[②]

从教学角度来看,1949 年至 1952 年春,由于中学处于恢复时期,教学工作处于新旧过渡阶段。1952 年秋,学校教育随着政治"一边倒"的形势,教学工作引进并强调学习苏联教学经验,强调搞好基础知识教学和基本技能训练,要求教师刻苦钻研教学大纲和教材,掌握教材的科学性、系统性,努力改进课堂教学。1954 年,开始强调对学生进行劳动教育、综合技术教育,使中学生在校期间掌握基本生产原理,初步学会基本生产技能。到 1957 年年底,学校都已建立了正常教学秩序,教育质量提高较快。"大跃进"开始后,教学上开始"放卫星",接着停课参加"大炼钢铁",教学秩序混乱,质量很低。1962 年,教学工作再一次作为学校工作的中心得到重新认识,教育质量有所回升。

---

① 鹤峰县教育志编纂组:《鹤峰县教育志》,鹤峰县史志办公室,1990 年,第 113～123 页。
② 咸丰县丁寨区教育志编纂小组:《咸丰县丁寨区教育志》,咸丰县丁寨区教育志编纂小组,1986 年,第 102 页。

四、职业教育与成人教育

新中国成立后,党和政府利用农村中识字的人在各生产组办读报组,进而成立农民识字夜读,以识字为主,有的夜校还兼学珠算。教师的报酬,有的记工分,有的是义务教育。1954 年国家把农民业余扫盲教育纳入教育的一项议事日程,县文教科给各区配有专职大校长,领导全区扫盲工作。1958 年整风运动开始到"文化大革命"结束,农民扫盲教育就中断了。十一届三中全会以后,进行拨乱反正,党和政府又开始重视业余扫盲教育了。随着工农业生产的发展,土家族地区相继办起了农业职业中学和专门职业技术学校。

1958 年"人民公社化"以后,许多地区开办了农业中学。1958 年 5 月,鹤峰县委文教部决定创办芹草坪农中,刚开始动员 8 个学生,两个月后学生增加到 20 余人。当年秋季招新生 70 人。1958 年 7 月,江口公社办劳动中医中学一所,招生 31 人。同年 9 月,这个公社又办农业初级中学一所,招生 24 人,学园林专业。1959 年办大公社时,先后办起了走马农中一班、燕子农中一班,当时鹤峰四中也改制办为农业中学。六所农职中共有教职工 18 人,其中专任教师 13 人,专任教师中中专毕业生 9 人,高中和初中毕业生各 2 人;专任教员中任教语文、数学各 6 人,农常 1 人。1961 年,鹤峰开办技工学校一所。1966 年 5 月开办林业中学。[①]

1965 年,贯彻"两种教育制度"和"两种劳动制度",各地农业中学迅速发展,同时创办了商业、特产、水运等技术学校,均属半工半读性质。"文化大革命"时,许多技校难于开展正常的教学活动。

新中国成立初期,土家族地区即以扫盲为中心开展成人教育。1952 年,各地均成立了扫盲工作委员会,县属各区,均成立扫盲协会。之后,大都创办了干部业余文化学校和职工业余文化学校。1958 年,"大跃进"的浪潮泛滥,各地纷纷突击扫盲,土家族地区竟出现了"无盲县"。

1950 年春,咸丰县各区开始重点开办农民夜校,在农会领导和学校帮助下,上半年办起 56 所,入学农民 1599 人。1950 年底鹤峰县人民政府组织训练了 70 余名中学教师。到第二年春,全县中学入学人数达到 4543 人。1952 年 2 月,县成立扫盲委员会和扫盲协会,开展扫盲运动。1952 年 8 月,训练速成识字员 55 人,推广写字。1952 年冬,中学入学人数 3885 人,仍低于土改时期。1955 年,农业合作化高潮推动了农民业余教育的发展,年底和第二年春,县入学人数达到 36 193 人,其中青年 13 013 人,妇女 16 239 人。共办夜校 1381 所,任教民师达 2506 人。1956 年春耕开始后,仍有 4716 人坚持常年学习。1955～1957 年,县扫盲委员会帮助 87 名乡镇干部脱盲。农村扫盲 1954 年开始,首批合格 59 人,第二年毕业 1730 人,1957 年毕业 236 人。据 1958 年春统计,全县 45 岁以下的扫盲对象有 31 222 人,此外尚有 6610 人。当时入学率只有 60.8%。1960 年培训民师 1941 人,办红专学校 968 人,学员 16 107 人。1961 年,三年困难时期,全县只剩下 88 所,学生

---

① 鹤峰县教育志编纂组:《鹤峰县教育志》,鹤峰县史志办公室,1990 年,第 113～123 页。

2264人。1964年，重新恢复农民业余教育，除五里区因搞社会主义教育运动试点而缓办外，其他五个区总计办了112所，182个班，入学人员2085人，其中扫盲班1262人。1965年办夜校252所，学员3610人，小学适龄儿童入学率1962年78.2%，1963年71.1%，1964年80.7%。1971年办政治夜校117所，入学3924人。1983年5月，由于夜校的开办，5578人达到脱盲标准。经过各方的努力，鹤峰依靠基层，发动群众，使脱盲取得很好的效果。

此外，还开办了农业机械学校，为农村培养拖拉机和农用汽车驾驶员，以及其他农机技术员。1952年，鹤峰县城关开办职工业余文化学习班，吸收厂、店、机关的工勤人员和小商贩52人参加学习。1953年，县直有230名干部和150名职工进行文化学习。1954年春，县直机关将参加业余文化学习的34名干部编为初小班和高小班，秋季，将文化班改为干部业余学校。1960年各战线开办职工教育，共组织扫盲班70个，入学人数1766人，高小班64个，入学266人。[①]

五、师范教育

新中国成立初期，土家族地区的教师奇缺。因此，各地十分重视师范教育，培养师资。土家族地区的师范教育一般采取两种形式，一是招收师范班，二是举办师训班。1949年9月以后，各地招收简师班。1952年，简师班改为初级师范班。1958年，各地开始兴办综合师范，内含中师、简师、初师、初级幼师、速成师范等，有的地方还开办工农师范，培养农民夜校教师。1961年，调整、保留中师，精减其他师范班。1962年，各地师范改为教师进修学校。新中国成立初，为解决师资缺乏问题，各地均举办过师训班，培训过大量教师。各地初师班，学制三年。综合师范学校的学制三年，但在"大跃进"时，改为一年。1959年，各地按统一计划招收的中师班，学制也是三年，但许多地区的简师、速成师范班，学制为一年，初师、幼师学制三年。初师班均实行班主任责任制，学校开展的全校性的活动，由班主任按照统一要求组织学生配合行动。教学工作由教导处统一安排，班主任负责督促检查，做好思想政治工作，保证完成教学任务。1958年，各地办起综合师范以后，各地师范教育发展很快，中师部由地区、州计委和教育局统一管理招生和分配，由各县教育局管理日常行政事务。初师、简师、速师、幼师等，由各县教育局管理，由县教育局制定学制、确定开设课程和教材。这段时期内，总的来说，各地师范教育发展较快。

六、高等教育

土家族地区高等教育的历史，可从抗日战争算起。当时，随着日本帝国主义的入侵，国土部分沦陷，部分学校迁入中南、西南地区，使教育中心在这种特殊的历史环境下发生了转移，并对这些地区的经济、政治、文化产生了深远影响。[②] 土家族地区即是受这种文

---

① 鹤峰县教育志编纂组：《鹤峰县教育志》，鹤峰县史志办公室，1990年，第150～161页。
② 孟立军：《试论土家族教育发展的历史特点》，《民族论坛》，1994年第8期。

化冲击的重要地区之一。湖北省政府在日军的进攻下，西迁恩施。1938 年，省政府主席陈诚为使教育活动为其政治服务，在恩施推行所谓"计划教育"，把全省中等以上学校统一起来，成立了"湖北省立联合中等以上学校"。[①] 就是在这种背景下，国立湖北师范学院、省立医学院、省立工学院、省立农学院等高等学校纷纷迁入或重新组建于恩施，开创了土家族地区高等教育的历史。

新中国成立以后，土家族地区的教育发展很快，不但有了遍布城乡的中等、初等教育网，高等教育也发展很快，先后成立了吉首大学、湖北民族学院、武陵大学、鄂西土家族苗族自治州医学专科学校、湖北省恩施工业专科学校，以及教育学院、广播电视大学等。这些高等学校的成立，不但增加了土家族青年接受高等教育的机会，而且使土家族地区的教育档次有了提高。

土家族的优秀青年，不少人考取了全国其他高校，在各高校里努力深造，最后成为祖国各行业的生力军。从 20 世纪 60 年代初始，土家族地区考取大学的人数一年比一年多，仅以湖北长阳土家族自治县为例，1961 年，每一万人当中，考取大学的约 1.3 人；1962 年1.5 人；1963 年 1.7 人；1964 年 2.8 人；1965 年 4.3 人。

第三节 "文化大革命"时期的土家族教育

1966 年至 1976 年，土家族的教育充满了劫难。"文化大革命"开始后，国家取消高考，中学停止三年招生，在校学生留校参加运动，小学多数时间处于无人管状态，[②]教育陷入新的长时期的折腾中去了。1966 年下半年，各地区开始学习贯彻《中共中央关于无产阶级文化大革命的决定》，狠批狠打"三家村"和"黑帮"分子。同年 9 月，各地政府根据上级部署，在中小学选派"红卫兵"代表赴北京接受中央检阅。各地成立"红卫兵"组织，大造"资产阶级反动路线"的反，彻底否定新中国成立后 17 年的教育。从 1968 年开始，由贫下中农管理学校，贫宣队进驻学校，大部分教师下放到农村"接受贫下中农再教育"。1968～1974 年，许多城市的初高中毕业生到土家族地区插队落户。学校只抓生产，不抓教学。"文化大革命"十年，教育呈畸形发展，许多小学戴上了初中的帽子，初中戴高中帽子，提出"公社有多大，学校就有多大"的口号，导致许多高中毕业生的文化水平还不如小学毕业生，教育质量令人担忧。

"文化大革命"爆发后，无论是幼儿教育、小学教育、中学教育，还是师范教育、职业教育与成人教育等都受到了不同程度的冲击，土家族地区的教育同样难以幸免。

"文化大革命"开始以后，土家族地区的幼儿园受到冲击，到 1970 年，土家族地区的幼儿教育才有所恢复，出现了幼儿班、托儿所、学前班等，但大都办办停停。

---

① 曹毅、谢亚平：《恩施自治州民族教育 50 年发展与思考》，《湖北民族学院学报（哲学社会科学版）》，2004 年第1 期。

② 来凤县教育志编纂组：《来凤县教育志》，来凤县史志办公室，2008 年，第 4 页。

土家族地区的小学教育,由于受到极左思潮严重冲击,各地在校小学生数量急剧下降,1969 年以后,许多地方盲目发展初中,不少小学纷纷戴上了初中的帽子,校舍校具被中学挤占,令人啼笑皆非。并让几乎一半以上的小学教师下放劳动,去"接受贫下中农再教育",加上时而"反击右倾翻案风",时而"贫下中农上讲台",时而大办"五七教育网",将小学下放到生产队,有的甚至与农民业余学校或夜校合并。在"文化大革命"期间,贫宣队(贫下中农组成的领导班子)进驻学校,教师任免、招生、推荐、教学内容等一切权力归贫宣队。原管理机构名存实亡,原领导被迫放弃原来的职务。小学管理忽视办学的基本原则,一律在"贫下中农管理学校"的口号中,或由公社组织贫管会管理,或派贫下中农代表进驻学校,使小学教育停滞不前甚至倒退,使土家族地区的小学教育陷入绝境。[1]

"文化大革命"中,土家族地区的中学教育膨胀发展。各地学校纷纷拔高档次之后戴帽办初中、高中,弄得不伦不类。"文化大革命"初期,学校秩序由乱而瘫,许多学校领导靠边站,学校处于无人管理的状态。1967 年,学校建立了"抓革命促生产"领导小组。1968年,各高中建立了革委会,初中建立了革命领导小组,1969 年又有工宣队、贫宣队进驻学校,领导搞所谓"斗、批、改",以致中学广大师生沦为"臭老九",轮流下放工厂、农村劳动,学校管理脱离了教育应遵循的轨道。这时的教学工作,遭到了严重破坏。在"知识越多越反动"的谬论影响下,中学骨干教师或被打成"反动权威",或被打成"黑帮"分子,反复遭到批斗。教学工作在"教育要革命"的旗帜下遭到反复折腾,陷于瘫痪。所以,这一时期的中学教育,管理混乱,质量低劣。

"文化大革命"中,师范教育同样遭到严重的冲击,师范学校被戴上"推行封资修黑线老窝"的帽子,把教师业务进修说成"越进越修",导致师范教育停滞不前甚至快速倒退。1973 年,各地恢复高师函授、中师函授。1975 年,师范恢复招生,按国家计划招收高中毕业生,学制二年。这之后,实行推荐选拔,因片面强调劳动实践,以致选拔的学生文化素质较低,仅有小学二三年级文化程度的人也被作为师资培训对象送进师范,使得师范无法正常教学,加上师范学校每学期要花一个月时间"开门办学",上"学大寨课",教学质量可想而知。这种状况,一直持续到"文化大革命"结束。

"文化大革命"期间,职业教育难以开展正常的教学活动,偏离了职业教育正常发展的轨道。1958 年"人民公社化"以后,许多地区开办了农业中学,1965 年,贯彻"两种教育制度"和"两种劳动制度",各地农业中学迅速发展,同时创办了商业、特产、水运等技术学校,均属半工半读性质。但是,"文化大革命"时,许多技校难以开展正常的教学活动,尤其1975 年,各地兴起"大办共产主义大学"之风,贯彻"五七指示",顷刻间,土家族地区设立了各种共产主义劳动大学,这类"大学"设有农作、农技、工业机械、医学等专业,许多无文化的人纷纷成为"大学生"。直到粉碎"四人帮"以后,尤其是党的十一届三中全会以后,随着工作重心的转移和经济体制改革的进行,职业教育才得以步入正轨。

---

① 咸丰县丁寨区教育志编纂小组:《咸丰县丁寨区教育志》,咸丰县丁寨区教育志编纂小组,1986 年,第 100 页。

第四节 "文化大革命"后至社会主义市场经济改革前的土家族教育

一、教育概况

粉碎"四人帮"之后,土家族教育进入了新的发展时期。学校重新确立了实事求是,按教育规律办事的科学准则,教育发展走入正轨,教学质量开始稳步提高。各地区大力压缩中学,各县确立几所重点高中,各公社相应设立重点初中,部分普通高中改为学校职业高中。1978 年开始,各县、各公社均设立重点小学。1981 年初,各地区纷纷贯彻国务院下发的《关于普及小学教育若干问题的决定》。同时,各地成人教育有了新发展。广播电视大学、职工业余学校、成人文化技术学校等,纷纷建立。

随着教育秩序的恢复和教育质量的提高,教师的社会地位也有了显著提高。在土家族地区,教师普遍受到尊重,教师待遇逐渐有所改善。

二、幼儿教育

20 世纪 50～60 年代,各地区幼儿园基本实行全托,幼儿周一入园,周六回家,平时在园食宿。70 年代改为日托,晨入园,晚回家,午餐在园内进行。1957～1980 年,公办幼儿园以全托为主,每星期幼儿在园吃住 6 天,家长星期一早上送来,星期六下午接走。1981 年后,改全托为日托,幼儿白天在园活动,家长早晚接送。[①] 农村幼儿园则不在园内午餐、午睡,在家进行,所以家长每天要两送两接。园内教学活动分大、中、小班或大、中、小组。幼儿 3 岁入园,一直读到上小学。大班后,入学前班,学一年后上小学。园内有园长,下设教研组、事务组,分管教育教养和食宿后勤工作。土家族地区的教育教养活动,一般有这样几种类型:一是有受过专门幼师训练的教养员、保育员,能够按《幼儿园教育纲要》规定开展活动。他们一般能开齐语言、常识、计算、音乐、图画、游戏等 6 门活动,每周小班开 8 节作业,中班 10 节,大班 12 节。教养员能够做到节节课有教案,能按规定的教材进行上课和活动。二是有受过专门培训或短期培训、业务比较熟悉的保教员,可按规定开展部分作业。三是教养员只受过短期培训,不能按《幼儿园教育纲要》开展活动,幼儿每天在园的主要活动是识字、计算、唱歌、做游戏等。四是小学附设的学前班,由小学教师负责教养活动。这四种类型遍布各土家族地区,都不同程度地促进了当地的幼儿教育。

自"四人帮"被粉碎后,各级政府部门加紧制定相应的政策促进幼儿教育的发展,这使得各地区幼儿教育得到了飞速发展。

1981 年,鹤峰县委决定恢复县直幼儿园,园址在南门外,1982 年 6 月 1 日正式开园。1981 年,燕子小学办学前班的经验受到县教育局和妇联的重视,推广开来。1982 年开始,

---

① 来凤县教育志编纂组:《来凤县教育志》,来凤县史志办公室,2008 年,第 38 页。

小学生入学高峰渐退,可以腾出师资办学前教育。从此,办学前班成为小学的一个任务。1984年,民贸局创办幼儿园,园址在民族街2号。该局投入一万三千余元添置设备,民贸局对幼儿园实行承包制。

1981年,教育部颁发《幼儿园教育纲要》以后,各地区遵照纲要,大力开展教育教养活动,成效显著。1985年,咸丰县幼儿园有20所54班,入园幼儿1949人,幼教职工78人。1986年,县政府成立幼教工作领导小组,强调幼儿教育要做到组织、经费、师资、管理、场所"五落实",被列入县政府对区镇教育工作考核内容。当年,全县3~6岁幼儿24 146名,入园(含学前班)3580名,入园率14.8%。[1] 1986年9月,凤翔镇开办来凤县第一所民办幼儿园——常德街幼儿园,有教职工2人,园长刘清敏,入园幼儿50人。[2] 截止到1991年,咸丰县幼儿园12所104班,入园幼儿5090人,入园率21.2%,其中城镇入园率96.5%。

如今幼儿园已经坐落于土家族地区的村村寨寨,个别地区还出现了私办托儿所、幼儿园,都在为土家族教育添砖加瓦奠定基石。但是,由于土家族地区经济尚不发达,多数幼儿园的教养设备还很差,教育经费短缺,教养员、保育员素质不高,这些困难,对土家族幼儿教育的发展制约很大,急需各个方面伸出援助之手。

三、小学教育

粉碎"四人帮"以后,土家族地区的小学教育得到了迅速发展。20世纪80年代初,各地区开始认真学习和贯彻中共中央、国务院《关于普及小学教育若干问题的决定》,争取尽快普及小学教育。各州、县均制定了相应的落实措施,并大胆实施,经过几年的努力,小学教育得到基本普及。

1977年,鹤峰县减少教学点755个。1981年,小学校点由1979年的389处调整为324处,教学班减少127个,学生减少9.7%,1982年和1983年适当扩大了些规模。1984年,鹤峰适龄儿童入学率达到新中国成立以来最好水平,居鄂西之首。[3]

1986年,咸丰县有小学点340处,教学班1273个,学生42 546名。适龄儿童28 779名,入学28 057人,入学率98.1%,在校学生巩固率98.98%。[4]

四、中学教育

粉碎"四人帮"后,随着教育事业拨乱反正的深入进行,中学教育渐次得到调整。学校管理得到重新确认,关系逐步得以理顺。1976年,各校重新任命校长,并在各校相继建立起党支部,实行党支部领导下的校长分工负责制。党的十一届三中全会以后,各校领导机构再次得以调整,高中建立了党支部,初中建立了党小组,各中学校长由县人民政府任命,

① 咸丰县志编纂委员会:《咸丰县志(1986~2005)》,方志出版社,2011年,第508页。
② 来凤县教育志编纂组:《来凤县教育志》,来凤县史志办公室,2008年,第37页。
③ 鹤峰县教育志编纂组:《鹤峰县教育志》,鹤峰县史志办公室,1990年,第58~68页。
④ 咸丰县志编纂委员会:《咸丰县志(1986~2005)》,方志出版社,2011年,第509页。

校内建立了校务委员会。1980 年开始中教结构改革。

咸丰县高中由 17 所减为 12 所,1981 年减至 5 所。1985 年,保留县一中和二中(原城关区高级中学)两所高级中学,两校有 23 班 1249 人,学制 3 年。[①]

1985 年,中共中央做出《关于教育体制改革的决定》,把发展基础教育的责任交给地方,实行分级办学、分级管理,有步骤地实行九年制义务教育。各县按照中央精神,实行了三级办学、三级管理的办法,普通高中和职业高中由县教委直接领导,区(镇)领导初级中学和乡联办中学,经费切块包干到区(镇),人事由县统一调配到区(镇),区(镇)内自行安排。中学生的学籍管理、教学业务管理、中学教师培训进修等业务性活动,由县统一领导。教学方面,粉碎"四人帮"以后,尤其是党的十一届三中全会以后,教学工作重新被提到了学校中心工作的地位,再次建立了以教学为主的正常工作秩序。这段时期内,各地区围绕学校的中心工作,开展了许多有益的活动。各中学认真执行国家颁发的教学计划,忠实地完成教学大纲规定的教学任务;鼓励教师通过各种渠道进修,加强教师队伍建设,改进教学方法、考试方法,培养学生的自学能力和独立分析问题、解决问题的能力。通过一段时间的努力,土家族地区中学教育的质量提高很快。1985 年,咸丰县初级中学 48 所 249 班,学生 10 721 人。1986 年,边远高山地区设简易初中 8 处,课程设政治、语文、数学、物理、化学等。1987 年实现一乡一校,每万人有初中毕业生 348 人,比鄂西州平均水平多 54 人;每万人有初中 1.5 所,超过州规定 0.5 所。1988 年,初中 45 所,学生降至 9675 人,流失 881 人,流失率 8.47%。[②]

1969 年,鹤峰县 45 所小学设立附设初中班,一次招收三届学生,教学班由上年的 26 个猛增到 96 个,学生从 1770 人,增加到 2806 人。1979 年,全县有 62 所小学附设有初中,共计 418 个班。1982 年,39 所戴帽小学停止招收初中新生。1982 年,戴帽初中减少到 12 个点。1984 年除锁坪、李桥、咸盈三所小学外,其他附设初中班全部过渡完毕。全县初中教学班压缩到 112 个,学生 5429 人,比高峰时期的 1979 年 192 班 8842 人分别减少 41.6%和 38.6%。

1982 年,县教育局与特产局联合,在县国营走马茶厂复办高级中学;鹤峰县教育局又与林业局联合,在八峰山国营林场开办林业高级中学。1983 年,三校共招生 150 名,各一班,老生一班 55 人。1984 年招 4 班 210 人。新老生共 8 班 424 人。1986 年 13 班 638 人,1989 年 13 班 801 人,1990 年 14 班 595 人。[③]

五、师范教育

粉碎"四人帮"以后,土家族地区的师范教育得到迅速发展。1978 年,各地按照国家计划招收高中毕业生,由国家统一分配。1983 年,各地按国家要求统一调整布局,许多师范改为教师进修学校。党的十一届三中全会以后,教育部先后颁发过招收初中毕业生、高

---

① 咸丰县志编纂委员会:《咸丰县志(1986～2005)》,方志出版社,2011 年,第 515 页。
② 咸丰县志编纂委员会:《咸丰县志(1986～2005)》,方志出版社,2011 年,第 512 页。
③ 鹤峰县教育志编纂组:《鹤峰县教育志》,鹤峰县史志办公室,1990 年,第 113～123 页。

中毕业生和民办教师三种类型的教学计划,统编了教材,强调基础课程教学和基本技能训练,各地师范教育的质量大大提高。

对于土家族地区而言,培养雄厚的师资力量是一个十分艰巨的任务,新中国成立后,通过各地区、州、县的努力,使得师范教育有了较大地发展,为土家族地区输送了一大批合格的教师,这些教师,活跃于土家族山寨的每一个角落,用他们的智慧,哺育着无数的土家族儿女健康成长,功劳是巨大的。然而,土家族各地区的状况极不平衡,有的地方师资不足,个别地方又有富余,普遍存在的问题是教学质量不是太高。

师范学校与中学、小学相比,教学设施相应要好一些,但是,和发达地区相比,还是差距很大。比如说,还有许多师范学校没有单独的语音室、音乐室、美术室,有的甚至还没有一台像样的钢琴,这都是亟待解决的问题。

六、职业教育与成人教育

党的十一届三中全会以后,随着工作重心的转移和经济体制改革的进行,职业教育得以步入正轨。20世纪80年代,许多地方将部分普通中学改为农业职业高中。各种职业技术学校也开始发展。

1978年,国务院发出《关于扫除文盲的指示》,土家族地区确定了大批扫盲试点,进行有计划的扫盲工作。进入20世纪80年代以后,土家族地区各单位的干部职工,开展了多种形式、多种层次的教育活动,在职函授、离职进修、短期培训、业余补习的人越来越多,还有不少人参加自学考试和广播电视大学的学习。农民教育也开始从扫盲转向农业技术教育。20世纪80年代,多数区镇设农民技术学校,通过短期培训,把有一定文化基础的农民培训成农、林、牧、副、渔方面的技术人才。1986年初,大田坝区首先办农民技术学校,副区长、农艺师冯廷伍承担全县农民技术教育试点任务,组织农民学习水稻、烟叶种植技术,正式学员43人,旁听120多人。1987年,区乡成人文化技术学校9所,专兼职教师53人,培训106期5145人次。1989年举办培训班121期,培训8768人次,广播讲座130次。[①]

经过各方的努力,鹤峰依靠基层,发动群众,使脱盲取得很好的效果。截止到1983年5月,由于夜校的开办,5578人达到脱盲标准。

1986年6月,咸丰县丁寨、活龙、清坪3所农业高中改为职业高中(简称职中,其中清坪职中为县直管),开设农学、茶叶、果林、烟草、养殖等专业,学制3年,3校共15个班880人,教职工69人;有农(茶)厂3个,基地286亩,工厂6个。下半年,丁寨职中停止招生。同年12月,清坪职中被评为省重点职业中学。1988年,咸丰县政府下发《关于发展职业教育的若干意见》,从资金投入、学校建设、实验基地等方面予以倾斜。1988年,尖山区唐岩初中、清坪区田坪初中改为职业初中,唐岩职业初中设农学、特产、机电、畜牧兽医4个专业,田坪职业初中设特产、林业2个专业。1991年7月,大田坝区白水初中改为职业初

---

① 咸丰县志编纂委员会:《咸丰县志(1986~2005)》,方志出版社,2011年,第522页。

中,设农学、特产 2 个专业。① 至 1991 年,中等职业技术学校在校学生比例增大,由 20 世纪 80 年代初占高中学生总数 18.9％升为 39％,专业设置以农学、畜牧兽医为主,重点培养农业技术人才。② 1990 年,职中办学条件改善,县财政投资 72 万元,新建校舍 5000 平方米;拨款 35 万元购置教学实验设备。同年,县职中更名为县民族职业高中。① 1981 年,粮食局在机关所在地开办文化补习班,后改为粮食职工学校。1981 年 11 月,开办商业职工学校,1983 年开办供销社职工文化补习学校。③

七、高等教育

粉碎"四人帮"以后恢复高考的第一年,即 1977 年,每一万人中,考取大学的人达到 8.5 人;1978 年 9.1 人;1979 年和 1980 年均为 10 人;1981 年达 11 人;1982 年达 12.3 人。进入 20 世纪 90 年代后,比例越来越高。这个比例在整个土家族地区,均与长阳土家族自治县大体相当。为集中力量培养少数民族青年,有些高校专门举办民族班,招收少数民族学生。土家族学生在参加民族班学习前,同其他民族一样,享受"降分录取"待遇。自各高校举办民族班以来,先后有几十名土家族学生参加了民族班的学习。还有一些高校举办少数民族预科班,极少数土家族学生也上过预科班,增加了继续深造的机会。

随着时代的发展,无数土家族青年迈出了封闭的土家族山寨,到大都市里去上大学,然后回到土家族地区参加建设。他们用自己的智慧,使许多地区走出了贫穷,迈上了富裕幸福之路,他们是土家族地区的宝贵资源。还有一些土家族青年,大学毕业后留在城市或到别的地区去工作,不少人也做出了成绩,为土家族人民争了光。因此,土家族人中有大量专家、教授、作家、艺术家,有的在中外享有盛名,足见土家族教育发展的水平。

---

① 咸丰县志编纂委员会:《咸丰县志(1986~2005)》,方志出版社,2011 年,第 520 页。
② 咸丰县志编纂委员会:《咸丰县志(1986~2005)》,方志出版社,2011 年,第 519 页。
③ 鹤峰县教育志编纂组:《鹤峰县教育志》,鹤峰县史志办公室,1990 年,第 150~161 页。

第八章

社会主义市场经济改革后的土家族教育概况(1993年以来)

社会主义市场经济改革后,党和政府继续坚持把发展土家族教育事业作为落实党的民族政策的一个重要工作,并把土家族教育事业作为发展国民教育事业的重要组成部分,放在了比较突出的位置,给予多方关注,事事优先办理。第五次全国民族教育工作会议及国务院颁发的《关于深化改革加快发展民族教育的决定》,为土家族教育带来了良好的发展机遇,取得了快速发展,各类教育呈现协调发展的良好势头。

第一节　教育经费投入不断增长

近年来,广大土家族地区各级各类政府不断加大对教育的财政投入,不断拓展教育融资渠道、不断完善教育投资体制机制、不断创新教育扶贫机制,确保教育经费逐年增长。

一、加大国家公共财政资源向民族教育倾斜力度

建立健全中央支持、省级统筹的民族教育经费保障机制,促进专项转移支付、一般性转移支付和民族教育专款有机结合。在民族地区专项转移支付中增加教育的因素和权重,在均等化转移支付中提高民族地区标准支出的标准;[①]中央财政一般转移支付中增加民族地区教育的权重。增加中央财政民族教育专项经费,"十二五"期间按少数民族人口年人均30元的标准安排,用于解决民族教育特殊困难和问题。探索建立以中央财政为主保障民族自治地方贫困县义务教育经费的机制。中央财政的贫困地区项目向民族地区教育倾斜。省级政府加大对民族教育投入的统筹力度,增加投入比重,并按一定标准设立地方民族教育专项经费。如2006年4月,湖北省委、省政府出台了《关于进一步加强民族工作加快少数民族和民族地区经济社会发展的若干意见》文件,规定"从2006年起,省少数民族教育补助款增加到30万元;继续执行少数民族义务教育助学金和高寒乡补助政策,主

---

① 秦晶:《四川甘孜藏族自治州的教育公正研究》,西南大学硕士学位论文,2011年。

要用于民族地区贫困生救助、寄宿制学校建设补助等。辖有自治县和民族乡的市、县(市)财政也要设立民族教育补助专项经费,发展民族教育事业。帮助民族自治地区巩固提高九年义务教育水平,农村义务教育经费按新的保障机制运行,逐步在民族自治地区农村实现免费义务教育。支持民族地区发展高中阶段教育,促进普通高中教育与中等职业教育协调发展。省教育部门继续免费为民族地区培训省级骨干教师、中青年特级教师和中小学骨干校长。大力发展民族地区的职业技术教育和成人教育,省有关部门在安排项目和资金时,对民族地区予以重点扶持。"①

二、完善民族教育拨款机制和管理制度

建立民族教育按系数拨款的常规制度,根据民族地区教育的特殊需求确定财政拨款系数,用该系数乘以各级学校学生人均财政拨款基本标准,确定民族地区生均预算内事业费、生均公用经费等拨款水平。建立科学化、精细化的民族教育专项经费拨付制度,加强经费使用监督,强化重大项目建设和经费使用全过程审计,确保经费使用规范、安全、有效。通过国家科研经费和项目适当倾斜等方式,增强民族地区高等学校的科技研发能力。如贵州铜仁松桃县是苗族自治县,松桃县委、县人民政府、县教育局立足实际,制定了一系列优惠政策,除了加大资金投入,增建或改建民族学校外,在办学经费的开支上也多方给予优惠。一方面,对民族学校按普通学校拨款标准拨款的基础上,还专门拨给少数民族教育补助费,使其不断改革办学条件;另一方面,对少数民族学生"两免一补"实行倾斜。"十一五"期间,松桃县财政保障了对教育投入的逐年增加,生均公用经费逐年提高。2006—2009年地方财政预算对教育拨款共计89 399万元;2009年,地方财政预算对教育的拨款31 608万元,所占支出比例为27%,教育支出比上年增加11.5%;预算内拨款生均教育事业经费2115元,生均公用经费376元;教育转移支付逐年增加。

三、加大对民族地区学生资助力度

在义务教育阶段,逐步提高民族地区和少数民族家庭经济困难学生补助标准和寄宿生生活补助标准,并扩大覆盖面。将家庭经济困难寄宿生生活补助范围逐步扩大到非义务教育阶段。对农村入园儿童提供生活费补助。逐步对人口较少的民族学生接受学前教育、高中阶段教育和普通本专科教育全额免除学费并给予生活补贴,中央财政予以支持。以上非义务教育阶段资助项目经费由省级财政负担,中央财政根据地方财力状况和努力程度给予补贴。例如,湖北省民族宗教事务委员会(简称民宗委)自2006年启动实施"民族助学工程",资助对象是全省少数民族和民族地区贫困家庭的大中小学生。资助方式因资助对象的不同主要有以下四种:一是对应届大学生,每年100名,每人一次性资助人民币5000元;二是对高中生,每年300名,每人每年资助人民币1000元直至完成高中学业;

---

① 《中共湖北省委、湖北省人民政府关于进一步加强民族工作加快少数民族和民族地区经济社会发展的若干意见》,2006年。

三是对中小学生,除组织参加一次夏令营活动外,湖北省民宗委尽力联系企业家和爱心人士结对帮扶解决部分学费及生活费广(小学生每人每年扶助1200元、中学生每人每年扶助1500元);四是资助民族地区贫困初、高中毕业生完成职业技能学习,使其掌握就业谋生的技能和本领。同时,依据困难家庭不同的实际,酌情发放义务教育助学金,解决学杂费和寄宿制学生生活补助,安排部分民族教育专款,解决困难学生的以少数民族服装为标志的校服,增加民族体育设施建设和民族文艺节目的装备。2010年,重庆黔江区认真贯彻落实教育惠民政策,开展义务教育保障经费机制改革,建立和完善了贫困家庭学生资助体系,落实了贫困生资助金5182.32万元,惠及学生17万人次。2011年9月开始,湘西土家族苗族自治州对吉首户籍且为吉首学籍的,高中阶段学生中的农村学生和城市家庭困难学生实施学费减免,逐步扩大覆盖面和免费内容,并力争到2015年在武陵山区率先实现高中免费教育目标。[1] 贵州铜仁市学生资助政策体系基本建立。三年来,随着"教育优先"和"坚持教育公益性质"的政策落实,铜仁全区农村义务教育阶段学生全面实行了免费教育,免除了铜仁市城区义务教育学校学生的杂费。同时,积极做好高中阶段助学金的发放、管理,切实开展本地高校(铜仁学院、铜仁职业技术学院)学生国家奖学金、助学金发放和高校学生生源地信用助学贷款管理工作,开通贫困学生高考和中考报名绿色通道,[2]积极开展经常性的助学活动,鼓励社会组织、团体和个人捐赠助学资金。目前,铜仁全区已经基本建立起以政府免除学杂费和发放免费教科书、生活补助金、资助金、奖学金、助学金、特殊困难补助等为主体,以学生贷款、勤工助学、社会捐赠为辅的,多元化的资助贫困家庭学生的政策体系。农村孩子上学不交费,学校办学不愁钱,广大群众的子女上学读书接受教育的条件得到了根本性的改善。

四、拓宽民族教育经费来源渠道

鼓励社会教育捐资优先向民族地区投入,完善捐赠优惠政策和奖励机制。建立民族教育发展促进基金,现有教育基金向民族教育倾斜。扶持民族地区高校设立基金接受社会捐赠,鼓励到民族地区投资的企业捐资助学。例如,湖北省自2007年8月开始全面实施"616"工程(即由1位湖北省委、省政府领导牵头,6个省直部门、高校或附院所或大型企业参与,对口支援一个湖北民族县/市,每年至少办成6件较大的实事)以来,共为民族地区对接项目619个,支援资金31.59亿元。

为贯彻落实中共中央、国务院关于武陵山区经济协作区发展的重大方针政策,中国民主建国会(简称民建)中央决定在湖北、湖南、重庆、贵州四省、直辖市实施"扬帆生态移民班"示范项目。该项目兼顾助学和环保两大主题,通过资助生态环境脆弱地区的小学毕业生到县中学寄宿就读,使其接受良好的教育,适应城市生活,增强就业能力,并以此带动贫困山区群众到条件更好的地区生活,保护生态环境,最终实现农村人口的移民就业和脱贫

---

① 石琦:《吉首市全力打造武陵山区教育中心》,《团结报》,2011年6月6日。

② 张子勇:《铜仁地区2007教育年鉴》,http://blog.sina.com.cn/s/blog_622232140100fuh2.html[2009-10-20]。

致富。[1] 在民建省委和民建会员企业家的关心资助下,该县 100 名家庭贫困、品学兼优的农村山区学生,进入县民族寄宿制中学的"扬帆班"学习。扬帆计划-生态教育移民安排在松桃苗族自治县民族寄宿制中学,招收贫困、优秀的应届小学毕业生 100 人,50 人一班,单独编班。每生每学期享受生活补助费 720 元、交通补助费 100 元,另外,拨给县民族寄宿制中学每生每学期资料费 180 元。扬帆计划-生态教育移民班学生可以同时享受义务教育阶段政策规定的其他各项补助。

第二节　师资队伍建设长足发展

教师是学校最重要的人力资源,是学校可持续发展的关键。在各级党委政府高度重视和全社会关心支持下,土家族地区各级教育行政部门采取了一系列有针对性的改革措施,教师队伍建设取得了新的突破和新的进展,积累了很多弥足珍贵的经验。

一、加强师德建设

土家族地区努力加强教师职业理想和职业道德教育,增强广大教师在民族地区教书育人的荣誉感、责任感和使命感,忠诚党的教育事业,热爱民族教育工作,自觉培养高尚师德,带头维护民族团结,以人格魅力和学识魅力教育感染学生,做学生健康成长的指导者和引路人。重庆黔江区通过特岗教师招聘等优惠政策吸纳优秀大学生回乡工作,充实了农村中小学师资队伍;认真开展以"弘扬高尚师德、力塑教师形象"为主题的中小学师德教育专项活动,以及"讲师德、学规范、正行风、树形象"师德师风教育活动,提高教师职业道德水平。重庆黔江区机关、学校扎实开展创先争优、"三项活动"、"结穷联户"和"大下访"活动,[2]组织学习贯彻《教师职业道德条例》,强师德,正教风。

二、重视提高教师待遇

为提高教师待遇,广大土家族地区设立民族地区公办中小学、幼儿园教师特殊津贴和双语教师岗位津贴。如重庆市黔江区教育经费大幅度投向教师队伍建设,每年新增部分 70% 以上用于农村教师队伍建设,加大农村教师队伍建设经费投入。[3] 同时,安排了财政性资金,对中小学教师给予生活补助,逐年提高了中小学教师的待遇。而湘西土家族苗族自治州的泸溪县给予当地教师 1400 元/月的高温费。

三、推进免费师范生教育

强化了教师培养培训,积极推行面向民族地区师范生的免费教育。重庆黔江为提升

---

① 甘永涛:《教育扶贫看"思源"——对"教育移民"扶贫新模式的探索》,《民族论坛(时政版)》,2013 年第 11 期。

② 晓林、罗重谱:《民生视野的"重庆实践"》,《重庆社会科学》,2011 年第 1 期。

③ 胡宇航:《重庆抓农村教师队伍建设 多措施促城乡师资均衡》,http://www.edu.cn/jiao_shi_zheng_ce_50/20090304/t20090304_362906.shtml[2009-3-3]。

基础教育质量、促进城乡教育统筹发展,全面实施农村教师全员培训计划,村小、"代招公"教师提高培训计划,艺术、体育、健康教育教师专项培训计划,贫困地区英语教师专项培训计划,城镇教师援助农村教育计划,农村中小学教师的网络研修等"七大计划",对农村教师开展全员培训,加快农村教师队伍建设和发展。[①] 贵州松桃县高度重视少数民族中小学教师"双语教学"和"双语文教学"质量,大力开展少数民族双语教师的培训工作,逐步提升少数民族教师的汉语水平和汉语授课能力。稳步推进双语教学工作,不断缩小民汉语系教育水平的差距,促进基础教育事业均衡发展。松桃县每年选派一批双语教师参加贵州省民委组织的双语文教学培训,2011 年共选派了 100 名参加。每年组织一批教师参加贵州省组织的普通话培训,2011 年,共选派了 16 名双语文教师参加了贵州省民委组织的普通话教学培训。贵州省铜仁地区为培养造就优秀教师,在铜仁学院开展免费师范生教育试点,用优惠政策吸引优秀高中毕业生报考铜仁学院相关师范类专业,培养本土优秀教师,更好地为农村教育服务。铜仁学院是贵州省第一所开展免费师范生教育的学校,在校学习期间,这些学生将免交学费和住宿费,所需经费全部由贵州省铜仁地区财政承担。入学前,学生须与铜仁地区教育局和铜仁学院签订协议,保证毕业后接受地区教育局派遣至各县(市、特区)从事中小学教育工作,服务期为 10 年。[②]

四、强化师资交流

优化教师资源配置,加强区域间和区域内城乡教师交流。重庆市黔江区新聘任教师须先到师资紧缺农村学校任教,加强内地教师与民族地区学校的教师交流,建立优秀教师到民族地区农村学校、薄弱学校巡回授课、指导制度。加强民族地区学校辅导员和班主任队伍建设,实施农村义务教育阶段学校教师特岗计划,完善代偿机制,鼓励高校毕业生到民族地区从教,深入开展校地合作。如重庆市酉阳县蒲公英行动计划,把对孩子的关注作为首要任务,给予物质上的,当然更多是精神上的帮助。早在 2008 年暑假,重庆组织了酉阳毛坝村中心小学的支教工作。中国矿业大学"手握青春,志愿同行——中国矿业大学赴贵州义务支教及关注青少年发展实践团"于 2011 年与贵州玉屏侗族自治县第二小学进行了联系,开始了支教及关注青少年的活动。

五、着力提升校长素质

土家族地区各地安排项目资助,通过研修集训、定期研讨、学术交流等多种方式,着力提升校长的政治素质和专业水平,努力形成扎根民族地区的高素质校长队伍,牢牢把握社会主义办学方向,不断提高民族地区学校管理水平。

---

① 胡航宇:《重庆城乡教师唱响"同一首歌"》,《中国教育报》(第 1 版),2009 年 3 月 3 日。
② 张子勇:《铜仁学院首次招收免费师范生》,《铜仁日报》(第 3 版),2010 年 6 月 22 日。

第三节　教育布局得到合理调整

由于地理、经济等方面的原因,土家族地区农村大多数学校分布零散,规模较小,教育设施简陋。有相当数量的农村学校,受制于师资,缺乏规范的教学程序,教学质量难以保证;有的教学点,学生还不足十人,但也配置了相应的教学、生活设施,造成人力、物力的很大浪费,特别是在偏远山村的教学点,经常会看到学生不多、却分几个年级的窘况,以至于一名教师既要备几个年级的语文、数学课,又要兼任班主任;如果遇上教师患病或家中有事,正常的教学活动就会受到影响。2001年3月,国务院颁发的《关于进一步做好农村税费改革试点工作的通知》指出:"要进一步优化教育资源配置,合理调整农村中小学布局,根据实际情况适当撤并规模小的学校和教学点,提高农村学校办学效益。"[①]根据上述精神,土家族地区对农村教育布局调整做出安排部署,进一步做好学校布局的合理调整,抓紧完成农村中小学教职工定岗、定员和超编教职工分流工作。通过对现有教育布局的调整,使有限的教育资源得到充分利用,促进农村基础教育的持续、稳定、健康发展。各地从实际出发,根据学龄人口的变化适时调整学校布局,使教育资源配置得到进一步优化。广大土家族地区对此都非常重视,从教育、人事、财政、民政等部门抽调精兵强将,对本地区中小学布局进行实地考察,并结合各自的实际,采取了一些行之有效的措施。

以恩施州为例,恩施州人民政府于2002年出台了《州人民政府关于进一步加强基础教育工作的通知》,明确全州基础教育实行"在国务院领导下,由地方政府负责,分级管理,以县为主"的管理体制,要求县市政府行使对县域内基础教育发展的统筹权、决策权和管理权。如恩施州小学由2005年的1122所调整为754所,初中由2005年的167所调整为147所。[②]教育主管部门在调整学校布局的同时,十分注重在民族学校兴建和维修有特色的教学楼。凡能用于改善学校条件的,一律用于民族学校,教育部门也根据民族学校的建设需要,优先安排资金,加快建设速度。

湖北宣恩在教育资源配置上,积极实施"提高教育技术装备水平"项目,先后在2所高中建成17个网络教室,8个乡镇的8所中小学购置了电子白板,开展"班班通"试点。此外,还投入大量资金建成光盘播放点、卫星教学收视点、计算机教室、多媒体投影教室、多功能电教室等,有力推进了教育现代化和信息化进程。

又如重庆黔江区为了确保教育布局调整工作的顺利完成,及时通过"集团办学"推动教育资源均衡分配。黔江区积极探索"集团办学,捆绑发展"帮扶机制,按照管理一条线、推进一盘棋、团结一条心、考核一票制的"四个一"原则,将全区53所普通中小学划分为14个集团学校,推动学校管理人员和教师在城乡之间、区域之间、学校之间合理流动。2010年,黔江中学集团、新华中学集团等5个集团学校都交上了满意的答卷,"集团办学"取得显著成效,实现了农村学校师资水平、育人质量、科研能力、管理水平、办学特色"五个

---

① 《关于进一步做好农村税费改革试点工作的通知》,2001年。
② 雷顺妮:《民族地区义务教育财政均衡:政策与效果》,中南民族大学硕士学位论文,2012年。

显著提升"。[1]

2008 年,铜仁市出台《解决城区教育资源紧缺的实施方案》,通过地市共建、整合现有教育资源等措施,使城区教育资源紧缺问题得到有效缓解。铜仁市利用铜仁学院、铜仁职业技术学院搬迁的机遇,筹资 2.38 亿元,在地委行署的支持下大力整合铜仁城区现有的教育资源,用于发展基础教育。根据铜仁市《解决城区教育资源紧缺的实施方案》,一是因地制宜,对现有城区教育资源进行合理调配;[2]二是科学规划,对城区学校的办学进行合理调整。《铜仁地区中长期教育改革和发展规划纲要(2010—2020 年)》指出:科学规划和调整学校布局,不断优化教育结构,加强学前教育、高中阶段教育薄弱环节建设,巩固提高义务教育,促进各级各类教育协调发展。[3]

第四节　教育政策不断创新

土家族地区经济社会发展不一,因此,各地都在用战略的思维和开放的视野,积极寻求有特色、有效益、有优势的教育发展政策,力求教育更快更好地发展。

一、湖北恩施实施教师安居房政策

湖北恩施州为了让农村教师安心从教,维护农村教育稳定的大局,2006 年,恩施州政府五届十一次全体会议决定,在全州启动教师安居工程建设。按照"用城市小区建设理念,建农村教师安居乐园"的总体思路,大力推进教师安居工程建设。农村教师安居工程建设政策,规定只要是教龄满 1 年以上、没有住房的该州农村教师,均有机会以低于市场价的价格购买或租赁住房。2006 年 4 月,建始县高坪镇 8 套教师经济适用房项目率先开工,标志着该州农村教师安居工程正式启动。[4] 来自该州教育局的统计数据显示,截至 2008 年,全州累计修建安居房 1789 套、面积 24 万平方米,入住教师 1789 户、5000 余人,较好地解决了农村教师的住房困难。安居工程解除了农村教师的后顾之忧。"十二五"期间,恩施州将投资 10 亿元,建设改造教师住房 1.2 万套、82 万平方米,[5]基本解决农村教师的住房困难问题。

二、重庆黔江加快建设武陵山区教育高地

黔江立足构建武陵山区教育高地总体目标,坚持以改革创新为动力,以均衡发展为主线,以"五个校园"建设为抓手,以标准化建设为载体,以提高教育质量为核心,以办人民满

---

① 冉景高:《关于推进农村教育发展的思考和实践》,《科学咨询(教育科研)》,2011 年第 8 期。
② 蒋新成:《铜仁市大规模重组学校调整布局》,《铜仁日报》,2008 年 7 月 21 日。
③ 冉贵生:《教育公平 向我们走来》,《贵州教育》,2013 年第 7 期。
④ 程墨:《湖北恩施农村教师住上安居房》,《中国教育报》(第 1 版),2008 年 6 月 18 日。
⑤ 王国强:《我州已建教师安居房 24 万平方米》,《恩施日报》(A6 版),2011 年 3 月 1 日。

意教育为宗旨,努力把黔江建成武陵山民族地区"统筹城乡教育示范区、均衡发展先行区、人才培养孵化区、民族教育领跑区、优质教育样板区",基本实现"学校布局合理化、师资配置均衡化、办学条件标准化、办学特色多样化、教育质量优良化"。原计划到2012年教育投入占GDP的比例达到6%以上。截至2015年,所有中心校以上学校全部建成寄宿制学校,所有学校全面建成"五个校园",率先在武陵山地区普及学前三年教育和高中阶段教育,中小学标准化率达到90%以上。

三、湘西吉首锁定建成武陵山区教育中心目标

吉首在长期发展中形成了尊师重教的良好传统,建立了一套较为完备的国民教育体系,职业教育、初中等教育及以湘西民族职业技术学院和四省市边区唯一的综合性大学吉首大学为核心的高等教育优势在武陵山区较为明显。湘西土家族苗族自治州提出通过"十二五"时期乃至更长时间的努力,把吉首建设成为武陵山区教育中心。坚持把教育摆在优先发展的战略地位,优先布局、优先服务、优先投入;要坚持把以人为本作为教育工作的根本要求,以育才为本、以纳才为基、以惜才为要;要坚持把统筹兼顾作为教育发展的基本方法,促进学前教育发展,推动义务教育均衡发展,推进高中免费教育发展,加快职业教育发展,努力支持高校发展;坚持把改革创新作为教育发展的强大动力,大力推进办学体制改革、深化学校管理体制改革、加快教育教学改革;在凝心聚力中确保教育目标实现。[1]

四、重庆酉阳与黔江实施免费午餐计划

免费午餐计划是一项爱心公益活动,主要为贫困学生提供免费午餐,帮助每个家庭困难的孩子安心学习,快乐成长,享受社会的关爱。重庆酉阳县筹资3000多万,让留守儿童吃上免费午餐。酉阳有4万余名义务教育阶段的留守儿童,占全县义务教育阶段学生的35%以上,是重庆市留守儿童比例较高的县。酉阳县每年财政支出2400万元,用以解决留守儿童午餐难和营养不良问题。又多方筹资759万元,用于购买学校厨房设备,使该县393所中小学、共计8.2万中小学生吃上了营养午餐,所有厨房设施全部达标。学校隔天还给每名学生提供一袋牛奶,每周两个鸡蛋、两块面包,午餐每天按照食谱制作,两荤一素,豆类、蔬菜类、肉类、蛋奶都列入营养午餐中,基本满足学生成长所需营养成分。同时,重庆黔江为非寄宿制贫困生提供"爱心午餐",2010年8月,黔江区委下发关于做好当前民生工作的决定,要求落实学生饮用奶（鸡蛋）计划,为非寄宿制贫困生提供"爱心午餐",[2]促进青少年健康成长。农村中小学营养促进工程随之启动。从2010年秋季学期开始,黔江区给村办小学生每天免费提供2.5元的"爱心午餐"补贴,中心校和农村中学每生每天免费提供一个鸡蛋。

---

① 石琦:《吉首市全力打造武陵山区教育中心》,《团结报》(第1版),2011年6月6日。

② 晓林、罗重谱:《民生视野的"重庆实践"》,《重庆社会科学》,2011年第1期。

第五节　民族教育突出民族特色

　　土家族地区经济文化长期落后,不为外人所知,但是土家族有着悠久的历史和浓郁的文化积淀。这里有着秀美的自然风光,有着丰韵的民族文化,土家族与居住在这里的苗族、侗族、白族等少数民族在共同的生活过程中,创造了各民族绚丽多彩的民族文化。目前,民族文化教育在广大土家族地区生根发芽,并日益成为民族教育的重要内容。

一、请民间艺人走进课堂

　　武陵山地区各级学校在推行素质教育时,以本地的民族文化为背景,抓住其核心内涵,进行科学规划,在教学中积极渗透。为挽救民族民间艺术,许多学校邀请民间艺人进校园授课,让民间技艺的传承从娃娃抓起。其中,湘西州凤凰县腊尔山希望小学就邀请了本地的剪纸大师、刺绣能手到学校讲课,手把手地教学生进行创作。阿拉完小在民族舞蹈教学过程中,邀请民间艺人本地鼓王麻官送来校传授苗家花鼓的击法技巧,讲解花鼓的动作分类和由来,教学生《快鼓》《丰收鼓》《迎宾鼓》等。贵州省铜仁地区松桃民族中学的花鼓队常年聘请了我国花鼓艺术之乡的著名艺人鼓王龙云辉为指导老师,手把手地教会了一批又一批花鼓队员。[1]

二、开发以民族民间艺术为主体的校本教材

　　土家族地区学校积极开发以民族民间艺术为主体的校本教材,大力促进民族民间文化艺术课题的研究。其中,贵州省铜仁地区松桃民族中学开发了《苗族刺绣》《篮球魅力》《苗族花鼓》等校本课程;铜仁市民族中学结合傩文化已列入贵州"乡土美术"教材的契机,铜仁市民族中学做了大量的工作,一是深入民间了解、收集各种傩文化的手工艺品,二是派美术老师去学习民间艺人的手工制作等,三是把傩面具及相关的民间手工艺品的制作列为课程,传授给学生。同时,还多渠道创造艺术教育形式,在走廊、板报、墙上开辟"艺术园地",扩大艺术教育的辐射范围。

三、办民族风情第二课堂

　　各校有目的、有意识地设立丰富多彩的第二课堂,如湘西州凤凰县的腊尔山希望小学、阿拉完小等美术组的捏泥人、编织工艺品、剪纸、刺绣等民间美术;音乐组的吹木业、唱苗歌;舞蹈组的跳花、花鼓艺术;语文组的苗族民间故事会、双语教学;体育组的舞草龙等。[2] 贵州松桃苗族自治县大力挖掘和传承民族民间文化,编制了《花鼓舞》《滚龙舞》等

　　[1]　王国超:《武陵学校教育与少数民族文化传承》,《教育评论》,2012年第8期。
　　[2]　程丽、孟立军:《贵州省县域民族地区学前教育发展困境与策略研究——基于松桃县学前教育师资建设的实证研究》,《教育文化论坛》,2013年第5期。

苗族特色舞蹈。松桃民族中学在苗族四面鼓的基础上开发了苗族八面鼓,鼓王龙云辉来校编排,传授花鼓技法。同时,对苗族"八人秋"进行改进,使创意更加具有民族风情和民族特色。2011 年 9 月,松桃中学"八人秋"表演队代表松桃苗族自治县,参加少数民族传统体育运动会,获表演综合类第一名。松桃民族中学吴月明同学,荣获第九届全国少数民族传统体育运动会,独竹漂女子 60 米、100 米两项冠军。松桃民族中学积极向师生推介近年来本地广大文艺工作者的创作成果,让师生充分吸收民族民间文化艺术养分。如《松桃舞步》(文集)、《苗乡春晓》(文集)、《错误的暖色》(散文集)、《鼓魂》(舞蹈)、《飘逝的落叶》(舞蹈)等。铜仁市民族中学成立了多个体育兴趣小组,开展了民族体育传统项目:独竹漂、太极拳、武术、登山、拔河、跆拳道、打陀螺、斗鸡、板鞋、抢扁担、踢花键等。其中跆拳道训练队是铜仁地区体育局在我校设立的训练点,自 2004 年成立以来,在参加贵州省青少年跆拳道锦标赛和四年一届的青运会上,荣获冠、亚、季军共 26 人次。2010 年 4 月,跆拳道队在参加重庆举行的全国中学生跆拳道西南赛区比赛中获团体第二名。

四、用民间文化渲染校园

良好的校园环境是激发学生学习积极性的重要组成部分。各校充分利用校园的墙壁、宣传窗、黑板报等文化板块,结合本地特点,整合本地有效资源,认真布置,合理规划,加强校园文化建设,大力弘扬民族民间文化,陶冶学生的民族性情,提振学生的学习积极性。如箭道坪小学的班级牌、吉信完小的卫生责任牌等,构思奇巧,设计新颖。贵州铜仁市民族中学在德育课题实验班动员同学们收集有关人格、人生观、道德观、世界观等格言警句,布置在教室里,组建"校园之声广播站""小记者站",创办《舟浪》文学社,完善校园网站,及时报道学校的新人、新事、新面貌。[①]

五、"走出去"领悟艺术真谛

恩施、凤凰等地旅游业的蓬勃兴起,民族民间文化保护政策的实施,大量的民间艺术得到了恢复和发掘,箭道坪小学、文昌阁小学、阿拉完小把苗家的服饰、银饰、刺绣、蜡染、剪纸和土家族的织锦、雕刻、纸扎、编织等民族工艺及凤凰的人文自然景观引入课堂,为美术教学服务。贵州松桃民族中学开办松桃苗族民间剪纸、刺绣艺术班,积极筹建松桃民族中学苗族文化陈列室,举办一年一度的民族体育艺术节。

---

① 张士昌:《现代大学文化力的培育与管理》,《国家教育行政学院学报》,2012 年第 11 期。

第九章

土家族基础教育优质均衡发展研究

土家族地区的基础教育同全国的形势较为趋同,在党和国家、各级政府的支持下得到了很大的发展。坚持把发展教育事业摆在基础性、全局性、先导性的突出地位,大力实施"科技兴国"战略,广大土家族地区突出基础教育重中之重的战略地位,坚持综合改革,充分盘活教育资源,切实用活教育资源,创造性地开展工作,促进了基础教育规范发展、区域内基础教育优质均衡发展。

第一节 基础教育优质均衡发展的含义

"优质均衡"作为一个整体概念和学术话语被论述是最近几年的事情,相对而言,其作为政策话语较之作为学术话语被提出略为提前。"优质均衡"是整合了"教育均衡"和"优质教育"的思想而提出的一个新概念,其基本的要义是追求"公平"和"优质"的统一。另外,在教育均衡的概念之下,还延伸出来区域均衡和校际均衡等术语。"优质均衡"概念现已成为我国发达地区基础教育尤其是义务教育发展的主导性口号,这个概念在政策话语中容易得到较好的解释说明,概而言之,"优质均衡"即均衡地满足全民享受优质教育的时代新需求,它反映和契合了现时段尤其是经济发达区域人们的总体教育需求。

一、优质教育

恰如"有效教学"概念所面临的巨大争执一样(许多学者认为"有效教学"是一个伪命题),"优质教育"概念恐怕也是一个难以厘定的术语。"优质教育"作为学术术语比作为政策术语和实践术语更加难以把握,作为政策术语和实践术语的"优质教育",体现在政策和文件里,体现在教育行政人员和学校教育人员的日常语言里。通常,在教育政策视域下的"优质教育"理解是非学术性的,主要受当下的教育条件和教育文化情境的影响。例如,浙江省的重点中学划分为三个等级,分别是省一级重点中学、省二级重点中学和省三级重点中学,于是,有的区域会把省一级重点中学确定为优质高中教育的标准。在这种理解下,有的区域为保证本区高中全部达到优质教育标准,就通过区域内高中段学校合并的方式,保证本区域高中实现优质教育全覆盖,全部高中段学生享受省一级重点高中教育水准。但实际上,这种对优质教育的理解和实现优质教育的途径是简单化和表面化的,在很大程度上它放弃了对优质教育内涵的深层次理解和追求。

许多对优质教育的关注和思考,主要聚焦在资源的扩张和提升上,缺少对教育价值观的根本思考。从根本上来说,优质教育即高质量的教育。提高教育质量是进入 21 世纪以来各国教育发展的核心目标,提供优质教育(高质量教育)是 21 世纪世界主要发达国家教育发展的基本价值取向。但是,在不同的时代、不同的教育文化下、不同人的认知中,对"优质"和"高质量"的理解、界定和认定是有差异的,甚至是相互冲突的。尤其是进入到学校教育实践情境,通常对教育质量的界定受限于特定的学校教育文化情境的影响,甚至在学校校长和教师身上,经常存在着言语和行为的分裂现象,即在表面言词中阐述的对优质教育的诠释和现实中追求的优质教育标准存在错差。最糟糕的是,学校教育实践中普遍存在着以升学率和考试成绩作为界定优质教育的唯一指标或压倒性指标的现象,并且,自上而下的学校评价和奖罚机制强化了这种指标的意义。

我们无法从现有的教育理论和教育实践中,概括出一种被所有教育文化普遍认同的优质教育标准,所有对优质教育的解释和理解都是历史性和文化性的建构,即随着教育时代、教育情境和人们认知的程度不同,有关对优质教育的诠释是变动不安的,无法恒定在一个基准上。进而言之,对优质教育的理解应该是多元的而非单一的,是开放的而非封闭的,是相对的而非绝对的,但是政策和行政的特性是倾向于用一元的标准界定对优质教育的诠释,因此,相应地限定了学校实践对优质教育的追寻方向。当然,这种一元性认定有其积极的意义,它为教育改革和发展提供了方向和动力,但是它的流弊也通常是显而易见的。例如,如果把是不是省一级重点高中作为衡量教育资源是否优质的标准,则会永远存在优质教育资源缺少的问题和对优质教育资源的饥渴现象,并且,会隐喻地把非重点学校尤其是农村学校提供的教育贬低为非优质教育,从而无形中导致这些学校产生宿命感、挫败感,进而导致它们办学积极性的萎缩。另外,优质教育资源和优质教育并不能等同,虽然优质教育资源在推动产生优质教育的过程中会发挥重要作用,但是有优质的教育资源并不一定产生优质的教育,现今的许多学校,经过政府主导的资源配置,在办学的硬件设施上已经具有相当高的现代化水准,但是并没有产生相应的优质教育。[①]

把发展优质教育理解为扩张优质教育资源,进而把推进优质教育的希望完全寄托在政策和行政层面,对优质教育的认定受限于现有的功利性的应试教育文化,都是对优质教育理解的偏见或扭曲。我们对优质教育应该有更为丰满和全面的理解,这种理解依赖于我们对教育内在价值的追问和探求。我国自 2001 年开始的新基础教育课程改革史无前例地把"为了每位学生的发展"作为基本主题,彰显了对学生学习权和发展权的高度重视。在促进学生的全面发展和个性发展的意义上,优质教育实际上与教育同义,优质教育的目标追求和教育的本真价值是一致的。此时,优质教育就褪去了它神秘的外衣,无须再做等

---

① 杨玲:《家庭教育投入对基础教育质量的经济分析》,《基础教育研究》,2013 年第 23 期。

级性的理解,即推进优质教育不再是省一级重点中学才有的资格和能力,所有学校都有发展优质教育的潜力和责任。一所名校或所谓的"优质学校",即使它有辉煌的升学率成绩,或者它有众多的学子考上北大、清华,但是,如果它取得的成绩和它的教育模式以损伤学生的身心健康、全面发展和个性发展为代价,则这所名校的教育不但不能被称为优质教育,相反却可能是不良教育或者是恶的教育。

基础教育以培养国民的基本素质为要义,在这个意义上,我们需要对优质教育的"优质"作平民化的理解。优质教育以培养"优质学生"为旨归,但是优质学生并非只是在智能上达到高水平的学生。在这里,"优质"是一个综合的概念,它包含了道德品质、身心健康和知识水平等多方面的意蕴。如果一所普通学校培养的学生,毕业后能以快乐的心态投入自己平凡的工作岗位,在工作中勤勤恳恳,在社会上遵纪守法,难道这所学校提供的教育不是我们希冀的优秀国民教育吗?但现实是,人们只对"优质"作精英化的理解。如果人们在当今竞争话语下把"优质"学生只是理解为智能上的高素质人才,则这种国民教育是难以被称为优质教育的。

二、教育均衡

发展优质教育是当前我国发达区域教育发展的核心主题,但这个主题必须在教育大众化的时代话语背景下来考量。实际上,在当前的教育政策语境中,与优质教育术语等量齐观的另一个关键话语的表达是均衡教育或教育均衡,它彰显了我国当前对教育公平维度的教育价值取向的关注和重视。进入 21 世纪,世界主要发达国家的核心教育口号,似乎已经从教育公平转向了提供教育质量和发展优质教育上来,但是这是以对教育公平之基本意义的认知有了较为充分的积淀为基础。在 20 世纪,经过了人权观念的洗礼,历经了全民教育和全纳教育等教育理念的触动后,西方教育已经在教育观念、教育政策和教育实践层面对教育公平有了更为深刻的认识和理解。当然这些认识远不是完美的,甚至随着认识的不断深入,这些国家在教育公平的维度上发现了越来越多的教育问题。

我国的教育国情是,我们对教育公平或教育均衡的理解和实践远远不够,它进入我国教育政策核心的时间并不长,因此,我们不能跨越或淡化教育公平或教育均衡的视角来论述发展优质教育的问题。与提高教育质量的主题等同,推进教育均衡同样是当前我国基础教育尤其是义务教育阶段的核心主题。

与"优质教育"类似,"教育均衡"同样是一个复杂而相对的概念。有些学者把教育均衡等同于教育公平,但实际上,教育均衡应该是教育公平的下位概念,教育公平为教育均衡提供思想基础,并且,教育均衡和教育公平的内涵和范畴会有矛盾之处,有时候本意是体现教育均衡的政策未必会象征教育公平,可能反而会走向教育公平的反面。有学者把"教育均衡"界定为:实质上是指在教育公平思想和教育平等的原则支配下,教育机构、受教育者在教育活动中有平等待遇的理想和确保其实际操作的教育政策和法律制度。其最基本的要求就是在教育机构和教育群体之间平等地分配教育资源和份额,达到教育需求和教育供给的相对均衡,并最终落实在人们对教育资源的分配和使用上。[1] 上述"教育均

---

① 翟博:《教育均衡发展:理论、指标及测算办法》,《教育研究》,2006 年第 3 期。

衡"的概念界定,明确把教育均衡视为教育政策和法律制度的范畴,并把教育资源的平等分配视为教育均衡的核心。由这个定义出发,我们可以认定,教育均衡问题是一个行政和法律问题,并就核心而言是一个经济问题,其中政府要承担推进教育均衡的首要责任。[1]

但是这个概念有把"教育均衡"的内涵窄化之嫌,它没有从教育活动的内部考察教育均衡问题,没有关照到教育活动的独特性和复杂性。如果从微观层面的教育教学活动内部来考察,则教育均衡问题更多是一种主观的心理感受问题,而心理体验维度的教育均衡问题是行政层面难以渗透和解决的,并且,为了保护教师职业的专业性,政府也不宜以保障教育均衡的名义过度干涉教师具体的教育教学活动。在保障教育均衡的问题上,政府只能起到有限责任(即使是首要责任),教育均衡问题不仅是行政问题、法律问题和经济问题,而且是一个教育和教育学问题;不仅有物质资源的平等均衡问题,而且有精神资源的均衡配置问题;不仅包括可以客观考察和评估的问题,而且包括难以透视和解释的主观心理体验问题。[2] 这些都说明了教育均衡概念意蕴的复杂性和动态性。

三、基础教育优质均衡

发展优质教育和推进教育均衡的不同教育诉求,整合成为"优质均衡"这一教育概念,成为现阶段我国尤其是发达地区基础教育发展的基本政策导向和价值取向。它的基本意旨是促进基础教育在公平为前提和基础下的优质发展和高质量发展,[3]放在教育均衡的主线上,我们可以把"优质均衡"理解为我国推进基础教育均衡奔向了一个新目标和走进了一个新阶段;置于提高教育质量的主线上,我们可以把"优质均衡"诠释为我国在教育发展的道路上设置和确立了一个伦理前提和基础,即确定了教育发展的大众化和民主化方向。从世界范围来看,如果说 20 世纪是以促进教育公平,尤其是促进教育机会均等为教育发展的基本主题的阶段,那么进入 21 世纪,在全球性的竞争话语背景下,单以推进教育公平为视角的教育发展思维已经远远不够了,为所有学生提供优质教育或高质量教育才是各国教育发展的共同愿景和基本主题,它整合了促进教育公平和提高教育质量两大教育课题。

在我国,如宁波等经济和教育发达地区,追求发展优质均衡的基础教育的愿景由另外一个更为新颖的术语"高位均衡"加以表达和体现。"高位均衡"是基础教育在实现了学生入学机会均等和学校办学条件获得了基本保障之后,迈向了一个新的发展阶段,即从教育规模的扩张到教育内涵的提升的阶段,从注重"量"的积累的阶段到关注"质"的跃升的阶段。在这个阶段,以满足高质量教育教学为需求的软硬件教育资源的均衡配置依然是重要课题和任务,但是,教育发展的核心课题是提升教育内涵和提高教育质量,教育薄弱主要不再是办学条件和资源的薄弱,而是教育内涵和教育教学质量的薄弱,因而,这一阶段的主要任务是办好每一所学校和发展每一位学生。在这一阶段,"优质"主要不再体现为

① 张琴琴:《县域义务教育均衡发展的现状与对策研究》,陕西师范大学硕士学位论文,2013 年。
② 封留才:《当代中国基础教育资源公平配置研究》,南京航空航天大学博士学位论文,2014 年。
③ 梁淑丽:《义务教育推进优质均衡背景下名校集团化办学问题研究》,南京师范大学硕士学位论文,2013 年。

有良好的甚或是发达的外在办学条件,而是主要体现为有优秀的学校哲学、教育教学、学校管理和学校文化等,以促进每位学生的全面发展和个性发展为重心,真正步入素质教育的运行轨道。

概而言之,在对"优质均衡"的理解和诠释上,已经基本达成的一些共识是:教育均衡并非是要走向平均主义和共同平庸,而是以均衡为前提,以实现教育的高质量为最终标尺;"优质均衡"最终要以每位学生的优质发展为目标,即促进学生的高素质发展和可持续发展;教育均衡并非是搞教育的同质化和模式化发展,而是要鼓励和推动学校的特色发展。

<h2 style="text-align:center">第二节　土家族基础教育优质
均衡发展取得的成就</h2>

在党和国家的关怀以及广大土家族群众的艰苦奋斗下,土家族基础教育的均衡发展取得了显著的成效,具体体现在以下七个方面。

一、建立了基础教育良性发展的体制机制

广大土家族地区各级政府把建立基础教育良性发展的体制机制作为基础教育的重要任务。以湖北省恩施州为例,恩施州人民政府于 2002 年出台了《州人民政府关于进一步加强基础教育工作的通知》,明确恩施基础教育实行"在国务院领导下,由地方政府负责,分级管理,以县为主"的基础教育管理体制,[①]要求县市政府行使对县域内基础教育发展的统筹权、决策权和管理权,并明确规定县市财政按中学生 15 元、小学生 12 元的标准预算并安排公用经费。随着《州人民政府关于进一步加强基础教育工作的通知》的贯彻落实,恩施"以县为主"的基础教育管理体制得以建立。2006 年,恩施州被列为全国农村义务教育经费保障机制改革试点地区,中央和省按比例对农村义务教育学生实行"两免一补",义务教育运转的经费全部由中央和省承担。重庆市黔江区健全了区级部门和街道镇乡政府考核机制,落实了"十大民生工程"督导,开展基础教育发展水平和教育质量监测,努力创建义务教育均衡发展"合格区",实现"教育投入、办学条件、师资水平、管理水平、教育质量"基本均衡。

二、基础教育普及程度明显提高

近年来,广大土家族地区的小学净入学率、巩固率、升学率进一步提高,初中毛入学率、巩固率、升学率迅速提升,主要增量都在农村地区。[②] 2010 年全国普及九年义务教育

---

① 曾新:《农村中小学布局调整与义务教育均衡发展问题研究》,华中师范大学博士学位论文,2012 年。

② 中国网:《农村义务教育办学条件改善明显 西部两基攻坚完成》,http://www.china.com.cn/news/2008-02/25/content_10665859.htm[2008-2-25]。

地区人口覆盖率超过 99%,土家族各地农村义务教育普及程度显著提高。重庆黔江区 2010 年小学阶段入学率 99.91%,巩固率 99.89%,毕业率99.01%;初中入学率 98.72%,巩固率 98.35%,毕业率 99.73%;2010 年初中毕业人数 8610 人,升入普高 3396 人,职高 4175 人,升入高中比率为 80%。湘西州到 2010 年全州小学适龄儿童入学率为 99.93%,初中适龄少年入学率为 99.98%,残疾儿童少年入学率为 90.21%;小学辍学率为0.07%,初中辍学率为 0.12%;15 周岁人口中初等教育完成率为 99.68%,17 周岁人口中初级中等教育完成率为96.77%;15 周岁人口中文盲率均为 0。随着国家对于教育的投入逐年加大,在湘西州的进城务工农民工子女入学难问题也得到解决。2010 年,湘西州拨付进城务工农民工随迁子女补助资金 515 万元,共接收进城务工人员子女 2.93 万人入学,均不收借读费,切实保障了进城务工农民工子女能够就近入学。

三、加强改善基础教育的办学条件

在各级政府的重视和社会关注下,基础教育办学条件得到不断改善,积极推进数字校园建设、教学设施改进、农村中小学现代远程教育工程取得了明显的成效,农村学校办学条件有了较大程度的改善,生均仪器设备值和建网学校比例增加也较快。

实施"数字校园"建设。2010 年,重庆黔江投入 520 万元,启动 4 所学校"数字校园"建设,建成教育系统双向视频会议系统和信息技术考试系统;新建 6 所学校 119 个"班班通"教室;装备 4 间 54 台网络教室,新建 7 所学校 25 间多媒体教室,装备电子白板 5 块。新华中学、民族中学等学校装备视频展示台 105 套、笔记本电脑 44 台、"班班通"教室 90 间。

2010 年,贵州松桃县集中学校公用经费 759.84 万元,采购 1600 台计算机(含笔记本电脑 40 台)下发 19 所中小学,使 20 所中小学(其中中学 11 所,小学 9 所)的教师基本实现了一师一台电脑的规划要求。

配备教学设施设备。截至 2010 年年底,黔江区 14 所中心校以上学校初步实现教学设备标准化,更新标准化教学黑板 882 块,装备木质课桌椅 6500 套、铁质课桌椅 3000 套,配套资金 150 万元新增职教中心计算机教室、实验实训基地设备配置。

铜仁市民族中学在现代教学设施的投入等方面都取得了显著的成绩。自 2004 年以来,该校通过资产置换和政府拨款、学校自筹资金等方式,新建了综合大楼、教学大楼、学生宿舍楼;学校图书室拥有图书 35 000 册,建有校园网站和电子阅览室;完善了学校运动场,并设立专门的舞蹈室、音乐专用教室、跆拳道训练馆、射击训练点、画室等,为进一步推进学校艺术教育的发展提供了坚实的物质保证。黔江区生均校舍面积小学 4.49 平方米、初中 6.19 平方米。建立光盘播放点 103 个,卫星接收点 174 个,计算机网络教室和班班通 28 个。教学仪器设备按不同类型学校标准要求的配齐率为小学 99.8%、初中 100%。初中生均图书 13.62 册,小学生均图书 11.75 册。

四、教育质量逐年提高

土家族地区各地政府把提高教育质量作为义务教育的工作重点,城乡中学、小学学校之间教育质量差异大幅缩小,义务教育质量大面积提高,先后出现了多所农村学校教育质量超过城区学校的可喜局面。有数据显示,黔江区按照国家义务教育课程设置要求,开齐课程,开足课时,不断规范学校常规管理,有效提高了教育教学质量。黔江地区小学、初中毕业班学生毕业率分别达到 99.89%、99.96%。小学适龄儿童入学率为 100%,辍学率为 0;初中入学率为 96.9%(毛入学率 118.4%),辍学率为 0.67%;三类残疾儿童少年入学率为 96.5%。小学毕业率为 100%,初中毕业率为 99.9%。15 周岁初等教育完成率达99.7%,17 周岁初级中等教育完成率达 97.1%。青壮年非文盲率达 99.9%。人均受教育 8.92 年。初中升入高中阶段比例达到 97.58%,普及力度逐年加大。高考重点本科上线 458 人,600 分以上 89 人,上线率 84.1%,重点上线率 14.1%,均创历史新高,上线率、高分段人数、优生率等多项指标连续十年保持渝东南之首和六个区域性中心城市前列。贵州省铜仁地区松桃县各类小学、初中均严格按照国家颁布的课程计划,按照规定征订和使用教材,开齐课程。小学生毕业率 98.7%,全科合格率 98.7%;初中毕业率 97.8%,全科合格率 97.8%。

五、切实推进留守儿童管理工作

随着中国城市化进程的加快,越来越多的农村剩余劳动力流入城市,由此所造成的留守儿童的教育问题成为中国转型期的特殊问题。在土家族部分地区调查过程中发现,留守儿童主要集中在农村,各地重视教育环境和教育质量的提升,加强了留守儿童的管理。如湘西州凤凰县推出成长导师制度建设,建立了留守学生档案,形成家长、学校、社会三位一体的长效管理机制。[1] 在全县教育系统开展"以我心我力关爱留守学生""关爱留守儿童,担当代理家长"活动,全县基层党员干部和教师每人至少与一名留守学生建立帮扶配对,对留守儿童的学习和生活进行辅导和支持,并在每年举行一次专题总结表彰会,对关爱工作突出的集体和个人进行表彰,同时牵线搭桥,让更多的社会好心人加入到关爱留守儿童的行列中来。[2] 重庆黔江建立"属地管理、分级负责、分层落实"的农村留守儿童教育管理服务机制,出台《黔江区关爱农村留守儿童行动计划实施方案》,建立留守儿童个人档案,推广"4+1"模式、"1+N"代理家长制和学生之间"1+1"模式,建立 55 个"亲情视频聊天室",安装"亲情电话"120 部。建立安保办、校(园)长、校园保安、校园民警、护校队"五位一体"的新型校园安保机制,为 82 所镇乡以上学校(含民办幼儿园)安装 809 个视频监控探头和 246 套报警器,建成校园视频监控报警系统。这些措施使得留守儿童教育问题得到了很大程度的改善。

---

① 余俊:《在同一片蓝天下幸福成长——关注教育民生系列聚焦之一》,《湖南教育(上)》,2012 年第 10 期。

② 刘伟:《凤凰县教育系统开展关爱留守儿童结对帮扶活动》,http://www. baidu. com/link? url = 6u2qz8VFN7FOjL0cXvQDVpfcosvuQFP0EWhhYWDldKOnv0Ac7RSZgxU6ZaAOOJJqrKLjyZhfEmlNOrvpMVh —OK&wd=&eqid=e1dd4137000238660000000357b7bef4[2010-6-3]。

六、双语教学稳步推进

土家族地区各级政府高度重视民族教育工作,在发展少数民族教育事业,提高少数民族教育教学质量的过程中,始终坚持把加强双语文教学作为提高少数民族教育质量的一个重要突破口,[1]树立科学的教育民族观,建立双语教学模式。

贵州松桃苗族自治县经过努力,"双语"及"双语文"教学已取得了显著成绩,该县以苗族为主体的少数民族聚居的乡镇中有 4 个乡镇 10 所学校 32 个班 1393 名学生开展了"双语文"教学;有 11 个乡镇 75 所学校 283 个班 10 129 名学生开展了"双语"教学。其中,盘信民族中学、松桃民族中学被贵州省教育厅、省民委评定为"省级民族民间文化进校园示范校"。湘西州双语教育,坚持"从学前抓起,从教师抓起,从规范抓起"的指导思想,坚持双语教育与民汉合校有机结合、全面推进与重点突破有机结合、双语教育与德育工作有机结合、双语教育与学生就业有机结合,坚持做到少数民族学生学习国家通用语言文字与学习本民族语言文字同步强化。截至 2010 年,湘西州中小学有民汉合校 89 所,占湘西州中小学总数的 74.7%,其中,民汉合校中学生占全州中学生总数的 97%,湘西州实现了少数民族适龄正常儿童接受学前两年双语教育和少数民族适龄正常儿童进入小学起始年级接受双语教育基本普及的目标。

七、推进城乡义务教育一体化发展

针对我国义务教育城乡差距大的现状,《教育规划纲要》提出"建立城乡一体化义务教育发展机制,在财政拨款、学校建设、教师配置等方面向农村倾斜。率先在县(区)域内实现城乡均衡发展,逐步在更大范围内推进",《教育规划纲要》还提出要"努力缩小区域差距"。加大对革命老区、民族地区、边疆地区、贫困地区义务教育的转移支付力度,鼓励发达地区支援欠发达地区。[2] 其中,重庆黔江区建立了义务教育质量监测评估机制和对街道镇乡义务教育均衡发展的督导评估机制。建立艰苦朴素教育基地,利用"养儿不用教,酉秀黔彭走一遭",与重庆主城区家庭实行城乡教育结对帮扶。"以城带乡"的统筹发展成效突出,农村薄弱学校的办学条件进一步改善,教育教学观念进一步改变,办学行为进一步规范,教师队伍素质进一步提高,促进了农村学校和薄弱学校素质教育的实施和各地城乡教育的均衡发展。

第三节 土家族基础教育优质
均衡发展存在的问题

土家族地区的基础教育发展迅速,不仅在数量上有了突破,更在质量上有巨大的飞

---

[1] 张洪东:《制约西部汉校发展的社会学因素分析》,曲阜师范大学硕士学位论文,2004 年。

[2] 《国家中长期教育改革和发展规划纲要(2010—2020 年)》,2010 年。

跃,土家族地区的基础教育取得的成就有目共睹。但是在发展过程中,也存在一些问题和障碍,制约着土家族地区的基础教育优质均衡发展。

一、办学条件不足,教育资源匮乏

因为公用经费仅能使学校达到"保安全、保运转"的水平,所以政府在学校硬件更新、体育艺术设施、实验设备等方面的经费投放明显不足。现有学校危房改造、校舍配套设施建设资金紧缺;中小学体育和艺术设施较差,实验设备不能满足需要;教育信息化程度不高,"一师一机""班班通"工程落实艰难。

以恩施州为例,全州初中生平均校舍面积 8.17 平方米,与国家标准相差 1.33 平方米,城镇中小学教学用房更加紧张;大多数寄宿制学校宿舍拥挤,生均宿舍建筑面积小学 2.01 平方米,初中 2.18 平方米,分别与国家标准相差 0.39 平方米、0.52 平方米;初中寄宿生宿舍面积生均 0.83 平方米,小学寄宿生宿舍面积生均仅 1.5 平方米。大多数寄宿学生上下铺睡四人,有的甚至是三层床上中下睡六人。离建标[1996]640 号文件规定的生均居住面积初中 2.7 平方米,小学 2.4 平方米的标准相差甚远。50% 的寄宿制初中无餐厅,90% 的学生宿舍无洗漱间和卫生间,95% 以上的寄宿制学校无活动场所及设施。基础教育如此,高等教育也面临同样的尴尬。部分学校人均教室面积不足 0.5 平方米,教室中间没有过道,前后排靠得太近,学生连伸脚都困难,甚至一些学生下课上厕所只有从课桌上翻越才能进出,有些学校为此上课不得不取消起立仪式。咸丰县于 2009 年对中小学所有校舍进行排查鉴定,确认该县学校均存在不同程度的安全隐患,地处洪涝灾害易发地区学校 6 所,地处山体滑坡和泥石流、地质塌陷等自然灾害易发地区的学校 3 所,共有危房 679 栋,危房面积共 395 200 平方米。另外,学校基础设施非常落后,作为全县最好的学校咸丰一中运动场地狭小,无法正常开设体育课,因没有田径场已经六年没有举行过运动会。

二、政府教育经费无法满足教育发展的基本需要

部分土家族地区地方政府在当地经济发展中的处境可以用"吃饭靠财政、运转靠收费、建设靠举债"来形容。由于教育经费筹资渠道单一,经费紧张,政府教育经费无法满足教育发展的基本需要。一方面,各级教育生均预算内公用经费普遍偏低,与发达地区差异较大;另一方面,生均培养成本逐年攀升,而生均拨款却未同步增长,有的地方甚至缩减。这些状况严重制约了教育的发展。以贵州为例,2009 年,普通小学的生均预算内教育经费为 439.49 元,与生均水平最高的北京 4722.87 元相比,仅为北京的 9.3%;普通初中的生均预算内教育经费为 624.13 元,与生均水平最高的北京 6352.23 元相比,仅为北京的 9.8%。贵州省对中小学的预算内生均教育经费的投入为全国最低水平,如表 9.1 所示。

表 9.1　2009 年部分省市各级教育预算内生均教育经费情况　　　单位:元

	北京	湖南	湖北	贵州	重庆
普通小学	4722.87	840.3	652.44	439.49	853.23
普通初中	6352.23	1522.89	1121.94	624.13	1249.99
普通高中	6994.58	530.77	397.69	369.67	973.28

资料来源:《中国教育经费统计年鉴》,2009 年

三、师资力量还比较薄弱

　　教育的质量与教师素质的高低休戚相关,高素质的教师队伍是教育质量的保障。在对恩施州小学专任教师学历情况的调查发现,2011 年,恩施州专任教师总计 13 507 人,其中,本科毕业 1224 人,占 9.09%;专科毕业 6942 人,占 51.4%;高中阶段毕业 5188 人,占 38.41%;高中阶段毕业以下 149 人,占 1.1%。由此可见,恩施州教师队伍的整体构成状况并不理想,高素质的教师缺乏,这不利于提升教育的质量。如图 9.1 所示。

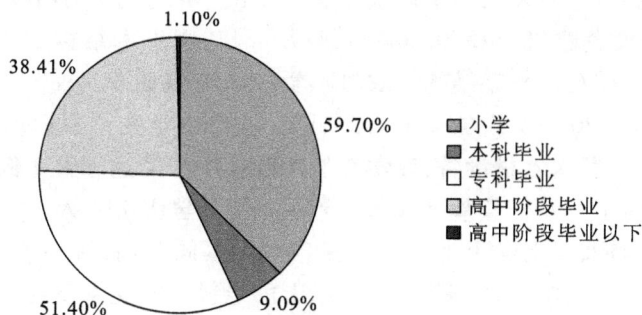

图 9.1　恩施州小学专任教师学历情况

四、上学远、上学难的问题依然存在

　　土家族地区位于武陵山区腹地,"八山半水分半田"是对土家族地区的真实写照,广大土家族地区山峦起伏、沟谷纵横、河流众多,是典型的喀斯特地貌。大多数中小学校建于综合条件相对较好的地理位置,无法兼顾山大人稀的人口分布状况。农村孩子上学远问题在广大土家族地区普遍存在。以恩施州为例,恩施州有农村人口 341.91 万人,农村人口占全州总人口的 87.42%。农村人口占重大比重决定了恩施州义务教育发展的重点在农村,关键也在农村。换而言之,恩施州农村义务教育发展水平决定并代表了全州整个义务教育的总体发展水平。全州现有农村小学 714 所,教学点 572 个,在校学生 17.97 万人,农村学龄人口 15.5 万人,学龄人口入学率 99.99%;有农村初中 98 所,在校生 9.22 万人,农村初中学龄人口 7.79 万人(在校学龄人口 7.59 万人),入学率 97.43%。农村义务教育阶段校数和在校学生数分别占全州义务教育阶段的 84.11% 和 65%。全州义务教

育阶段教育教学资源 80% 以上分布在农村。据统计,恩施州有 1/3 以上的农村小学教学班班额不足 25 人,全州农村小学服务半径最大的有近 10 公里,服务半径超过 4 公里的小学占其总数的一半以上;小学住宿生离家最远的有 17 公里,平均离家 5 公里;初中服务半径一般都在 50 公里左右,初中住宿学生离家最远的近 60 公里,平均离家 30 公里。上学远、上学难的问题不仅严重影响了广大土家族地区"普通九年义务教育"成果的巩固和提高,而且已成为困扰土家族地区义务教育持续健康发展不可忽视的制约因素。因此,切实解决农村孩子上学远问题是学习实践科学发展观,推进义务教育均衡发展,办人民满意教育的有效途径。

五、优质教育资源短缺,城乡差距较大

在以县为主的管理体制出台前,"农村教育农民办",农村基础教育主要依靠乡镇、村社自主举办,形成了教育投资政府层级低、投入人均总量低、分布广为主的粗放式学校布局格局。相反,从中央到县级政府在城市里以公共财政为依托建设的重点校、示范校,使优质资源集中在城市。资源聚集程度与政府层级高低呈高度正相关。目前,优质教育资源依然十分短缺,城乡教育发展不平衡现象非常突出。以恩施州小学办学条件为例,2011年,全州城市小学校舍建筑面积为 86 261 平方米,其中土木结构的为 1065 平方米,占12.3%,其余的均为砖混和框架结构。农村小学校舍建筑面积为 1 550 264 平方米,其中砖木、土木结构的为 720 982 平方米,占 46.5%。城市小学在体育运动场面积、体育器械设备、音乐器材设备、美术器材设备、教学自然实验仪器等的达标数比例远高于农村小学。在师资配备方面,城市有专任教师 888 人,专科及以上学历 744 人,占 83.7%;农村有专任教师 2682 人,专科及以上学历 1898 人,占 70.7%。同时,农村小学教师队伍年龄老化十分明显,尤其是一些教学点,大多为 50 岁以上的老教师在支撑着,办学条件和师资力量的不均衡必然导致城乡教育质量的不均衡。[1]

六、"超级大班"普遍存在

产业转型伴随人口在部门间的大规模转移。从农村迁移至城市的人口规模正处在高峰期,除人口自然增长之外,城市居住人口的急剧增加和农村居住人口的急剧减少造成短期内城市教育供给短缺和农村教育供给闲置的状况并存。农村学校是越来越"小",学生越来越"少",教师越来越"老",而城镇学校是越来越"大",学生越来越"多"。在城市里,农民工子弟学校成为过渡时期这一矛盾的特殊的表现形式。目前,从农村迁出的人口绝大多数是永久性迁出,城市教育供给不足要求政府扩大城市里的教育资源投入,农村教育资源的闲置浪费已成事实。"巨型学校""超级大班"成为过渡时期城市学校教育中存在的普遍问题,并由此引发诸多次生问题。一是学校增容扩班,存在严重的安全隐患;二是教室空间狭小,严重影响师生的身心健康;三是使教师教学及班主任工作负担过重,影响教师

---

① 向友泽:《关于恩施州义务教育均衡发展的探讨》,《清江论坛》,2010 年第 4 期。

工作积极性;四是教学质量不高,人民群众不满意。

在调研中发现,城镇学校从学前教育、小学、初中到普通高中各个阶段"超级大班"都普遍存在。按照教育部规定的班额标准,中小学校每班 46～55 人为"大班额",56～65 人为"超大班额",66 人以上为"特大班额"。据统计,恩施州城镇小学班额在 46 人以上的教学班有 1062 个,占城镇小学教学班总数的 77.4%,其中 56～65 人的 361 个,66 人以上的477 个,分别占城镇小学教学班总数的 26.3% 和 34.8%。全州城镇初中班额在 46 人以上的教学班有 1017 个,占城镇初中教学班总数的 97.6%;66 人以上的初中"超级大班"有578 个,占城镇初中教学班总数的 55.5%。全州普通高中班额在 46 人以上的教学班有728 个,占高中教学班总数的 96.7%;66 人以上的"超级大班"有 481 个,占高中教学班总数的 64%。而部分农村学校规模小,办学效益不高,如来凤县有 1/3 以上的农村小学班额不足 25 人。

七、闲置校产管理亟待规范

学校布局调整在农村主要表现为撤点并校。但是,其中有很多学校和教学点都是在20 世纪 90 年代和 21 世纪初地方在"两条腿走路"指导下,为完成"两基任务"而筹款兴办的。其中,既有乡镇政府、村社自治组织自己筹款兴办的学校,又有社会其他渠道(比如希望工程)捐资助学举办的学校。现在校产闲置后出现了管理不善、校产流失的情况。这部分资源是农村教育的根基,具有长期保有的潜在价值。当下亟待明确的是这部分校产的产权归属,管理及责任主体,将其纳入依法治国的法律规范体系中。在城市中,普通中小学、幼儿师范、职业初中、职业高中等同样面临十分急迫的、不同类别之间的教育资源整合问题,如何理顺相关利益者之间的权利义务关系、平衡各方利益、促进教育健康发展,是摆在地方政府和中央政府面前的问题。在此必须指明的是,以往数十年间"中央请客,地方付费"的教育资源配置格局,在今日要求中央政府发挥更大的作用。

第四节 土家族基础教育优质均衡发展的对策

为使土家族地区基础教育得到优质均衡的发展,就必须要在划清责任、明确义务的前提下,凝聚社会各方力量,使社会各界踊跃投入到提升基础教育优质发展的行动中来。

一、明确基础教育投入与使用管理体制

(一)确立政府责任机制

加强和落实省级政府统筹规划实施义务教育责任,建立健全经费拨付管理使用责任追究制度。必须进一步坚持和健全教职工工资保障机制、中小学收费监管机制、农村中小学公用经费保障机制、农村中小学危房改造投入机制、化解"普九"债务机制和中小学济困助学机制等 6 个农村教育经费保障机制,确保对农村义务教育投入持续增长。逐步提高

农村中小学公用经费标准,完善中小学预算制度。① 认真落实农民工子女在流入地免费接受义务教育,加强对农村留守儿童教育工作的研究和工作力度,做好关心农村下一代工作。②

各级政府责任还体现在,通过向基础教育阶段学生提供义务教育经费,以履行其服务义务。在财政法治的思想下,意味着三级政府对基础教育财政的投入应受到制度化控制,投入行为必须具有能够完全体现义务教育免费性的特征。强调各级政府责任是提倡权力以权利为界的外在表现形式,对于监督和约束国家权力,防止和及时纠正财政权力不足、越位和滥用是十分必要的,其内在逻辑必然是要求政府建立财政投入公开制度、财政审计制度等。因此,在探究义务教育财政投入法治化所引起的国家观、政府观、国家(政府)与公民关系的时候,政府责任机制的建立是基础。

(二)理顺财政部门、教育职能部门和学校三者关系

在明确政府责任的前提下,理顺财政部门、教育职能部门和学校之间的关系。财政部门及财政监管专职机构依据《会计法》实施指导和监督管理,重点监督各学校在财政收支过程中执行的状况,确保学校财政收支安全有效。地方政府在资源配置上具有信息优势,可以更好地提供各种公共物品的服务来满足本地需要。虽然财政是财政部门的主管内容,但是义务教育财政的特殊性在于,财政要服务于义务教育事业的发展,教育职能部门对义务教育发展的特点、重点与难点相对熟悉,因而财政部门要与教育职能部门加强协作,互通信息,有机结合,避免工作中的重复和推诿现象。③

二、合理调整山区义务教育学校布局结构

(一)转变布局调整过程中急功近利的思维

如果仅仅是追求规模效益,便将那些处于交通不便、偏远地区的适龄儿童,原来能就近入学的教学点或小规模学校撤并,这显然是不公平的,也违背了布局调整的初衷,④因此,撤乡并校要慎重,切勿急功近利。学校布局调整要求政府能够均衡分配优质教育资源,能够使所有的适龄儿童,都不会因为家庭经济或地域原因失学。同时,撤乡并校并不是教学规模的简单相加,规模办学要有一个限度,超过这个限度将难以带来教学质量的提升。

(二)遵循教育发展规律,实事求是进行布局调整

在调整中要因地制宜,农村小学和教学点的调整要在保证学生就近入学的前提下进行,在交通不便的地区仍需保留必要的小学和教学点,并积极运用现代远程教育手段,满

---

① 柳劲松、钟小斌:《武陵山片区教育科技扶贫的协同机制创新研究》,《民族论坛》,2013 年第 2 期。
② 唐红梅:《当前农村义务教育的现状与对策研究》,《吉林农业科学院学报》,2011 年第 2 期。
③ 《国家中长期教育改革和发展规划纲要(2010—2020 年)》,2010 年。
④ 杜文勇、梁琳、王敏等:《内蒙古农牧区义务教育的发展及其问题和对策》,《河套大学学报》,2010 年第 5 期。

足教育教学的需求。[①] 当前,对土家族地区人口分散的边远山区,在当地政府没有能力负责学生的交通、午餐等经费的情况下,其办学形式,应因地制宜,充分考虑学生的实际需要,考虑低年龄学生的身心发展特点,保证他们能就近入学,而不是盲目追求规模化、集中化和正规化。

三、稳定教师队伍和提高教师素质

土家族地区位于武陵山区腹地,是贫困山区,由于城乡优质教育资源差距大,城乡教师待遇差距大,造成该地区乡村教师“向上”流动频繁,严重影响该地区乡村学校教育秩序。师资力量差距大,造成了农村学生进城择校,出现了城市学校“超级大班”,而农村学校,尤其是村小学却出现“超级小班”的现象。因此,应积极创新创建适合土家族地区民族教育发展的教师补充机制,具体举措如下。

(1) 应积极贯彻实施《国家中长期教育改革和发展规划纲要(2010—2020 年)》精神,大幅度提高农村义务教育学校教师待遇,使其工资水平高于城镇义务教育学校教师的工资水平,吸引更多的人才投身于农村的教育事业。

(2) 对教师的编制控制,应分类管理、政策倾斜。农村义务教育阶段学校尤其是村教学点应适当考虑“班师比”,扩大农村教师编制数。中心城区义务教育阶段学校总体“超编”、人员过剩,但部分学科教师紧缺、教师专业对口率低、专业“缺员”的问题十分突出,[②] 应考虑“学科教师比”。总之,根据“总量控制、统筹城乡,结构调整、有增有减”的原则设置合理教师编制比例。

(3) 完善教师流动制度,建立科学合理高效的教师流动机制,保证农村义务教育学校教育教学工作健康有序地进行。

(4) 创新实施土家族地区农村学校教师编制制度。土家族地区的乡村学校多处于贫困山区,地广人稀,教学点多,目前,还存在一人一校,二人一校现象,这些农村教师承担教学任务过重,质量难以保证。这种现象最主要的原因是现行按“师生比”的教师编制制度存在不足。有些教学点学生较少,加之随着城市化进程加快,这种现象势必更加严重。此外,为了解决农村生源日趋减少,而城镇学校生源增多的问题,许多地区也实施撤点并校的办法,但城镇寄宿学校的生活管理、后勤管理、心理咨询等人员配备却不列入编制范围。因此,在土家族地区创新实施现行教师编制制度势在必行,应考虑“师生比”“班师比”结合,根据“总量控制、统筹城乡,结构调整、有增有减”的原则设置教师编制比例。[③]

(5) 较大幅度提高教师待遇,设立教师特殊津贴。应按边疆艰苦地区标准,对该地区的教育工作者在绩效、在工资上进行特殊补贴,并积极在乡村学校提供教师周转房,以保证农村师资队伍的稳定。

---

① 杜文勇、梁琳、王敏等:《内蒙古农牧区义务教育的发展及其问题和对策》,《河套大学学报》,2010 年第 5 期。
② 唐红梅:《当前农村义务教育的现状与对策研究》,《吉林农业科技学院学报》,2011 年第 2 期。
③ 许锋华:《连片特困民族地区教师队伍建设的困境、原因及出路——基于武陵山区的调查研究》,《民族教育研究》,2013 年第 5 期。

四、开发地方课程和校本课程

义务教育阶段课程改革,必须依据区域经济、社会、科技和文化等发展的需要和学生个性发展的特点,向综合化、个性化方向发展。一是国家课程目标要适应西部农村发展对国民素质的要求,反映农村教育特征的基本要求。[①] 二是要充分根据本地区民族民间文化特色和本区学生特点开发地方课程和校本课程,这不仅是充分发掘幼儿的个性潜能优势,促进其个性、全面、和谐发展的基本途径,而且是挖掘、保存、传承与发展优秀民族文化的重要手段。

此外,继续扩大"双语教学",要从各地实际出发,探索切实可行的"双语"或"多语"教学模式和教学方法。通过发展少数民族语言文字和其独特的文化符号,不仅有利于学生科学文化知识的学习,而且能更好地带动他们的思维、心理的发展;不仅有利于教育的健康发展,也有利于多元文化的和谐发展。

---

① 吴卫红:《论教育反哺阻断西部贫穷"基因"的遗传》,《淮南师范学院学报》,2011年第2期。

第十章

土家族中等教育协调发展研究

土家族地区的中等教育,担负着为高一级学校输送合格新生,以及为国家建设、土家族地区社会经济发展,培养劳动后备力量的双重任务。近年来,土家族地区的中等教育,无论在数量上,还是在质量上,都有了较大幅度的提升,并逐步契合当地社会经济发展需求,与其他各级各类学校的发展相适应。

第一节　中等教育协调发展的含义

一、"协调"与"协调发展"

要界定中等教育协调发展的内涵,首先要明确协调本身的含义。"协调"和"协调发展"是一个广泛应用的概念,经济学、管理学、系统论、控制论等学科领域都在研究它,但目前人们对其内涵并没有达成共识性的定义。[①]《现代汉语词典》中,"协调"被解释为"配合得适当","使配合得适当"。经济学中,"协调"既可以视为在各种经济力共同作用下经济系统的均衡状态,也可以视为经济系统在各种经济力的共同作用下趋向均衡的过程。管理学中,协调主要指实现管理目标的手段和过程,强调的是对各种管理要素的综合考虑。[②] 从上述定义可以看出,协调既指各种要素相互配合的一种行为过程,又指这些要素配合恰当达到和谐的一种状态。

"发展"是哲学术语,指事物由小到大、由简到繁、由低级到高级、由旧物质到新物质的运动变化过程。"协调发展"是"协调"与"发展"的交集,"协调"是对"发展"的限定和约束,是对事物运动变化过程的限制和要求,强调发展不是事物某一要素的发展,而是事物所有构成要素相互协作、配合得当、协同一致,最终达到整体优化、共同发展的理想状态。[③]

---

① 曾珍香:《可持续发展协调性分析》,《系统工程理论与实践》,2001 年第 3 期。
② 熊德平:《农村金融与农村经济协调发展研究》,北京:社会科学文献出版社,2009 年。
③ 王琴:《中高等职业教育协调发展内涵探析》,《职教论坛》,2012 年第 4 期。

二、中等教育协调发展的内涵

当前有关促进中等教育协调发展的论述,主要是把它作为中等教育发展的基本原则或指导思想,这类讨论由于比较宏观和抽象,人们的争议并不多。但是,如果进一步分析更加具体的讨论,可以发现人们的讨论主要集中在以下三个方面。

(一)促进中等教育与其他各级各类教育协调发展

普通高中、职业高中、中等专业学校、技工学校等,都属于中等教育的范畴。以普通高中为例,普通高中是我国九年义务教育结束后高一层次的教育机构,上接初中,下启大学。高中的教学内容与其之前的初等教育(小学)、中等教育初级阶段(初中)相比,具有更强的理论色彩。如果说小学与初中的教育的目标是授予学生在现代社会基本的生存能力,那么,高中的知识已经渗透了各个学科专业化与理论化的基础知识与研究方法。在认识论上,相对于小学与初中的经验倾向与主观感受,高中学段的学习要求学生在掌握了各科的基础理论后,运用这些系统的工具分析与解决相应领域稍具抽象性的问题。学生掌握了普通高中教育所要求的知识水准,毕业考试合格之后,理论上可以直接投入社会工作。同时,由于高中教育提供了许多适合深造的理论工具,便于学生继续接受高等教育,所以,高中毕业后升入大学也被认为是合理的深造途径,普通高中毕业生可参加高考升入大学深造。由此看来,高中教育除了直接为社会输送人才外,还起到连接初中教育和高等教育的作用。因此,促使中等教育与上下级教育之间的协调发展至关重要。

(二)促进中等教育与经济社会协调发展

该维度实际上强调的是中等教育协调发展的外部规定性,考察的是教育发展目标或社会功能的实现状况。有研究将这种"协调发展"的内涵定性描述为"适应社会经济发展的要求,为社会经济发展培养充分、适用、多样、优秀的人才,并为未来社会经济发展做好人才储备"。在具体的评估上,人们通常会把毕业生就业率等同于教育的"输出"性指标。"促进教育与经济社会协调发展"是中等教育协调发展讨论的核心内容,而由于中等教育发展既有直接、当前和显见的社会效益,也有着许多间接、长远和潜在的社会效益,因此,通过量化指标全面监测"中等教育与经济社会协调发展"一直是艰巨的课题,在具体的政策讨论中也极易成为与促进"教育协调发展"内涵相同或类似的"原则"。

(三)促进中等教育规模、结构、质量、效益协调发展

有关"教育规模、结构、质量、效益协调发展"的提法也很多,但总体来看,人们更多的是把它作为一种教育发展的基本原则或教育良性发展的理想状况来描述,与实现"教育协调发展"表达的意义相似,很少有人能提出独特的具有操作性的评价模式或标准。同时,这类讨论在深入到各级各类教育等具体层次时,基本上与"各级各类教育协调发展"的讨论没有区别。

总之,尽管促进中等教育协调发展的提法在我国教育政策领域日益增多,但就其表达

的特定关系而言,核心是实现中等教育发展目标,即实现"教育与社会经济协调发展"。其基本分析维度有两个:其一,公平导向;其二,效率导向。伴随着"以人为本"的理念深入人心,我国有些学者也关注"教育与生命","教育与人的生活"的探讨,[①]强调必须把"中等教育适应人的身心发展规律"作为教育协调发展的基本原则,或者把它作为"中等教育与社会经济协调发展"的应有之义,强调培养全面发展的人是教育的根本功能。[②]

第二节　土家族中等教育协调发展取得的成就

改革开放以来,"老、少、边、山、穷"的土家族地区的中等教育事业取得了显著成绩。这在一定程度上保证了少数民族人民及其子女受教育的平等权利,为当地的社会经济发展提供了精神动力和智力支持。

一、高中阶段教育发展稳健

(一)普及程度稳步得到提高

土家族地区高中阶段教育普及程度逐年提高,如湖南湘西土家族苗族自治州将探索12年免费义务教育,先行者为州府所在地吉首市。[③] 2011 年 8 月 10 日,湘西吉首市出台《吉首市 2011—2012 学年高中阶段免学费教育实施方案》,明确从 2011 年 9 月起,对该市户籍(截止到 2011 年 8 月 31 日满一年以上),并且具有该市高中阶段学籍、在公办学校就读的农村户口和家庭困难城镇户口高中学生免学费,这是该市着眼建设武陵山区教育中心的重大举措。同时,吉首提出了在"十二五"时期逐步实现免费高中教育的目标。[④]

重庆黔江加强普通高中学校建设,充分发挥渝东南门户的区位优势,抓住重庆市"十一五"期间改扩建高中学校 110 所,建成市级重点高中、示范高中各 100 所和新建普通高中 40 所的机遇,调整城区学校布局,优化高中教育资源,2007 年年底完成秀山一中、民族中学的扩建工作,建成秀山高级中学,2010 年秀山高级中学挤进市级重点高中行列。"十一五"期间,松桃苗族自治县高中阶段教育发展较快。随着对高中教育资源的重组与整合,全县普通高中教育的规模效益有了明显提高,松桃民族中学作为独立高中发展初具规模,现在有 59 个教学班,学生 3499 人,其他的 5 所完中高中部的规模也在不断扩大。

(二)加强了高中教育管理

广大土家族地区加大了对高中阶段教育的管理力度,如贵州铜仁地区加大了示范性学校建设力度,地区民中、印江民中成功申办省级示范性普通高中。连续 8 年扩招后,逐

---

① 教育学报编辑部:《2007 中国教育研究前沿与热点问题年度报告》,《教育研究》,2008 年第 3 期。
② 桑锦龙:《"教育协调发展"内涵初探》,《教育学报》,2010 年第 2 期。
③ 胡艺:《湘西探索 12 年免费教育模式具有导向意义》,《中国民族报》,2011 年 3 月 22 日第 3 版。
④ 蒋厚泉:《吉首市启动实施高中免学费教育》,《团结报》,2011 年 8 月 12 日第 1 版。

步稳定了普通高中的招生规模。湘西州则以规范教学常规管理为手段,以学情调研视导督查为抓手,以"深化课程改革,提高课堂教学质量"为中心任务,加强教学调控和质量监测,到基层学校调研、听课、评课、检查教师备课教案和作业批改情况、开教师座谈会、现场举办专题讲座、指导学校开展课题研究,帮助各县、校建立和完善校本研究制度,提高教育教学质量。

(三)高中教育质量明显提升

通过不懈努力,广大土家族地区高中教育质量有了大幅提升,如 2010 年,黔江高中在校生人数比 2009 年增加了 965 人,增长 8.6%;民族中学与重庆巴蜀中学合作共同发展,派出 130 余名教师到巴蜀跟班学习,申创市级重点中学已通专家组评审并上报市政府,到 2011 年全区优质高中发展到 3 所。同时,黔江实施了普通高中新课改,举办高中新课程交流活动;加强高中教学目标管理,全区高考上重点线人数比 2009 年增加 114 人,增长 33.53%;600 分以上比 2009 年增加 11 人,增长 14.1%。黔江中学和民族中学 2 所中学高考上线率大幅度提高,黔江中学考生程思以 659 分的成绩,夺得渝东南片区理科状元;民族中学考生杨姗同学以 647 分成绩,夺得渝东南片区文科状元。2009 年 5 月,贵州省松桃民族中学成功申创为"省级二类示范性普通高中",2008~2009 年获得全区同类高中教学质量评估一等奖,并成功举办了以"民族高中发展面临的机遇与挑战"为主题的"贵州省第三届民族普通高中校长论坛",被国家人事部、教育部授予"全国教育系统先进集体"荣誉称号。

二、中等职业教育改革创新力度增大

职业技术教育在加快人力资源开发,服务当地社会经济、促进就业、再就业等方面起到了重要作用,中职招生呈逐年递增态势,呈现良性循环。

(一)办学规模迅速壮大

以重庆黔江为例,全年招收全日制中职新生 4000 余人,生源辐射重庆、湖北、湖南、贵州、四川等 10 个省市 30 个区县,在籍学生突破万人大关。[①] 为舟白新城聚集了人气、商气,带动了相关产业的发展,为推动城市东进做出了积极贡献。初步形成了初、中、高等职业教育共同发展的基本格局,建成了以职业技术学院为龙头,以县市中等职教为骨干,以乡镇成人文化技术学校和县农广校为依托的、覆盖城乡的职业教育网络。

(二)加强学校的内部管理

较为典型的有,黔江职业中心在深化封闭式、军事化、人性化的"一式两化"学生管理模式的基础上,在重庆乃至全国率先提出并施行学生在校既是学生又是单位员工的"双重

---

① 王国超:《武陵民族地区职业教育发展的困境与路径探析——基于教育"三要素"视角》,《教育文化论坛》,2012 年第 3 期。

身份"学生管理模式,提高了学生适应社会的能力,破解了毕业生社会适应周期长的难题,引起了市教委和教育部相关领导的高度关注。[①]

(三)提升职业教育质量

根据土家族地区教育局资料显示,黔江职业教育中心、恩施市中等职业学校、宣恩县中等职业学校皆以促进就业为导向,以服务企业发展为宗旨,着力推进校企合作、工学结合,推行订单培养、学分制,缩短学生所学专业与就业岗位要求的差距。恩施市职业学校要求教师做到"五为主"原则,即以教师为主导、学生为主体、教材为主源、问题为主轴、训练为主线,真正把提高教学质量落实到课堂。[②] 2010 年黔江区中职招生 4264 人,毕业学生 1571 人,就业率达 98.59%,被重庆市中专招生与就业指导研究会评为"招生就业工作先进集体"。职教中心在第七届全国中等职业学校"文明风采"大赛上,获得一等奖 8 项、二等奖 24 项、三等奖 16 项、优秀奖 11 项,并获"决赛优秀组织奖"。同时,扎实做好农民工转移培训、职业技能培训及职业技能鉴定工作,完成各类培训 3050 人,被市扶贫办评为"就业培训基地"。

(四)打造职业教育品牌

有资料显示,黔江职业教育中心围绕全市内外支柱产业发展战略,全力打造 5 个职教精品专业。同时,大力宣传职教品牌,举办全区中职学校教育教学技能展示周活动,宣传黔江职教成果,推介黔江职教品牌,展示黔江职校学生技能。职教中心学生"双重身份"管理模式在市内外进行了交流。

(五)拓宽职教就业渠道

土家族地区的职业学校坚持发挥与企业合作的优势,通过与周边知名企业和沿海大中城市签订协议,拓宽了校外实训的建设。其中,黔江职教中心始终坚持"立足重庆、面向全国、涉足国外"的就业方针,不断深化学校创新的"学校+人力资源管理公司+工厂"的人力资源派遣就业模式,学校在"珠三角"的实习就业基地更加稳定,并开辟了"长三角"等新的实习就业基地。学生就业渠道更为畅通。恩施市中等职业学校与知名企业签订了长期合作协议,如中海物业、盛世嘉物业、海尔集团、恩施市公共汽车公司等,这些实训基地的建立,可将学生的实训落到实处,也拓宽了就业渠道。宣恩县中等职业学校加强实训教学,强化学生动手能力培养,建立"校企合作,双向介入"的办学模式,根据不同专业要求,在大中城市选择各类企业作为学生的实习实训基地,让学生走出校门,走进企业,使学生"现在学"和"今后做"保持一致。

---

① 张耀天:《创新未成年人思想道德建设思路 培养合格的实用型技能人才》,《科学咨询(教育科研)》,2010 年第 3 期。
② 王丽萍:《对职业技术学校教学体系的新探讨》,《黑河教育》,2009 年第 6 期。

第三节　土家族中等教育协调发展中存在的问题

　　土家族地区的中等教育取得了喜人的成就,不但为高等教育输送了大批人才,而且培养了相当数量的合格劳动者。但是,土家族地区的中等教育在发展过程中,也存在一些问题和瓶颈。

一、普通高中发展规模小,容量严重不足

(一)初中毕业生升学率低,高中阶段"上学难"

　　随着土家族地区义务教育普及率的提高,当地人在生活水平提高之后对高中阶段的教育需求持续扩大。由于历史原因、当地工商经济不发达,中等职业教育基础薄弱、发展落后,高中阶段的教育主要由普通高中供给,而这些普通高中的供给量较为有限。据统计,2008年恩施州初中毕业生有50 000人,普通高中招生17 846人,初中毕业生升入普通高中的升学率仅为35.69%,与全国的平均水平46.27%相差甚远,每年约有3万名左右的学生不能升入高中阶段学习。按规划及相关标准测算,未来5年,要满足高中扩容的需要,普高差1012名教师,校舍56万平方米,资金10亿元。

(二)确保普职比例相当的协调发展难度大

　　《教育部关于加快发展中等职业教育的意见》(教职成〔2005〕1号)明确提出:到2008年,中等职业教育和普通高中教育规模大体相当,年度招生规模稳定在800万人。在调研中发现,中等职业教育在重庆黔江地区发展的相对较好一些,而黔江所依托的既有重庆作为西部经济高地的优势,又有政府企业合力开发劳动力资源的合作渠道,培养的毕业生具有真才实学,在市场人才的竞争中也比较受欢迎,得到当地人的认可与支持。然而,在调研的贵州、湘西和鄂西地区,这些优势则不具备。一方面,当地人渴望自己的子女接受高等教育,对高中阶段的教育需求主要集中在普通高中,而普通高中本身供给量很小,供求矛盾较大;另一方面,中等职业教育在这些地区基础薄弱,在职业教育竞争中不具备自身优势,加上其不被当地人们所了解和认可,起步困难。这些地区本身都是在全国、所在省经济发展较为落后的地区,在升入大学机会渺茫的情况下,人们通常会选择放弃继续求学,转入社会中求职营生,如到沿海进工厂打工、去建筑工地当工人等。高中阶段的教育投资被认为是不划算的,不能带来切实的经济收入。广大土家族地区长期落后的经济发展水平造成经济起飞困难,人们很难习得工业社会中生存发展的基本技能和生活方式,故而陷入一个恶性循环的圈子。

　　总之,种种原因造成的一个局面是:普通高中急需扩大规模,中等职业教育在追赶普通高中的办学规模时落得越来越远。当全国大多数地方的高中教育在面临生源减少的情况下保持自身规模,转向提升教育质量就可以基本上可以完成教育目标时,土家族地区还处在规模扩张阶段,需要通过粗放增长来实现产业间的人口大规模转移。

二、职业教育面临的特殊困难

与发达地区相比,土家族地区的职业教育基础仍然十分薄弱,发展还面临着诸多困难。目前,职业教育的办学体制、管理体制、运行机制及相关政策法规还不完善,相应的政策措施还不是很有效;一些地方包括领导和管理部门对职业教育的重视还不够,再加上社会重基础教育轻职业教育的误区,造成职业教育生源紧缺、素质偏低的现象非常普遍;学校自身办学层次单一,实验实习基地缺乏,专业师资量少质弱,办学质量不高,与市场人才需求衔接不够。总之,产业发展专业人才缺口大与职业教育发展滞后的矛盾十分突出。

(一)观念偏见成为无形障碍

由于我国传统的教育观念是"学而优则仕",社会潜意识习惯于将职业教育视为普通教育的补充,社会、家长和学生普遍重视普通本专科而轻视职业教育。[①] 在传统文化影响力较强的土家族地区,大多数学生认为,专科不如本科,高职不如专科,中职不如普高,职业学校的录取分数也是最低的。职业院校在招生工作中处于被动地位,难以招到文化基础较好的学生;职业院校的毕业生,由于出身"寒门"而遭到人才评价制度中不公平的待遇,不被用人单位所认可。可以说,社会的文化观念、教育观念、人才观念等方面的负面评价与排斥,是当前职业教育发展所面临的最为特殊的困难。[②]

(二)招生工作面临多重困难

由于国家教育部门和地方政府对中职、高职院校下达了各项硬性指标,职业学校的招生工作面临很大压力。土家族地区的大多数职业学校在招生过程中,基本上是顶着"指标"来招生,走着职业教育"大跃进"的路子。[①] 这就导致土家族地区的职业院校的招生工作中出现了扩招跟风严重、学校间恶性竞争、不顾学校的实际办学能力而盲目扩大办学规模的种种负面问题,致使招生环境十分恶劣。

基础教育阶段,中职招生需要从普通高中那里分得一杯羹。由于传统观念及各种其他更为复杂因素的作用,使得文化素质较好的学生被普通教育吸走,底子较差的学生则被分流到职业教育领域,其结果是职业院校的学生素质整体不高。在国家宏观教育政策的作用下,为了解决高等教育越来越突出的供需矛盾,满足人民群众对高等教育的需求,各类高等院校逐年扩大招生规模。这就加剧了高等教育与职业教育的冲突,使得职业教育面临着生源萎缩,进而引发招生大战等问题。

(三)"双师型"教师紧缺

"双师型"师资缺乏是民族地区在发展职业教育的过程中,除了财政投入以外最难突

---

① 王国超:《武陵民族地区职业教育发展的困境与路径探析——基于教育"三要素"视角》,《教育文化论坛》,2012年第3期。

② 许锋、王祖山:《连片特困地区职业教育发展的背景、困境与对策研究》,《职教论坛》,2013年第11期。

破的瓶颈。民族地区职业院校真正的"双师型"教师数量少,大部分教师学历不高、专业性不强。民族地区职业院校中有相当一部分教师是从普通学校分流过去的,其本身的专业实践经验相对较差,并且在教学模式上仍采用普通学校的课堂教学方式。而民族地区在社会、经济、文化方面与发达地区存在着巨大差距,使得职业院校难以为教师提供进修学习的机会,教师不能接受新的知识、技能和教育观念。同时,职业院校的教师评价制度是沿用了普通学校的评价机制,难以凸显出职业教育本身的特殊性,势必造成教师评价过程中缺乏科学性、公平性与公正性。"双师型"教师在教师评价中并没有得到实质性的认可。正是这些顽疾阻碍了"双师型"师资队伍的建设,使得民族地区的职业教育难以提高办学质量。

(四)办学模式单一、与市场人才需求衔接不够

土家族地区的职业教育模式大都向发达地区学习,对怎样发展中等职业教育的认识都比较模糊。特别是职业教育发展时间较短,很多都是由原来的中专学校合并升格而来的,很多人担心过一段时间之后,又回到原来的状态,导致在教育教学上仍然拘泥于普通教学模式。部分职业院校仍然存在着专业结构与课程体系改革跟不上区域社会经济的发展,专业设置不合理,课程设置学科化倾向严重等问题。很多职业院校在盲目扩招后,因为办学条件及学生管理工作跟不上,学生流失情况仍十分严重,其后续规模难以维持。很多学校对于自身的办学方向定位不清晰,对职业教育的培养目标的市场定位不准。职业院校采取单纯的"订单式"人才培养模式,忽视了学生自主的就业诉求。这就导致了在毕业生就业的工作中存在着教育责任缺失,毕业生初次就业满意率低等状况。[①] 职业院校高就业率的背后,存在严重的跳槽现象。此外,由于学校与社会组织的联系不紧密,实习与合作学习机制还不完善,再加上职业教育行业准入制度的不完善,科学的职教评价机制还无法形成。这使得民族地区的人才就业市场一旦出现失范行为,政府的宏观调控也将难以进行。其结果是大部分学校出现了"高就业、低层次"的现象,即学生就业率高,但是从事的工作层次低,很难发挥专业才能和满足就业需求。

(五)专业设置缺乏产业行业支撑

由于土家族地区目前仍然是一个工业发展相对薄弱的地区,第三产业的发展也较为滞后,因此,职业教育在专业设置上缺乏产业行业支撑。培养出来的人才大多流向沿海等发达地区,而难以满足地方经济发展对人才的迫切需求,土家族地区的职业教育实为"输出型"的人才培训基地。

第四节　土家族中等教育协调发展的对策

由于中等教育包含普通教育与职业教育,结构比基础教育复杂。因此,为促进土家族

---

① 许锋、王祖山:《连片特困地区职业教育发展的背景、困境与对策研究》,《职教论坛》,2013年第11期。

地区的中等教育协调发展,提出的建议与对策不可一概而论,需要有针对性。

一、大力普及高中教育

(一)率先制定高中教育法规,明确政府办学主体责任

当前,随着普通高中教育规模的扩大、入学人数的增加,[1]普通高中在办学定位、发展思路等诸多方面陷入困境。此外,普通高中教育属于非义务教育而成为政府冷落的"夹心层"。在这种情况下,就迫切需要出台专门的普通高中教育法律法规,在制度上给予相应的保障。因此,根据土家族地区高中教育的现状与特点,制定相应的法律法规,确保该地区普通高中教育的正确办学方向;明确政府和家庭、社会在教育经费中的合理承担比例;明确在土家族地区招生比例,保证与职业高中协调发展;明确普通高中办学条件、办学基本标准,明确班级规模,杜绝"超级大班"现象出现,规范普通高中办学行为,维护正常的教育秩序,保障普通高中教育的健康、有序发展。[2]

(二)继续贯彻执行高考录取照顾政策

土家族地区分属四个不同的省份,在教育发展水平上,湘西、渝东南、鄂西、铜仁等地区都与所属省市其他地区教育发展差距很大,而普通高等学校录取名额直接下放到省市,这给土家族地区高中考生造成很大压力。因此,建议在土家族地区继续贯彻国家高考加分政策,继续执行少数民族考生加分的政策;此外,应在每个地区,根据报考人数,适当投放一定录取名额,缓解土家族地区高中学生学习压力,增加少数民族学生的入学机会,使少数民族学生的比例与其民族人口比例相适应。

(三)努力优化教育资源配置

高中教育属于基础教育范畴,应遵循教育机会均等的原则。因此,努力优化教育资源配置,缩小不同地域与不同学校之间的差距,逐步实现教育均衡发展。第一,需要政府部门发挥统筹、指导作用,包括取消重点高中制度,尽快制定普通高中办学动态标准;[1]明确普通高中生均经费和生均财政拨款基本标准,逐年(步)提高财政预算拨款占普高教育经费的比例,低于标准的学校,由省级政府教育统筹补足平衡,切实推动普通高中特别是薄弱高中的标准化建设,缩小城乡差距使土家族地区高中教育均衡发展。第二,政府应向农村地区尤其是薄弱地区高中教育予以各种倾斜,做到"雪中送炭"。第三,制定校长、教师定期轮岗制度,保证各高中学校优质教育资源共享,均衡发展。第四,应鼓励各校发挥自身优势,突出自我发展特色和内涵,办出各自学校的特色。

总之,高中教育连接着初等教育和高等教育,在义务教育已经普及和高等教育已经大

---

① 曾水兵、孙垂霞:《普通高中教育面临的发展困境与破解思路》,《教育学术月刊》,2011年第6期。

② 童长灯、何声钟:《谈农村普通高中教育的出路——以玉山县樟村中学为例》,《江西教育学院学报》,2013年第2期。

众化的今天,保证高中教育的协调发展,是维护整个教育体系有序运行的关键环节。因此,高中教育应采取更加灵活多样的形式,在加大政府投入的同时,积极吸纳社会资金,扩大高中教育的办学规模,尽量满足人民群众接受高中教育的需要。同时,应按照受教育者分摊的教育成本比例,核减预算基数,根据各高中学校收费和教育成本的变化情况,由政府采取差额预算,核基定补或自收自支等财政预算手段予以调节,尽量减轻国家财政对高中教育的投入负担,鼓励社会力量兴办教育。[①]

二、大力发展职业教育

发展职业教育是推动经济发展、促进就业、改善民生、解决"三农"问题的重要途径,是缓解劳动力供求结构矛盾的关键环节。因此,职业教育必须要面向社会,着力培育学生的职业道德、职业技能和就业创业能力。

(一)转变人们对职业教育的观念,加强引导,正确认识职业教育

长期以来,职业教育得不到快速发展的主要原因是人们对职业教育的认识存在误区,有部分家长和学生认为职业教育只是不能接受高等教育以后的一种无奈选择。[②] 事实上,在广袤的土家族地区,因为教育起点和占有教育资源的不公平,早已导致了教育不公平的事实,职业教育其实是解决这种不公平现状的一种补偿机制。因此,发展土家族地区职业教育,政府必须要注意确立正确的舆论导向,形成全社会对民族职业教育的科学认识,指导家长和学生做出"明智"选择。

(二)对四省市职业教育资源重新整合,合理布局,避免重复建设

目前,土家族地区职业教育比较落后,而且重复建设严重,没有体现自身的办学特色,每个县基本上都有一所中等职业学校,但专业设置、课程设置基本重复,大都以办学成本低的专业为主,紧密联系地方经济发展相适应的专业太少,而且教学基础设备比较旧,学生难以学以致用,[③]毕业就业存在较大的困难,这是目前中职生源难以保证的主要原因。

因此,要发挥土家族地区教育协作机构功能,将全区职业教育优势资源重新整合,重点投入,避免重复建设。根据武陵山区经济社会发展要求,使用国债资金、财政资金改扩建设已有职业学校,建设好一批民族地区职业学校和涉农专业,力争土家族地区每所职业学校彰显自身办学特色,保证学生学有所得。这是保证职业教育生源的重要途径,也逐步从根本上转变社会对职业传统观念。

---

① 余新:《优化教育结构 实现教育公平》,《职业时空》,2010 年第 4 期。
② 寸晓红、李宁:《抓住机遇 促进少数民族地区职业教育的发展——以云南省德宏州为例》,《中国电力教育》,2011 年第 4 期。
③ 王国超:《武陵民族地区职业教育发展的困境与路径探析——基于教育"三要素"视角》,《教育文化论坛》,2012 年第 3 期。

（三）强化"双师型"教师建设，提高职业教育质量

提高职业教育办学质量，提高毕业生就业率是吸引生源的重要途径；而提高职业教育办学质量的关键在教师，教师队伍的素质决定着职业教育质量的高低。与普通教育不同，职业教育更多的是面向社会，服务于社会。提高职业教育质量，树立以德育教育为先导，文化教学为基础，专业教学为中心，技能为重点的办学思想，增强学生学习的主动性，增加教育教学的活力，进一步提高教育教学质量。同时，应积极组建"双师型"教师队伍，优化教师结构，努力提高教师队伍的整体素质，强化师德师风建设。[①] 因此，政府可以采取多层次、全方位、高水平的措施培养职教师资。

（1）争取多项有效措施吸引更多毕业生到中职、高职任教。保证土家族地区职业教育教师的待遇与义务教育阶段相一致，完善符合职业教育特点的教师资格标准和专业技术职务（职称）评聘办法，吸引大学毕业生到中职、高职任教。

（2）建立"双师型"教师培养培训基地。土家族地区应依托省市内外高校，建立"双师型"教师培养培训基地，定点、定向培养土家族地区本土职业教育师资，适当增加面向土家族地区脱贫致富密切相关的矿业、林业、畜牧业养殖等课程，加大涉农职业教师培养力度。同时，建立教师培训制度，鼓励教师到基地定期轮训，不断更新教师的知识水平和操作技能；此外，还要充分利用当地的专业技术人员和能工巧匠，把他们聘来对学生进行培训，以弥补专业教师的不足，提高教学效果。[②] 要充分挖掘各地区、各部门、各行业的专业技师和能工巧匠的潜力，聘请他们担任职校兼职教师，请他们到职校讲课、办讲座等，培训在岗教师，以提高职业教师师资的业务水平。[③]

（四）主动设置适应农村经济发展和地方特色的专业

土家族地区职业教育的专业设置和课程结构，必须适应当地农业和农村产业结构调整的需要。既要培养土家族地区不同产业所需的各种职业技术人才，又要根据当地剩余劳动力资源的特点，和各劳动力稀缺地区对职业技术人才的要求情况，适当开展劳动力转移培训，促进农村富余劳动力的跨地区流动。[④] 适应优先发展适应少数民族地区经济结构、产业结构的需要，重点保证资源开发及支柱产业发展的需求的短线专业。[⑤] 中等职业教育要紧紧围绕地方优势产业和传统手工业的发展实际，立足学生就业，大力开展急需紧缺专业技能型人才的培养培训和科技服务工作。如民族地区大多旅游资源丰富，为配合

① 牛敏：《贵州贫困山区职业技术教育的思考——以贵州省威宁县为例》，《贵州工业大学学报（社会科学版）》，2008年第6期。
② 寸晓红、李宁：《抓住机遇 促进少数民族地区职业教育的发展——以云南省德宏州为例》，《中国电力教育》，2011年第4期。
③ 徐学英、徐雁、霍波：《大力加强凉山州职业教育的师资队伍建设》，《西昌学院学报（社会科学版）》，2006年第3期。
④ 许旭：《新时期农村职业教育改革的思考》，《湖南广播电视大学学报》，2002年第4期。
⑤ 李尽晖：《新疆少数民族地区农村职业教育发展任务、问题与路径选择》，《职教通讯》，2011年第6期。

地方民族旅游业的发展,职业教育完全可以开设如民族饮食、民族音乐、舞蹈之类的专业。这种专业的开设,不但有助于解决就业问题,促进当地社会经济的发展,也有助于少数民族优秀传统文化的传承和弘扬。

(五)拓宽职业教育实习实训基地建设思路

实训基地作为职业教育办学的一个不可或缺的"练兵场",是提升职业教育质量的重要保障。因此,土家族地区职业教育实习基地可分三种形式:一是国家专项资金投入,在职业学校进行实习实训基地建设;二是与当地民族手工艺制作相关的企业、工厂、企业联合办学,依托这些有效的资源,将当地的手工业加工工厂作为特色职业教育的实训基地,这既减少学校专门实训基地的资金投入,而且有助于学生零距离接触所学知识的工艺流程,锻炼学生的实训能力;三是国家制定相关优惠政策,可通过企业减免税收等形式,鼓励企业与职业学校联合办学,深入探索与东部沿海地区联合办学模式,实现"校企联合"、"订单"培养的职业教育办学模式,充分利用沿海地区的先进技术和实习基地发展土家族地区职业教育。

(六)将中职教育免费范围扩大到所有民族地区学生,做到"三免一补"

根据《国家中长期教育改革和发展规划纲要(2010—2020 年)》精神,切实增强土家族地区职业教育吸引力。建议率先在土家族地区实行中等职业教育免费制度,参照义务教育免费模式,实施"三免一补"政策(免学费、杂费、住宿费,补生活费),进一步完善家庭经济困难学生资助政策。

第十一章

土家族高等教育内涵发展研究

土家族地区的高等教育担负着为武陵山少数民族地区培养经济建设所需的高级专门人才,在推动当地经济发展、社会进步等方面,发挥着日益重要的作用。进入新世纪,在坚持面向山区,服务基层、为民族地区培养适用人才的同时,土家族地区的高等教育逐步走上内涵式发展的道路。

第一节 高等教育内涵发展的含义

一、内涵发展与外延发展

"内涵"与"外延"是逻辑学的一对范畴,原义指概念的两种基本属性。内涵,是指概念所揭示的事物的本质特征,即事物质的规定性;而外延是指概念所反映的本质属性的全部对象,[①]它说明概念所反映的事物"有哪些",即概念的量的规定性。所谓"内涵式发展"就是要抓住事物的本质属性,强调的是事物"质"的发展。

内涵发展与外延发展是相对应的一对概念,两者代表着不同的发展路径、发展方式等。根据《现代汉语词典》的解释,内涵有两层意思:一层是指一个概念所反映的事物的本质,即概念的内容;另一层是指内在的涵养。[②] 外延则是一个概念所确指的对象的范围。外延式发展侧重于数量的增长、规模的扩大及空间的拓展,主要是为了适应外部的需求而表现出外形的扩张;与外延式发展不同,内涵式发展则强调结构的优化、质量的提高及实力的增强,是一种相对的自然历史发展过程,发展更多是源于内在的需求。内涵式发展道路主要通过内部的深入改革,以实现激发活力,增强实力,提高竞争力,在量变引发质变的过程中,实现实质性的跨越式发展。[③]

---

① 吴玫:《天津高校内涵发展的对策研究》,《天津市教科院学报》,2010 年第 6 期。
② 刘衷媛:《以提高质量为核心 推动高校内涵式发展》,《教育教学论坛》,2013 年第 5 期。
③ 赵红妍、张磊、张盈利:《地方本科院校学生管理人员内涵发展研究》,《中国成人教育》,2013 年第 15 期。

二、我国"高等教育内涵发展"内容的演化

（一）作为高等教育规模扩张策略的"内涵发展"

20 世纪 80 年代中后期，我国高等教育规模偏小，办学效益偏低，单个高校不具有规模效益的弊端逐渐凸显。在此背景下，"高等教育内涵发展"和"外延发展"的提法开始大量出现。与主张通过新建高校来增加招生规模的"外延发展"思路相对应，"内涵发展"当时是指通过学校内部挖潜来扩大教育规模的发展模式。这种扩展方式也可称之为"体制内扩张"，①这被认为是在不大幅增加投入的前提下，使在校生规模获得较大提升的有效途径。②

1993 年《中国教育改革和发展纲要》发布，规定："九十年代，高等教育要适应加快改革开放和现代化建设的需要，积极探索发展的新路子，使规模有较大发展，结构更加合理，质量和效益明显提高。"③为此，"高等教育的发展，要坚持走内涵发展为主的道路，努力提高办学效益。"这标志着"高等教育内涵发展"的提法正式为国家政策所认同。20 世纪 90 年代以后，我国高等教育开始了大众化进程，高等教育规模迅速扩大。面对高校的巨型化、多校区、多校园的情况，许多高校在管理上都出现了不适应的状况。为了接纳新生，缓解校园紧张局面，不得不另辟新校园，但这又造成管理成本和运行成本的增加。面对这种状况，一些教育专家提出高等教育要改变发展思路，应该从"内涵型"转向"外延型"，以适应高等教育规模持续扩大的要求，高等教育大众化的发展目标已不可能通过体制内扩张实现。我国高等教育应该调整发展战略，走"外延式发展的道路"。①这种新的高等教育系统在价值取向、功能、定位等方面均区别于精英教育系统。于是大批新建高校特别是为数众多的高职院校、应用性本科院校、独立学院，以及民办高等学校开始陆续出现。高等教育不再是过去单纯的国家办学，而是陆续出现了独立民间办学、网络学院、公办与民办合作的二级学院，以及与境外合作办学等形式。但从"内涵发展"和"外延发展"的概念区分来看，这些却都不能属于"内涵型发展"范畴，而是"外延型发展"的表现。②也就是说，这时人们做出"内涵发展"与"外延发展"的区别主要是依据是否是体制内扩张。

（二）作为规模扩张对立面的、以提高质量为策略主旨的"高等教育内涵发展"

国家"十一五"规划制定后，"提高高等教育质量"和"高等教育内涵发展"成为高等教育发展的新的风向标。《中华人民共和国国民经济和社会发展第十一个五年规划纲要》指出："把高等教育发展的重点放在提高质量和优化结构上，加强研究与实践，培养学生的创新精神和实践能力。稳步提高高等教育大众化水平，稳步发展普通本专科和研究生教育，

---

① 邬大光：《我国高等教育应走外延式发展道路》，《求是》，2003 年第 10 期。
② 傅笑然：《"高等教育内涵发展"概念的解读与审理》，山东师范大学硕士学位论文，2009 年。
③ 《中国教育改革和发展纲要》，1993 年。

提高高层次人才培养质量。有重点地加强高水平大学和重点学科建设,推动各类高等院校协调发展。继续发展各类成人教育"。[1]

2006 年,国务院进一步决定将高等教育扩招的增幅控制为 5％。这一历史转变,有着复杂的原因。首先,我国高等教育比预期提前实现了大众化,但只是数量上的大众化,其入学标准、培养模式、教学内容、管理体制等,还没有完成适应大众化时代的转变。大众化时代的一些特征,如教育民主化、教育现代化等还没有得到充分的显现。而且,在高等教育规模急剧扩大的同时,人们越来越关注高等教育的质量问题,这是由于高等教育的大众化,已解决入学机会稀缺的问题,而在"有学上"之后,人们更希望"上好学",对高等教育质量下滑的担心也就不难理解。同时,由于高等教育扩招是靠降低入学标准来实现的,随着扩招的持续,资源的紧张加剧,师生比失调、大学毕业生就业问题越来越突出,对高等教育质量的质疑之声日渐高涨。其次,高等教育规模的扩张,是以资源的扩张为条件的。除增加预算内拨款之外,国家主要通过发行国债、鼓励高校向银行贷款和提高学费等政策支持高等教育规模扩张。[2] 这些政策使原来面临资金困境的高校获得了生机,但也在一定程度上使高校产生了对规模扩张的路径依赖。随着政府财政对义务教育的倾斜,对高校债务引起的金融风险的警惕,政府支持高等教育规模扩张的财政力度实际上在缩减。高校将发展战略从规模扩展转变为"内涵发展",是对高等教育大众化引发的资金紧张问题的应对。

对高等教育来说,大众化并不仅仅意味着一个扩张时代的到来,更多的是意味着诸多方面的深刻变革。"在国家的、产业的和学术的多重作用力的影响下,大学必须对各种机会迅速做出反应,并随时准备适应变化的情况。"[3]显然,"内涵发展"和"外延发展"当初都是为了扩大高等教育规模,以迅速满足社会快速发展对人才的需求。但是,高校数量的急剧增加和在校生规模的迅速扩大,也带来一系列问题:资金紧张、硬件设施不达标,师资力量短缺、有经验的教师严重不足,部分高校人才培养的质量得不到应有的保障,毕业生的就业压力增大,等等。这样的发展显然是难以持续的,因而,必须要转变高等教育的发展理念,采取相应的改革措施,以扭转现状。于是,高等教育发展观开始从重视数量扩张转向重视质量上来,在质量、规模、效益和速度之间实现均衡发展逐渐成为人们的共识。2005 年,国家在制定"十一五"规划时,明确了要把高等教育发展的重点放在提高质量上,适当控制招生增长幅度,相对稳定招生规模,着力培养学生的社会责任感、实践能力和创造精神。在这种情形下,"内涵发展"概念本身也发生了位移,主要意思就变成了以质量为主导的发展,以区别于以扩大规模为目标的偏重数量的发展。这期间,国家相继实施了211、985、本科教学质量与教学改革等一系列工程,这些工程的实施,对于高等教育的内涵式发展,使我国由高等教育大国向高等教育强国迈进奠定了良好的基础。以教育部本科教学水平评估为契机,高等教育发展非常重视办学硬件建设和教学与科研的投入。师资

---

[1] 《中华人民共和国国民经济和社会发展第十一个五年规划纲要》,2006 年。

[2] 傅笑然:《"高等教育内涵发展"概念的解读与审理》,山东师范大学硕士学位论文,2009 年。

[3] 克拉克·科尔:《大学的功用》,陈学飞、陈恢钦、周京、刘新芝译,南昌:江西教育出版社,1993 年。

队伍建设、学科建设、课程改革与专业调整等,均被列为重要议事议程。2012 年,教育部在出台的《关于全面提高高等教育质量的若干意见》中,明确提出高等教育要稳定规模、优化结构、强化特色、注重创新,走以质量提升为核心的内涵式发展道路。所以,新时期倡导的"内涵发展"其实是以质量提高为核心的成长模型,关注高等教育均衡、协调、可持续的发展。[①]

当下,对高等教育内涵发展得更系统的表述核心是着眼于教育质量。但是,对高等教育质量观、质量标准,甚至高等教育评估本身的评价却出现了争议。与这种对高等教育质量的分歧相呼应,学者们对基于政府权威和强制性的高等教育质量评估也见仁见智,"目前我国高等教育质量管理还处在发展中,专门的质量评估机构缺乏应有的独立自治性,高校内部质量管理体系又严重缺乏,与此同时我国高等教育质量却又危机重重"。[②] "今后应将政府、社会、中介组织对高校的专业和院校鉴定、评估、审计方式逐渐转向对高校质量保证体系的评估和审计,因为只有在完善的质量保证体系下才可以从整体上保证教育质量。"[③]关于高等教育发展规模、速度、质量、效益的矛盾争论,有助于促使研究者反思在落实"高等教育内涵发展"过程中的短期化的政策和做法,从而将目光投向高等教育的发展战略,[①]以使我国由高等教育大国向高等教育强国迈进。

(三) 作为应对性策略对立面的、着眼长期教育战略的"高等教育内涵发展"

尽管"高等教育内涵发展战略"的提法早已有之,但无论是一开始为迅速扩大招生规模而提出高等教育内涵发展,还是为了更好地提高教育水平和人才培养质量而修正"内涵发展"概念,这一概念一直作为一项应对性的政策措施,而不是一项有关中国高等教育的长远发展战略。前者着眼点是高等教育面对的现实问题和紧迫矛盾,追求短期的政策效果;而后者则着眼高等教育长远目标和根本问题,突出高等教育在经济社会发展的总体规划中的定位和自身文化建设和制度设计,体现全局性、宏观性、长远性和战略性,凸显出顶层设计的重要意义。

2010 年,以《国家中长期教育改革和发展规划纲要(2010—2020 年)》的发布为标志,"高等教育内涵发展"的内涵开始转变为一项着眼长远教育成长与可持续发展的战略。21世纪前 20 年是中国复兴的战略机遇期,也是中国教育现代化的关键时期。在这个时期制定《国家中长期教育改革和发展规划纲要(2010—2020 年)》,在国家现代化和教育现代化层面都具有战略意义。因为它是中国 21 世纪的第一个十年教育改革发展规划,是促进国家现代化和教育现代化的一个战略举措。2009 年,温家宝总理在国家科技教育领导小组会议上指出:从长远看,我们不仅要不断扩大高等教育的规模,满足群众对高等教育的需

---

① 孙玉杰:《以成长为目标的高等教育大众化研究》,山东师范大学博士学位论文,2008 年。
② 王建华:《高等教育质量管理的新趋势及我国的选择》,《中国高教研究》,2008 年第 8 期。
③ 安心:《高等教育质量保证体系研究》,兰州:甘肃教育出版社,1999 年。
④ 傅笑然:《"高等教育内涵发展"概念的解读与审理》,山东师范大学硕士学位论文,2009 年。

求,更重要的是要提高高等教育质量,把提高高等教育的质量摆在更加突出的位置。高等学校改革和发展归根到底是多出拔尖人才、一流人才、创新人才。高校办得好坏,不在规模大小,关键是要办出特色,形成自己的办学理念和风格。要对学科布局、专业设置、教学方法进行改革,引导高等学校适应就业市场和经济社会发展需求,调整专业和课程设置。建立和完善高等教育质量保障体系,推动高校科技创新、学术发展与人才培养紧密结合。要借鉴国外先进经验,结合我国实际创造性地加以运用,加强高水平大学建设,建成若干国际一流大学,为国家培养更多的高质量、多样化的创新型人才。[①]这就为《规划纲要》关于高等教育中长期发展确定了指导方针,从而大大推进人们对"高等教育内涵发展"的认识。

当前,对一所高校发展水平进行评价,通常是以学科建设、学术成果、师资队伍三个因素为主要指标。高等学校教育质量的影响因素很多,如设备、师资、资金、管理、科研、教学、校园规划、后勤、学校文化等。如果把人力、物力统称为资源,那么维系一所高校生存与发展的便有精神、制度和资源三纽带。其中,资源只是一个基础条件而不是根本的保障,一流的设备、一流的校园依赖一流的管理才能产生一流的效益,一流的师资和一流的生源需要一个有效的制度保障和校园文化建设,才能培养出优秀的人才。因此,制度建设和文化保障,才是高等教育内涵发展的根本所在。

总之,"高等教育内涵发展"的概念,已经远远离开了它产生时的含义,从一种规模和数量增长策略演化为抑制数量规模、着眼质量提高的策略,并进而演化为关于高等教育可持续发展的长远战略,其自身的内涵实际上出现了变化。这种演化,充分印证了人们对高等教育发展规律认识的深化。这个深化过程实际上是一个逐步接近高等教育发展本质的过程。在这个过程中,高等教育发展的内在逻辑与核心内涵逐步显现出来,高校越来越摆脱外在功利目标的束缚,向高等教育本质进行回归,并最终使高等教育发展的内涵得到了扩充。[②]

第二节　土家族高等教育内涵发展取得的成就

土家族地区位于中部与西部相结合的特殊地区,在国家实施西部大开发战略中具有特殊地位和作用,而且,这一地区的湖北省恩施州和湖南省的湘西州都被列入享受西部大开发政策待遇的地区。因此,土家族地区的民族高等教育有着良好的发展机遇,担负着为整个土家族地区经济社会的建设和发展培养数量充足、质量优秀的高层次专门人才和提供先进的科学技术服务的历史重任。

从地区分布情况看,在湖北省内有位于恩施土家族苗族自治州的省属湖北民族学院,湖北民族学院是湖北省的重点建设院校之一。湖南省湘西州的吉首大学、张家界市有吉

---

① 《温家宝在科教领导小组会讲话:百年大计教育为本》,http://www.gov.cn/ldhd/2009-01/04/content_1194983.htm[2009-1-4]。

② 傅笑然:《"高等教育内涵发展"概念的解读与审理》,山东师范大学硕士学位论文,2009年。

首大学张家界学院(公办民助机制的独立学院)。贵州省内的铜仁学院、重庆市黔江区内的重庆旅游学院。经过 20 多年的建设和发展,土家族地区的高等教育发展形成了一定规模,并取得了一定的成绩。

一、人才培养质量提升

土家族地区的民族高等教育在办学过程中,坚持以教学为中心,全面提高教育教学质量。其中,吉首大学筹建中软国际软件服务外包学院,探索了校企联合培养订单式人才新途径;开展了为农村定向免费培养医学本科生试点工作;修订了《吉首大学本科生学习指导手册》,进一步完善学分制管理;推行了本科生大学英语分级教学,6 个试点专业的大学英语课程进行了教学改革;通识教育先行先试,开出素质教育课程 120 多门,"立人教育大讲堂"红火开展。

二、专业建设稳步提升

土家族地区的民族高等教育专业建设有较大幅度提升,如湖北民族学院化学专业被确定为全国第六批高等学校特色专业建设点,并获得国家财政资金 20 万元资助,该校已有园艺、数学与应用数学、化学 3 个国家级特色专业建设点。吉首大学 2010 年成功申报数字媒体艺术、医学影像学、统计学、土木工程等新专业;工商管理专业成为国家级特色专业建设点;环境工程、人力资源管理专业顺利通过省教育厅评估,获得学士学位授予权;临床医学、园林、信息管理与信息系统等 3 个专业确定为 2010 年校级特色专业;推行了大类招生改革试点专业,重新修订了软件工程、临床医学等专业人才培养方案;举办了高规格的国内日本语言文化高层论坛。

三、学科与学位点建设深化

从学科与专业结构情况看,土家族地区普通本科院校开设的专业面广,学科和专业较为齐全。2011 中国中南地区大学科研前 50 名学科门类实力排行中,吉首大学排第 45 位,是武陵山区中唯一进前 50 名的大学。2010 年,吉首大学一级学科硕士点共获得了 11 个一级学科硕士点,覆盖了 73 个二级学科硕士点,通过率为 84.6%,居全省高校之首。民族学学科获得省级优势特色重点学科,这一重大突破标志着吉首大学进入了以重点学科建设、优势特色重点学科建设为带动的湖南省高水平大学建设行列。"十一五"省级重点学科验收,吉首大学 3 个省级重点学科(建设)取得优异成绩,民族学和生态学获得"优秀",中国少数民族经济获得"良好"。同时,吉首大学的研究生培养水平逐步提高,获省级研究生教改课题 3 项,省级研究生科研创新项目 4 项,省级研究生优秀硕士论文 2 篇,在湖南省研究生培养过程质量评估中获得优秀。

2011 年,湖北民族学院的民族学、数学、化学工程与技术、林学、中医学等五个一级学科增列为硕士学位授权一级学科。这有力地促进了该校学科布局进一步优化,标志着该校科研水平和服务地方经济社会发展能力的大幅提升。①

四、科研实力逐渐加强

"十一五"期间,吉首大学承担各级各类科研课题 800 余项,其中国家自然科学基金课题 15 项、国家社会科学基金课题 54 项,国家社科基金课题立项数连续多年居全省高校前列;并获国家级教学成果奖 3 项,省级教学成果奖 16 项,省部级科技成果奖 25 项。社会科学研究以区域经济、民族文化、民族历史为重点,研究开发了美味猕猴桃"米良一号"、椪柑醋、葛根、杜仲、矿产品与金属材料加工等一系列科研成果,孵化出一批本土企业,产生了较好的经济与社会效益。其中,美味猕猴桃"米良 1 号"被国务院扶贫办列为扶贫开发项目,在全国 16 个省(市)推广栽种,仅湘西土家族苗族自治州种植面积就达 20 万余亩,帮助湘西近 20 万农民摆脱贫困。② 吉首大学 2011 年国家社科基金项目立项 14 项,再获丰收。2015 年,吉首大学 2015 年度国家自然科学基金项目共有 27 个项目立项,其中面上项目 1 项、青年科学基金项目 4 项、地区科学基金项目 22 项,平均立项率为 28.1%,立项率高于全国平均水平,立项数量创历史新高,比 2014 年立项数增加 3 项。③

湖北民族学院近年来承担各级各类科研项目 634 项,其中承担国家社科基金项目 19 项、国家自然科学基金项目 15 项,省部级项目 72 项。鉴定、结题 200 多项,获各级各类奖励 70 多项,其中省部级二等奖 5 项,三等奖 4 项,出版专著、教材 96 部,在国内核心以上学术期刊发表论文 1600 余篇,其中 SCI、EI、ISTP 收录论文近 300 余篇。

五、加强产学研合作

土家族地区各高校一直重视与社会企业开展多种形式的科技合作,促进产学研的共同发展,为社会经济发展服务。吉首大学提出了"立足区位,强化特色,服务地方"的科研发展理念,积极探求校企合作之路,推进科技成果转化。吉首大学立足湘西地区,瞄准地方资源,猕猴桃的栽培面积由 1998 年的 9000 亩发展到了目前的 20 万亩,覆盖了全州 8 县市 120 个乡镇、1280 个村共 18.5 万人,产业化经营收入由 1999 年的 2200 万元增加到 1.2 亿元,利税 4200 万元,安排 1500 人就业。同时,以学校生物科技项目组为核心,成立了湖南群博生物科技有限责任公司。目前,该公司和学校拥有专业化实验室 6 个、南方喀斯特草地牧业研究所一个、生态研究所一个,通过深入研究土壤、牧草、山羊中微量元素和常量元素的动态,成功地破解了当地山羊发展的瓶颈问题。②

---

① 《湖北民族学院新增列五个硕士学位授权一级学科》,http://www.cando100.com/news/20110328/36541.html[2011-3-28]。

② 刘麟:《让科研成果化成经济果实》,《经济日报》,2010 年 7 月 1 日。

③ 田启健、杨正华:《我校 27 项课题获 2015 年度国家自然科学基金资助》,http://news.jsu.edu.cn/Info.aspx?ModelId=1&Id=5745[2015-8-7]。

六、坚持为地方经济社会服务

土家族地区主要的两所普通本科院校都坚持立足本地,为地方经济社会服务。其中,湖北民族学院坚持"立足湖北,面向西部,辐射全国,服务基层"的办学定位,面向全国 28 个省(市、自治区)招生,先后为社会培养、输送各类专业技术人员十万余人,毕业生分布于全国各地,为国家特别是湖北民族地区经济和社会发展做出了突出贡献。[①]

吉首大学面向湘西生态经济主战场,不断提升学校的科研竞争力,构建科技服务新模式,围绕猕猴桃良种选育与栽培、贮藏与保鲜、绿色食品精深加工、医药保健品开发四大领域 12 个方向 100 个课题开展科技攻关,取得了一大批国内领先的科研成果。[②] 优质猕猴桃品种的开发,给当地经济发展做出贡献。近几年,吉首大学积极帮助湘西发展文化旅游。吉首大学对凤凰县旅游业的发展,主要体现了人才支持和观念引领两大方面。在人才支持上,吉首大学许多教师参与了凤凰县历史文化名城的品牌建设;在观念引领上,集中体现了文化资源开发,特别是对沈从文、黄永玉等文化名人的宣传。[③]

第三节　土家族高等教育内涵发展中存在的问题

土家族地区的高校在全国处于弱势地位,且相对有实力的高校主要集中在省会城市的格局是有目共睹的事实。从整体情况来看,土家族地区的高校很少,其中绝大多数是地方本专科院校,人才培养总体规模小,在教学、科研等各方面都处于全方位的弱势地位,办学质量较低,办学无特色,缺乏吸引力,主要表现在以下几个方面。

一、办学目标与社会发展需求存有脱节

土家族地区是我国民族文化流传的集中分布区,风景优美且自然资源丰富,当地经济的发展主要靠旅游业和自然资源开发;加上当地人口资源开发程度低,可以说具有自身发展的独特优势。然而,土家族地区的高校在办学定位时对这一现实状况缺少清晰的认识。少数民族文化资源亟待保护和有效利用,当地高校中却缺少此类相关特色专业的建设和人才培养,对具有民族特色的基础研究缺少应有的贡献。同时,当地丰富的矿产等自然资源所养活的企业中,缺少当地院校培养的理工科毕业生应有地位。多数高校所开专业和科目与其他发达地区的高校差异甚小,重复建设。在"人优我有"的情况下,不仅人才资源利用率低而且人才流失的现象比较严重。所培养的本专科毕业生学历高能力低,没有竞争优势,就业状况不佳。有的毕业生通过到中等职业教育"回炉再造",学得一门技术后在

①　邱世兵:《中国民族院校转型发展研究》,西南大学博士学位论文,2012 年。
②　刘麟:《让科研成果化成经济果实》,《经济日报》第 12 版,2010 年 7 月 1 日。
③　储召生、李伦娥:《帮助湘西百姓致富彰显办学特色》,《中国教育报》第 1 版,2010 年 5 月 9 日。

当地企业谋得了一份工作。这是人力资源浪费,教育投资低效的表现,既不利于当地经济社会的发展,也不利于当地高校形成自身的比较优势和办学特色。高校需要重新定位自身的发展目标,面向当地发展实际需要,确立既有特色,又有市场的办学目标。

二、地方高校管理体制不顺

2004 年 2 月,国务院颁布的《2003—2007 教育振兴行动计划》第 34 条强调,要"深化高校内部管理体制改革,探索建立现代高校制度",[①]目的就是要建立"自主管理、自主发展、自我约束、社会监督"的办学机制。然而,土家族地区地方高校中垂直管理与交叉管理重叠的管理现状令人堪忧。这种管理体制不顺主要表现在外部管理和内部管理两个方面。目前,这些地方高校依然是政府机构的延伸。政府部门中能对高校进行管理的有中央和省政府,有教育行政部门和民委等其他部门,在管理方面行政指令多,服务职能弱。在外部管理方面形成的负面影响是造成多头垂直领导,各方又在财政、人事、任务等方面权责不清,校方疲于应对,出现充当"二传手"的情况。外部管理体制的不顺造成内部管理的混乱。这些地方高校的内部管理制度变革总是在政府的直接领导下进行,政府是大学内部管理制度的制造者。地方行政存在的问题在地方高校里都有,而大学本身因学术自由要求产生的自治需求不被重视。高校内部的财政、人事、学科设置等方面受到来自各方面的掣肘,校级部门与二级学院之间缺乏应有的张力,出现职能重叠的现象。学校机关各职能部门分别向学院布置工作任务,学院缺少自主工作的空间,疲于应对各种任务;学校机关掌握人权、财权和物权,有些部门管理多、服务少,存在管理服务不到位的现象。由于责、权、利的失衡,在一定程度上影响了学院的办学积极性和办学活力。[②] 如吉首大学师范学院是 2001 年 6 月经湖南省人民政府批准,由原湘西民族教育学院(1980 年创办)与吉首民族师范学校(1936 年创办)合并组建而成的。2007 年 3 月,吉首大学师范学院被湖南省教育厅选定为培养大专层次小学教师基地。吉首大学师范学院名为吉首大学的公办二级学院,实则相对独立,实行湘西土家族苗族自治州人民政府与吉首大学共建共管、以湘西州政府为主的管理体制。[③] 学院在教育部、省教育厅没有户头,办学身份十分尴尬。

三、地方高校投入高度依赖"借鸡生蛋"

地方高校的弱势地位决定了其精力主要集中于教学型高校的建设。可是,有些高校却局限于狭义上的"教学",忽视学科建设和科研,实质上是对以此为依托的服务社会、人才培养的战略认识不够。恰恰就是这样的原因,限制了学校办学自我发展能力与造血功能的形成和强化,影响特色与优势的形成,制约学校的学术地位、社会知名度的提高,从而使学校对高层次优秀人才和高质量生源缺乏吸引力,严重影响其教学及人才培养的质

---

① 《2003—2007 教育振兴行动计划》.2004 年。
② 陈洪林:《深化地方高校管理体制改革的途径》,《高教论坛》,2005 年第 10 期。
③ 莫丹:《学高为师 身正为范》,http://news.jsu.edu.cn/Info.aspx? ModelId=1&Id=1698[2013-11-8]。

量。[①] 这样的困境已是共识,"借鸡生蛋"成为地方院校能力有限的条件下突围的主要方式。

"借鸡生蛋"有褒贬两层意思,一是贬义上的甩包袱;二是褒义上的"校企合作"。从贬义上讲,高校只管狭义的教学工作,在学生实践、实习方面发挥作用很小,将应有的教育责任推给学生自己,转嫁到社会中去,校方消极应对。从褒义上讲,主要是指高校和地方教育部门、企业部门合作,多数以现有处于城市中心地带较值钱的高价地去置换郊区偏僻地方的低价地,从中获得经费共建实验室、教学实习基地、产业化基地等,积极为学生的实践能力提高拓宽渠道,校方积极应对。从积极的一面看,"借鸡生蛋"是一个正和博弈的结果。当前,地方高校正面临着自身特有困难:一是经费缺乏;二是科研基础比较薄弱,缺少相应的人才队伍建设,常常出现散兵游勇各自为战的情况,个人小打小闹形不成气候;三是学科优势不明显,缺少对社会资金的吸引力;四是对科研项目、学科发展没有明确规划,处于没有方向感的状态中。这四个问题本质是一回事,就是资源贫乏,没有核心竞争优势。现实往往又是矛盾的,部分高校正高度依赖"借鸡生蛋"的办学路径,向各方寻求合作机会,期望借此获得更多教育资源,提升自身办学水平,形成核心竞争优势。但是,校方因为自身的特有困难造成对合作伙伴选择的空间较小,合作方式较少,制约了合作的进一步开展。因此,不管是消极还是积极,在高校和社会之间都形成了高校高度依赖社会其他部门"借鸡生蛋"的现状,成功突围还需更多实践探索。

四、贫困生群体较大

国家高度重视高校家庭经济困难学生资助工作,并投入大量资金惠及高校经济困难学生,为支持国家做好这项阳光工程,将国家的政策落到实处,各高校高度重视,将"家庭经济困难学生的帮扶和教育工作"作为学校学生管理中的一项头等大事来抓。然而,土家族地区的学生多来自贫困地区,贫困学生占在校学生总数的比例较大,其中特困生占在校总数的 38%,学生欠费问题严重,如果算上学生在校期间的生活费及用于学习的必需支出,贫困学生补助的缺口更大。

第四节　土家族高等教育内涵发展的对策

一、构建结构合理、学科完备的高等教育体系

加快土家族地区高等教育发展,培养更多质量好、素质高、下得去、留得住、用得上的各级各类高级专门人才,需要构建结构合理、学科完备的高等教育体系。目前,广大土家族地区仅有三所全日制普通本科大学,而该地区人口达 1427 万,如果按人口密度计算,这

---

① 孙丽平:《地方高校学科建设的重要性和主要路径》,《郧阳师范高等专科学校学报》,2010 年第 6 期。

可能是全国大学分布最少的民族地区。因此,在国家层面,应该考虑土家族地区大学的布局和重点建设问题。这包括两个层面:一个层面是十年内把湖北民族学院、吉首大学,办成具有博士点的综合性教学研究型民族大学,把铜仁学院办成特色鲜明的教学型本科大学。第二个层面是十年内在重庆黔江、湖南张家界市新建两所教学型本科大学。同时,适当扩充高等职业技术教育,构建土家族地区合理的高等教育结构和较完善的高等教育体系。[①]

二、提高高等教育人才培养质量

在当前高等教育"内涵发展"的探讨与争鸣中,"提高人才培养质量""提高高等教育办学质量""强化高等教育质量管理"等提法不绝于耳,并在很大程度上被看成与"内涵发展"意义等同。当下的高等教育内涵发展战略的主旨,是要在高等教育大规模扩张后,寻求建立高等教育的质量保障体系,以有效遏制人才培养质量普遍下滑的被动局面。但是,对于高等教育来说,教育质量是亘古不变的永恒主题,"内涵发展"概念有更加广泛的关涉质量问题的含义。[②]

建构人才培养体系的坚固堡垒,全面提高高等教育人才培养质量,是高等学校的终极工作目标和价值诉求。目前,我国高等教育正逐步稳定规模、优化结构、强化特色、注重创新,走以质量提升为核心的内涵式发展道路,这就要求高校在教学理念上始终坚持以人为本,以社会需求为指向,努力提升教学质量,以培养学生的社会责任感及实践能力为出发点,把创新精神和创新能力放在首位,注重科学精神教育、人文素养教育和终身学习能力培养。

三、确立以人为本的人才培养观念

目前,在高等教育改革发展过程中,高等教育存在的一个突出问题,就是没有真正确立以学生为中心的培养模式。部分高校在学校办学定位、人才培养目标,以及所设置的专业及课程内容方面,与实际办学能力和现实需要相脱节、相游离,没有真正把学生确立为学校工作的核心。[③] 多年来,我国高等教育一直处于精英化教育阶段,在高等教育大众化的今天,专科院校总是力争办本科,本科院校力争上硕士点,有硕士点的院校力争上博士点,众多院校都在有意无意地追求一种学术型的办学模式和人才培养模式。[④] 在这种情况下,学校很难设身处地地为学生的成长及其将来的就业和发展着想,一切教学和管理工作对于学生的适用性、在学生身上所产生的效益必然大打折扣;[⑤]同时,学校的专业及课

① 谭志松:《武陵地区民族教育的历史与现状》,《湖北民族学院学报(哲学社会科学版)》,2005年第3期。
② 傅笑然:《"高等教育内涵发展"概念的解读与审理》,山东师范大学硕士学位论文,2009年。
③ 易兰华:《我国高校学生满意度测评研究述评》,《江西科技师范学院学报》,2009年第2期。
④ 王玉云、康玉唐:《论高等教育质与量的和谐发展》,《高等教育研究学报》,2005年第9期。
⑤ 刘艳、李铮:《从大学生"回炉"现象看高等教育教学质量》,《教书育人》,2006年第10期。

程设置、各门课的具体教学内容、教学要求等,都难以摆脱模式化的倾向,这种教学模式虽不能说是"千校一面",但是那种结合学生学习实际、具有创新性、特色鲜明的教学模式的确罕见。随着我国高等教育大众化进程的深入推进,这一问题如不得到有效解决,势必成为影响我国高校教育质量的根本性问题。[①]

四、多形式开展对土家族地区高校进行结对援助

国家要制定相关政策,多形式开展对土家族地区高等学校结对援助,使其健康发展。对口援助分两种形式:一是指定沿海发达地区对土家族地区某一高校进行定点帮扶,包干负责;要求指定地区明确支援规划,并与土家族地区高校所属省市签共建协议,共建的项目是全方位的,周期为10年。二是指定一批部(委)属重点院校与土家族地区高校实行结对帮扶,积极接受土家族地区高校教师和业务骨干来校进修,或专门开办民族地区师资进修班,以帮助培训提高师资水平;定期组织骨干教师到土家族地区高校短期任教、讲学,或到该地区协助举办在职人员培训班等。

五、发展政策倾斜与经费投入优先

土家族地区的发展离不开党和政府的正确领导与政策支持。因此,要加强领导,各级党委、政府要切实把少数民族高等教育发展列入重要日程,给予重视和支持。应举全社会之力,为促进土家族地区高等教育发展做出成绩和贡献。

(一)高校优惠政策向少数民族学生倾斜

许多少数民族大学生来自于边远和贫困的少数民族地区,当地的经济基础较差,家庭经济情况比较困难或非常困难,尽管政府和学校给予了一些优惠和扶持政策,但是仍然有部分少数民族大学生难以顺利完成学业。因此,政府应制定相关政策,进一步加大对少数民族学生优惠政策的倾斜力度。

(二)建立少数民族大学生特殊财政支助制度

针对大多数少数民族学生无力缴纳学费,而少数民族地区经济发展却需要人才的实际,政府应建立少数民族大学生特殊财政资助制度。[②]

六、增强产学研结合及社会服务能力

科学技术是第一生产力。高等学校不仅要服务社会,而且要引领社会发展,走产学研

---

① 于京天:《从中美比较中看提高中国高校教育质量的几个关键问题》,《国家教育行政学院学报》,2004年第2期。

② 王希宁、王嘉毅:《试论加快少数民族高等教育发展的若干策略——以西北地区的甘肃省为例》,《兰州学刊》,2006年第12期。

结合的道路,是把人才培养和科学研究的成果真正推向社会经济建设主战场的重要桥梁,是高等学校面向社会寻求发展的重要途径。推进产学研结合,加快科技成果转化,规范校办产业发展,实现成果服务于社会。技术转移可以有效整合大学内部的各类创新资源,释放大学内部创新要素活力,有效激发大学内部的创新动力,促使高校占据创新之地。同时,也有助于大学与其他企业的紧密结合,在促进地区与企业的快速发展中,实现服务社会的职能目标。①

---

① 王黎黎:《高等教育内涵发展之研究》,《学理论》,2011 年第 11 期。

参 考 文 献

陈国安.1999.土家族近百年史(1840～1949).贵阳:贵州民族出版社.

陈国安.1989.民族志资料汇编·土家族(第9集).贵州省志民族志编委会.

长阳土家族自治县政协文史资料委员会.1987.长阳抗战回忆录.长阳土家族自治县政协文史资料委员会.

长阳土家族自治县政协文史资料委员会.1989～1990.长阳文史资料.长阳土家族自治县政协文史资料委员会.

邓辉.1999.土家族区域的考古文化.北京:中央民族大学出版社.

丁士良,赵放.1991.中国地方志民俗资料汇编(中南卷).北京:北京图书馆出版社.

董珞,巴风土韵.1999.土家族源流文化解析.武汉:武汉大学出版社.

段超.2000.土家族文化史.北京:民族出版社.

恩施土家族苗族自治州政协文史资料委员会,恩施土家族苗族自治州民族事务委员会,恩施土家族苗族自治州文化局.1993.鄂西文史资料.恩施州政协文史资料编委会.

恩施州教育志编纂领导小组.2009.恩施州教育志(1983～2003).武汉:崇文书局.

范同寿.1991.贵州简史.贵阳:贵州人民出版社.

费孝通.1999.乡土中国、生育制度.北京:北京大学出版社.

贵州土家族研究会.1993.土家族研究.成都:四川民族出版社.

国家民委办公厅,政法司,政策研究室.1997.中华人民共和国民族政策法规选编.

韩达.1998.中国少数民族教育史(第三卷).南宁:广西教育出版社.

洪寒松,陈玉琪.1997.湖南志·民族志.长沙:湖南人民出版社.

胡炳章.1999.土家族文化精神.北京:民族出版社.

胡挠.1993.鄂西土家族苗族自治州民族志.成都:四川民族出版社.

湖北省利川市地方志编纂委员会.1993.利川市志.武汉:湖北科学技术出版社.

湖南省泸溪县志编纂委员会.1993.泸溪县志.北京:社会科学文献出版社.

湖南省少数民族古籍办公室.1992.湖南地方志少数民族史料.长沙:岳麓书社.

湖南省政协,湘西土家族苗族自治州,桑植县政协文史资料委员会.1986.南昌起义前的贺龙资料选编.长沙:湖南人民出版社.

黄自新.1990.江口县民族志.贵州江口县民族事务委员会.

建始县地方志编纂委员会.1994.建始县志.武汉:湖北辞书出版社.

金东海.2002.少数民族教育政策研究.兰州:甘肃教育出版社.

来凤县教育志编纂组.2008.来凤县教育志.

来凤县文史资料委员会.1991～1994.来凤文史资料.来凤县文史资料编委会.

来凤县政协文史资料委员会,来凤县民族事务委员会合.1991～1994.来凤文史资料.来凤县文史资料编委会.

李干,周祉征.1996.土家族经济史.西安:陕西人民教育出版社.

李觉序.1991.德江县民族志.贵阳:贵州民族出版.

李绍明.1993.川东酉水土家.成都:成都出版社.

李星星.1994.曲折的回归:四川酉水土家文化考察札记.上海:三联书店上海分店.

利川市地方志编纂委员会.2010.利川市志(1986～2003).武汉:湖北人民出版社.

利川市教育志编纂领导小组.2008.利川市教育志(1983～2006).

刘孝瑜.1989.土家族.北京:民族出版社.

刘孝瑜.1997.湖北省志·民族.武汉:湖北人民出版社.

潘顺福.1991.利川市民族志.成都:四川民族出版社.

彭勃.1992.永顺土家族.永顺县民委.

彭官章.1991.土家族文化.长春:吉林教育出版社.

彭继宽,姚纪彭.1989.土家族文学史.长沙:湖南文艺出版社.

朴胜一,程方平.2001.民族教育史.海口:海南出版社.

孙培青.2010.中国教育史.上海:华东师范大学出版社.

谭志松.2005.武陵地区民族教育理论与实践.北京:民族出版社.

藤星,王铁志.2009.民族教育理论与政策研究.北京:民族出版社.

田德生,何天贞,等.1986.土家语简志.北京:民族出版社.

田鸿鸪,等.1993.土家族研究(第1集).成都:四川民族出版社.

田荆贵.1981.湘西土家族.吉首大学学报(文科版).

田荆贵.1981.中国土家族习俗.中国文史出版社.

田荆贵.1993.中国土家族历史人物.北京:民族出版社.

田敏.2000.土家族土司兴亡史.北京:民族出版社.

土家族简史编写组.1986.土家族简史.长沙:湖南人民出版社.

汪明瑀.1955.湘西土家概况.见:中央民族学院研究部编.中国民族问题研究集刊,第4辑.中央民族学
  院研究部.

王成尧,等.1991.土家族土司录.长沙:岳麓书社.

王成尧,罗午.1991.土家族土司简史.北京:中央民族学院出版社.

王世忠.2013.少数民族教育发展研究.北京:人民出版社.

吴明海.2006.中国少数民族教育史教程.北京:中央民族大学出版社.

吴仕民.2007.民族问题概论.成都:四川人民出版社.

咸丰县史志办.2012.咸丰县志校注.

咸丰县志编纂委员会.2011.咸丰县志(1986～2005),方志出版社.

湘西土家族苗族自治州政协文史资料委员会.1985～1997.湘西文史资料.湘西土家族苗族自治州政协
  文史资料委员会.

向柏松.2001.土家族民间信仰与文化.北京:民族出版社.

萧洪恩.2002.土家族仪典文化哲学研究.北京:中央民族大学出版社.

谢启晃.1989.中国民族教育史纲.南宁:广西教育出版社.

熊承农.1994.江口县志.贵阳:贵州人民出版社.

秀山土家族苗族自治县政协文史资料委员会.1986～1991.秀山文史资料.秀山土家族苗族自治县政协
  文史资料委员会.

沿河土家族自治县政协文史资料委员会.1990～1993.沿河文史资料.沿河土家族自治县政协文史资料
  委员会.

杨昌鑫.1989.土家族风俗志.北京:中央民族学院出版社.

张传道.1990.鹤峰教育志.鹤峰县民族印刷厂.

周兴茂.2004.土家族概论.贵阳:贵州民族出版社.